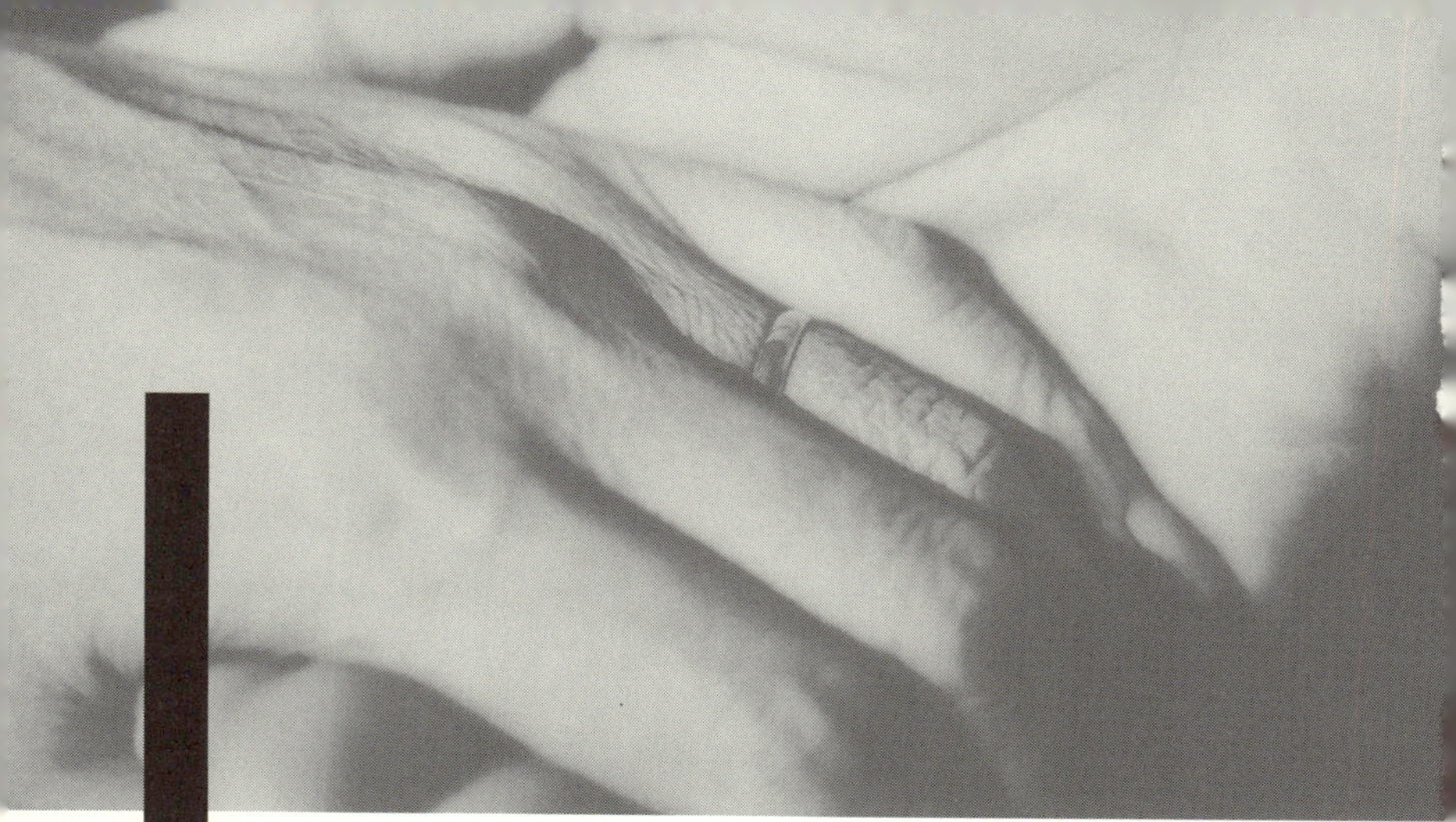

介助現場の社会学

身体障害者の自立生活と介助者のリアリティ

前田拓也

生活書院

介助現場の社会学——身体障害者の自立生活と介助者のリアリティ　目次

第2章　パンツ一枚の攻防
――介助現場における身体距離とセクシュアリティ

第3章　ルーティンを教わる

第4章　アチラとコチラのグラデーション

第5章　「慣れ」への道

第6章　出入りする／〈介助者〉になる

序章　介助、その「まるごとの経験」

0　はじめに

本書の目的は、「介助」をめぐって取り交わされる人びとの社会的相互作用に照準したうえで、障害をもつ当事者と、かれらの生――生活と生存――を日常的に支援する者たち、すなわち介助者との関係性がどのように変容し、また、介助の「現場」におけるリアリティは、両者のいかなる実践によってつくりだされているのかを、社会学的に明らかにすることである。

その際、本書が着目するのは、健常者が「介助者になりゆくプロセス」である。「介助者になる」ということは、単に「専門性を獲得する」とか、「障害者のニーズを理解する」とかいったことのみを示すのではない。いわば健常者が、「介助」をめぐって障害者と相互作用を取り交わすことによって生じる自己の立場性やアイデンティティの揺らぎをときに見つめ、ときに疑いながら、それでもなお「現場」にとどまりつづけることによって、障害者との関係性へのフィードバックを繰り返し試みるプロセスのことである。

多くの健常者にとって、障害者はいまだ得体の知れない他者なのだと思う。

たしかに、多かれ少なかれ、あらゆる他者との間には一定の距離がある。距離があるから他者なのでもある。しかし一方で、そのように本来ならば一定に保たれていた他者との距離は、しばしば一気に切り詰められようとされがちだ。そうして、あってしまう、あるいは、あってよいはずの距離を消去することが、つい目指されてしまうのだ。

しかし、仮に「他者と共感し合う関係」なるものがありうるのだとしても、いずれにせよそこへ至る一定の時間、一定の過程を経ることではじめて可能になることであるはずだ。にもかかわらず、その「結果」を語る人びとは、そこへ至る過程をついつい省略してしまいがちなのだと思う。一定の距離があったはずの「他者」は容易に「共感し合う人間」になって、そのためにあったはずの「時間」は、なかったことになってしまう。わたしの知りたいのは、その「過程」なのにもかかわらず。

そうならない、なってしまわない語り口は、ないものなのだろうか。わたしは、そんなことを考えながら、「介助現場」に、できるだけへばりついてきた。

そうして、わたしには少しだけわかってきたことがある。それは、他者のことをわかる/慣れるために、「現場」でできるだけ長い時間を費やすことの重要さだ。

ただし、急いで付け加えておかねばならないことは、そこで長い時間を過ごせば過ごすだけ、なにかが「免罪」されるわけでもないし、障害者の立場を「代行」する権利を得ることができるわけでもないということだ。場合によっては、いつまでもかまわないでくれ、さっさといなくなってくれ、と思われている可能性すら否定できるわけではないだろう。

そしてもちろん、一定の時間を過ごすことを欲していたにもかかわらず、さまざまな理由で「現場」から離れざるをえなくなった人びとを指弾する権利があるわけでもない。

さらには、そこである程度の長い時間を過ごすことができたのは、わたしの介助者としての働きに「お金」が支払われていたからでもあり、その「お金」は、これまで障害者運動にかかわってきた人びとの絶え間ない努力のたまものでもある。

しかしともかく、介助をおこなうこと、そして、「介助の時間」を——できることならできるだけ長く——過ごすこと。そのただなかで健常者が「介助者になる」というプロセスはそのまま、障害者との距離をはかる営みだと言っていい。そして、介助は、身体を通じて障害者という他者とのかかわりかたを「まるごと」体得する営みでもある。

この「まるごと」には、なにもポジティブな要素だけが含まれるのではない。健常者であるわたしが、障害者の生活において支援し、配慮し、尊重することに意識的に努めたとしても、それでもやはりどうしても差別的であったり、加害的であったり、暴力的であったり、してしまう。「まるごとの経験」には、そんな実践も含まれよう。

たしかに、「現場」に足を運ぶことは、なにより大切なことだ。でも、「現場」が妙に美化されてしまったり、神秘化されてしまったりすることはよいことではない。わたしはもしかすると、その人の目の前にいてなにかしらのふるまいをみせるというただそれだけで、その人にとって有害だったり抑圧的だったりしてしまうのではないか。ましてや、その人を支援しようなど。

しかしそれは、単に「しかたのないこと」だという以上に、この社会における自分の位置取りを知るうえで必要なことなのだ。介助という実践のなかから、他者との距離感を計測すること、そして、できることなら、この社会の透明性を獲得すること。

介助をおこなうなかで、驚くこと、おかしくて笑ってしまうこと、失敗すること、叱られてしまうこと、違和感をおぼえてしまうこと、不甲斐なさを思い知ること、イライラすること。これらはすべて、介助者と障害者の「あいだ」でおこることであり、介助者自身が自身の言葉と身体を介して経験したリアリティは、障害者との関係性そのもののなかからはじめて立ち現れてくるのだ。

たとえば、対面的な相互作用の生起する場面を考えてみると、しばしばわたしを含めた健常者はかれらの前でどのように振る舞うべきかわからず、当惑してしまう。かれらと社交的につきあうための「儀礼」を身につけることができていないのだ。その当惑は、きっと両者の関係性と距離感が引き起こしたものだ。決して出会うことのなかった両者。どちらかが悪い、悪くない、といった問題ではない。わたしたちが置かれたこの社会での立ち位置のありかたが、「当惑するわたし」のなかに凝縮して経験され、表現されているのだ。

いわばこれらは、わたしたちの健常者性——健常者中心の「できなくさせる」社会（disabling society）と、そうした社会が規定する人びとの価値・規範および行動様式の総体——とでも呼びうるものだ。

だから、その当惑を自覚したり、押さえ込もうとしたり、相手と反発しあったりして、その「わたし」のありようを変えてゆこうとするプロセスは、わたしの目の前にいるまさにその人との関係性を変えてゆくプロセスのことであり、それはそのまま、この社会の中で位置づけられ、再生産される両者の関係性を組み替える試みへと、静かにつながってゆく。そう言っていいと思う。

そんな問題意識から、はじめてみよう。

1　障害者運動と自立生活

1−1　家と施設を出て暮らす

まちなかで、たとえば車椅子に乗った障害者とすれ違うことがある。チラリと、図らずもその人に視線を奪われてしまう、という経験をしたことは、一度や二度ではないかもしれない。しかし、その人が、ふだんどのようにして暮らしていて、どこからやってきて今そこにいるのか、といったことを、考えてみたことがある人は、意外に少ないのかもしれないとも思う。

障害者の暮らし、といったとき、少なくない人たちがまず想像してしまうのは、かれらの家族による介護を受けながらの暮らし、それから、いわゆる「障害者施設」の中で、たくさんの障害者と一緒に、職員の介護を受けながらの暮らし。この二つが大方の平均的なイメージなのだろう。

わたし自身、そうした暮らし方とは別の暮らし方をする人たちがいる、ということを、実際にかれらと関わるようになってはじめて知ったわけだし、それまでは、やはり右に挙げたようなイメージしか持ち合わせていなかったことを隠すつもりもない。

家族による介護や、施設以外での暮らし。そんなことが、どんな風にしておこなわれるようになり、実際どんな風におこなわれているのか。それから、そんな風に暮らすことに、一体どのような思いが賭けられているのか。まずは、いくぶん駆け足ではあるが、少しだけみておくことにしよう。

1−2　親と距離を取る

子にとっての親というものは、気安く、大切なものであると同時に、ときに鬱陶しいものでもある。オトナになろうとするにしたがって、それまで絶対的な存在だったはずの親も、欠点が目につくようになったり、なんだかうとましく思えてきたり。家族と過ごすよりも、増えはじめた友人たちと過ごすほうがよっぽど楽しく思えたり、あるいは、町へ買い物に出かけるのに親がついてくる、なんてことは許し難い鬱陶しさだったりもするだろう――さらに、それを偶然にも友人に見つかったりすると、最悪だ。

そういう時期を経て、わたしたちは少しずつ、親と距離を取りはじめるのだろう。家族以外の人びとと関係を取り結び、さらには、家族以外の人と、新たに家族をつくることになったりもしよう。しかし、自分一人では「できない」ことの多い身体障害者が親と距離を取ることは、そう簡単ではないようだ。常に身の回りの世話を必要とするということは、親が、常にそばにいるということでもある。だから、精神的な距離はともかく、身体的な距離を取ることはなかなかに難しい。

もちろん、親の立場からしても、それが必ずしもよいことだとは思っていないことが多いだろうし、かといって、他になにか「選択肢」があることに思い至ることが難しかったりもするだろう。なにも、自分の子を意図的に縛りつけておこうとか、「世間知らず」でいいとか思っているわけではない。けれど、よかれと思って、知らず知らず子のためにやっていることが、結果的に、どうしても子の主体性や「自立」へと向かう意志を先回りで摘み取ってしまう。このことは——誤解を恐れずに言うならば——わたしたち介助者が抱えたジレンマと同じ構造をもっているようにも思える。[*1]

1-3　施設は施設

だから、家族以外の人に介護を託そうとする。すると、どんな選択肢がありうるか。既に少し触れ

＊1　介助者が手段であることによって、障害者が決定したはずの行為目的に介入してしまうというジレンマについては、第1章で考察する。介助者にせよ、障害をもつ子の親にせよ、行為する主体が差別する意図などもっておらず、にもかかわらず、個々人の含みこまれた社会的布置からはからずも差別の構造に巻き込まれ、結果的に差別する主体となりうる。そうした意味において、これは「構造的差別」であり、介助者も親も含め、「ケアする人」の多くに共通するジレンマであると言える。

たように、やはり、「障害者施設」という場所で、というアイデアがまず思い浮かぶ——もちろん思い浮かぶといっても、その中が実際にどんなものなのか、ほとんど知らないままではあったりするのだが。

そこには職員が常に一定数いて、食事もベッドも用意されているはずだ。かつて、拘禁だとか虐待だとかいった問題が騒がれた時期もあるにはあったが、さすがにそういったことは改善され、職員もよく教育されていて、設備も使いやすくなっているはずだ。だから、案外至れり尽せりなのじゃないか。そんな風にも思えてしまう。

しかし、これまでわたしが関わってきた多くの障害者たちに限って言えば、かれらが施設のことをよく言うことは決してない。施設での生活を経て、現在自立生活を営むかれらは一様に、あんなところには二度と帰りたくない、あんなもの刑務所みたいなものだ、などと語り、いささか穏便ではない。要は、施設は施設だよ、というわけだ。

施設での生活がどういうものかまったく知らなくとも、病院での入院生活なら、まだ少しは想像できるかもしれない。あの入院生活が、まるで永遠とも思えるほどにずっと続いてゆくとしたら……。食事やトイレの時間、起床・消灯の時間が定められ、外出や面会の機会も制限されている。場合によっては服装までも。たしかに、看護師はやさしいし、テキパキと仕事をしてくれる。それに、入院しているかぎり、命の危険はまずなく、安心して暮らすことができるだろう。しかし、いくら至れり尽せりだからといって、ずっとそこにいたいかというとハナシは別だ。病院は病院だよ、というわけだ。

これと同じように、障害者施設も、職員がよく教育され、ハード面も整えられて、いくら快適な空間であっても——あるいは、快適であればあるほど——、やはりそこから出ようとする。結局は、そこで暮らす人たちの生活が、たとえソフトなかたちであれ、「管理」と「隔離」を徹底されている（尾中 1995）。それゆえ、そこからの脱出が試みられるのだ。

しかし、だからといって、それ以外の暮らし、といったときに、どのような生き方があるというのだろうか。家と施設を出て暮らす。もちろん、それは容易ではなかったにせよ、さまざまなかたちで試みられてきた。そう、その方法の一つが、「自立生活」と呼ばれる実践だった。

1−4 「自立する」ことの意味

自立生活とはなにか。そう問われれば、「日常生活に介助が必要な重度の全身性身体障害者が、その生活を、基本的に、施設においてではなく、また家族や家族による雇用者によらず営む生活」（立岩 1999b: 520）、と答えてまず間違いない。しかし同時に、そこにはまだもう少し大きな意味が賭けられてもいた。端的には、既存の「自立／依存」の意味への批判、と言っていいだろう。

自立する、といったとき、そこで多くの場合われわれがイメージするのは、一つには、経済的自立

(自分で働いて自分で食う)、二つ目に、身辺自立(自分の身体を動かして身の回りのことを自分でする)であろう(岡原 1995b)。しかし、身体障害が、より「重度」であればあるほど、この二つの意味での「自立」は不可能に近くなる。では、障害者は自立できない不完全な存在なのか。そんなことはない、と障害者運動は主張した。

> 障害者が他の手助けをより多く必要とする事実があっても、その障害者がより依存的であることには必ずしもならない。人の助けを借りて一五分かかって衣類を着、仕事に出かけられる人間は、自分で衣類を着るのに二時間かかるため家にいるほかはない人間より自立している。(定藤 1993: 8)

単純にいえば、自己決定することができれば自立している。あるいは、自立できていると言ってよい、そういうことにしよう、と主張したことになる。[*2] たとえそのままでは「できない」ことであっても、介助者がいれば「できる」。身の回りのことを人に頼っておこなっていたとしても、そうしたい、そうしてくれと指示するというかたちで意志決定し、生活全体を自らデザインしていけば、それで自立していると言っていいはずだ。このとき、「自己決定する主体」は「自立」していることになる。

1－5　そこにいるけどいない人

自己決定する自立。自己決定する主体を中心に据え、それを補う介助者さえいれば「できる」。そう考えたとき、介助者はどのような位置づけを与えられていると言えるだろうか。

ひとくちに言えば、介助者は「単なる道具」、あるいは障害者にとっての「手段」に徹した存在で

＊2　ここでは、「身体障害者」に限定して述べている。よって、意志決定能力がない／弱いとされている知的障害者、発達障害者などを含めた他の障害は念頭に置いていないことに留意されたい。だから、運動の中でも、やはりためらいはあったのだということも同時に書き添えておかねばならない。

「自己決定する自立」を主張した人びとは、「できない」ことによる差別を受けてきた。にもかかわらず再び、自己決定が「できる」ことが求められるなら、これもやはり「できない」ことによる差別を生むだろうということである。決定する能力もやはり能力であるなら、「自己決定する自立」をあらゆる障害者に適用すれば、「決定能力がない（とされる）」知的障害者のような「自己決定が困難な者」を「自立」から排除することになる。

考え方としてまず一つは、「Ｙｅｓ／Ｎｏ」の意思表示を自己決定につなげていくなどして、判断や決定を援助するような、受け取る側のサポート体制を工夫すれば、知的障害者にも「自己決定」は可能だというものがある。また一方で、自己決定が「できる／できない」という「能力」によって「自立」が可能かどうかを判断すること、それ自体の根底にある「能力主義」そのものを疑う考え方がある。［寺本 2000］を参照。

ある、という位置づけになる。これを「介助者手足論」と呼ぶこともあるが、要は、まるで「黒子」のように、「主役」である障害者の背景に退いたうえで、主張せず、介入せず、「いるけどいない」存在として淡々とアシストせよ、というわけだ（究極 1998; 小佐野 1998; 田中 2000）。

だから、たとえば、介助の場をできるだけ楽しく盛り上げようというような介助者は、基本的には特に求められていないということにもなる。必ずしも、それがいけない、というわけではない。しかし、場合によっては注意せねばならないのは、重度の身体障害者は、常に交代で、たくさんの介助者を利用しているということだ。その場合、たとえば、朝・昼・晩と、一日に三人の介助者を利用する人ならば、単純計算で、週にのべ二一人もの介助者と関わっていることになる。また、入れ替わり立ち替わりであるにせよ、二四時間常に介助者という他者がそばにいる、ということにもなる。そういう状況にある人が、あらゆる介助者と楽しく、あたたかく、いい関係を結ぶことなど可能だろうか。少なくとも、そのことだけで疲弊しきってしまうのではないか（岡原 1995b）。

楽しく、明るく、ということは、場合によってはいいことなのかも知れないし、場合によっては鬱陶しいものかもしれない。だから、基本的には淡々と仕事をするのがいいのではないか。

もちろん、もともとの向き不向きはあるにせよ、介助者の主体性にとって、これはときに無理のかかることではある。ついつい手や口を出してしまうとか、自分が人の道具として使われるなんて耐えられない、と思ってしまうかもしれない。逆に、そうか、そういうものか、と思ったとしても、同時に、人が単なる道具や手段として振る舞うなどということが、そもそもできるのか、できるわけがない、と感じられることもあるだろう。それはそれでやはり無理もないことなのかもしれない。

しかし、なぜこうした、ある意味で「無茶な話」が主張されるようになったのか、ということを、もう少し考えておかねばならないだろう。

1-6 駅と政治

「自己決定する自立生活」を説明するときによく引かれる話に、こんなものがある。

例えば、車椅子に乗ったある障害者が介助者をともなって、電車に乗り、どこかへ行こうとしているとしよう。介助者は、利用者の指示する通りに行き先までの切符を買い、それをもって改札を通ろうとすると、駅員はしばしば行き先を尋ねることになるだろう。行き先がエレベーターのない駅であれば、連絡を取って、それをカバーするためのスタッフを事前に準備しておいてくれるし、車両とホームに大きな隙間がある駅であれば、ステップ・ボードを準備して、待機していてくれたりもする。それはサービスとして確かによいことだとして、ここでポイントになるのは、こんなことだ。このとき駅員は、だれに行き先を尋ねるだろうか。

わたし自身の経験からすれば、多くの駅員は、行き先を介助者に尋ねようとする。ここに、一つの「政治」が生じる。

駅員はこのとき、電車を利用して移動する主体は介助者であると判断していることになる。しかし、介助者は「単なる道具」であって、行為の主体では決してない。車椅子に乗って移動する障害者と介助者という一組のユニットの「ブレイン」は、障害者のほうなのだから、行き先を介助者のほうに尋ねるのは、端的に「誤り」だと解釈される。駅員は、障害者のほうに行き先を尋ねるべきなのだ。*3では、このとき介助者はどんな風に振る舞う〝べき〟か。わたしなら、そんな時には必ず、「本人に訊いてください」と言うか、障害者がわたしと駅員の間に「割り込んで」自分で言うまで、駅員を無視することになる。

行き先を尋ねられて介助者が答えてしまうことは、車椅子の頭越しに、健常者同士が物事を「淀みなく」運ばせてしまうことだ。つまり結果的に、障害者の主体性を奪うことになっている。だから、介助者は駅員の尋ねに答えてはならない。答えることは、障害者には主体性がないという考えに同調したことになるわけだ。

1－7　手段に徹することの意味

障害者の意志を事前に察知するようにして、あらゆることを常に先回りしてやってしまう。自分の

＊3　他にも妥当な解釈はありうる。障害者の主体性を看過している、とも考えられるが、そもそも意思疎通の能力がないと判断されている、とも解釈できる。よって、介助者に話しかけようとするのは、介助者が意思疎通を代行するためにそこにいる、と考えられているからなのかもしれない。

だがなお、介助者に話しかけようとするのは「誤り」である。なぜなら、目の前にいる当人に意思疎通の能力があるかないかは、「話しかけてみなければわからない」のだし、一定のやり取りの中での「不具合」が発生してはじめて、そう判断すべきだからである。

また、しばしば言語障害をもつ脳性マヒ者の口から、「言語障害のせいで知的障害と間違われる」といった台詞を聞くことがある。そして、「だから自分に話しかけず、介助者に話しかけるんだ」と続くのだが、こうした物言いが問題含みであることは言を俟たないであろう。もちろん、「そのような意図はない」ということなのだろうし、実際その通りではあるのだろう。しかし、「意図」というものは常に、ないところに見いだされるものではあるわけだから、それもさほど言い訳にはなるまい。ちなみにこれに関連して、青い芝の会の言説のなかでも、「われわれは知的障害ではない」といった旨の主張がなされた時期があったが、後に撤回されるということがあった。［廣野 2007］を参照。

なお、言語障害者とのコミュニケーションにおいてしばしば発生する「気づまり」な場面については、第3章で詳しく触れる。

暮らしを自分でデザインする契機が、介助者によって容易に摘まれてゆく。あるいは、介助者が障害者の「代理人」として「意志を代行」しはじめる。すべてが障害者の頭越しに、穏便に、速やかかつ「合理的に」、淀みなく運ばれていく（石川 1992）。

だから、こちらのやりたいことはこちらが言う、それを聴いて、だまってそれだけをやってくれればいい。介助というおこないは、それ以上でもそれ以下でもないし、そこにあなたの意志や、主体性は必要とされていない、それどころか、有害ですらあるのだ、というわけだ。

そのような意味で、介助者は、障害者の「手足」あるいは「単なる道具」として振る舞うことが——理念としてではなく、具体的な運動や暮らしのなかで——求められたのだ。*4

家と施設を出て、それらのどこでもない場所で暮らそうとするためには、もちろん介助者の存在が必須となる。しかし、それもかれらにとっては諸刃の剣ではあろう。なぜなら、介助者は、障害者にとって最も身近な「健常者」——障害者の主体性を侵し、排除する主体としての他者——でありうるからだ。このことに自覚的であることが、まず、なにより介助者の条件として最低限求められることなのだろうし、逆に、そこにとどまってさえいれば——むしろ、そこにとどまっていることがなにより難しかったりはするにせよ——、特に難しいことのない仕事でもある。障害者が決め、それを手段に徹した立場からアシストすること。介助者がやるべきこと、介助者にやって欲しいことは、目の前のその人にまず尋ね、その指示に応えていくこと。それがこの仕事の、何度でも立ち返るべき基本であり、また、すべてなのだ。

1―8　CILという場所

ここまで述べた「前提」は、いわば何度でも立ち返るべき場所であり、以降の議論のなかでも繰り返し反芻することになる。ともかく、これらの前提を、なかば頭でっかちにたずさえて、わたしは「現場」へ向かうことにした。二〇〇一年五月のことだ。

それから現在にいたるまで、わたしは、兵庫県P市に居を構える自立生活センター（以下、CIL）＝「X会」で非常勤の介助者として働いてきた。

＊4　「介助者手足論」については、拙稿［前田 2006b］および本書第1章で、その意義と限界を検討するが、近年では［山下 2008］が当時の歴史的文脈を踏まえた検討を再度おこなっているほか、［究極 1998, 2004］、［小倉 1998］、［小佐野 1998］、［Kimura Yamaki&Yamazaki 2004］、［田中 2005］、［後藤 2007］、［杉田 2008］など参考すべき文献は枚挙にいとまがない。また、介助者手足論が運動のなかで語られはじめた当時を知る者の証言と「歴史認識」への違和感を表明したものとして［小林 2007］。

ＣＩＬは、米国で一九七〇年代にはじまる自立生活運動（ＩＬ運動）に端を発し、主な業務として、自立生活を営む障害者のために介助者を派遣するサービスをはじめ、自立生活に移行する準備段階におけるサポートとして、ピア・カウンセリング——障害者同士が、日々の困難や過去のつらい経験などを語り合い、サポートしあう——や、自立生活プログラム——金銭管理、外出の方法や、福祉制度の知識と活用法などを学ぶ——の提供などを、重要な活動として位置づけている。また、ＣＩＬの運営は、あくまでも障害者が中心になって担うこととされており、これらのことから、ＣＩＬは、事業体であると同時に運動体であることを常に志向していると言える。

米国のＩＬ運動が日本に紹介されはじめるのは、一九八〇年代に入ってからだが、それ以前に日本においても、このＩＬ運動とほぼ同時期に、「青い芝の会」などに代表される障害者解放運動が展開されてきた。また、すでに日本の障害者たちも、必ずしも「自立生活」という名で呼ばれたわけではなかったが、施設や親元を離れ、介助者を使いながら地域で暮らす方法を模索し、実践してきた。これらの動きとＩＬ運動は決して「同じもの」ではないものの、こうした暮らしを成り立たせるために必要な「介助サービス」をシステムとして確立するに際して、日本の障害者運動に対する米国のＩＬ運動の影響は計り知れないものがある。[*5]

さて、日本全国に多数存在するＣＩＬの上部組織である「全国自立生活センター協議会」（ＪＩ

＊5　米国でのＩＬ運動の誕生からその後の展開について概観できる代表的なものとして、[Shapiro 1993]。ピア・カウンセリングについて、[安積・野上 1999]、[ヒューマンケア協会編 1992]、[堤 1998]、[横須賀 1999] などを参照。なお、ピア・カウンセリングという実践の性格上、筆者はこれに「参加」したことはない。

まず、青い芝の会の運動のそばで、実際に障害者運動にかかわってきた者たちが、ミスタードーナッツの支援を受けて、ＩＬ運動のメッカであるアメリカはカリフォルニア大学バークレー校に留学しはじめた。国際障害者年とされた一九八一年、米国系企業であるミスター・ドーナッツ（現ダスキン）が作った「財団法人・広げよう愛の輪基金」によって「障害者リーダー米国留学派遣」事業が開始された。以降一九九一年までの一〇年間、年に一〇人前後の障害者を奨学生としてアメリカに派遣し、一ヶ月から一年間、自分のテーマに沿った研修を支援するプログラムであった。肢体不自由者の多くは、カリフォルニア州バークレーのＣＩＬで研修を受け、日本にもちかえることによって、その後、日本のＣＩＬの主な担い手となっていく（樋口 2001: 14-5）。

一九八六年、介助者派遣サービスや自立生活プログラムを取り入れた、日本で最初のＣＩＬとされる「ヒューマンケア協会」が、東京都八王子市に発足。設立当初のスタッフのほとんどは、バークレーでの研修を受けた者たちだった。

もちろん、青い芝の会の運動から現在のＣＩＬの勃興までの道のりには、多様な分岐点があるし、そのすべてがＣＩＬに収束するわけでも「完成品」であるわけでもない。

L）は、正会員となる団体の会員要件として、以下の五つの条件を満たすことを定めている。

1　意思決定機関の責任および実施機関の責任者が障害者であること。

2　意思決定機関の構成員の過半数が障害者であること。

3　権利擁護と情報提供を基本サービスとし、且つ次の四つのサービスのうち二つ以上を不特定多数に提供していること。

・介助サービス　・ピア・カウンセリング　・住宅サービス　・自立生活プログラム

4　会費の納入が可能なこと。

5　障害種別を問わずサービスを提供していること。

要件1と2からわかる通り、ＣＩＬは「障害当事者中心のコミュニティ」である。たとえば先に触れたX会には、自立生活を実践する障害者が三〇人いる。かれらを支えるスタッフは二〇人強だが、そのうち約半数がやはり障害をもつ当事者である。さらに、登録介助者（＝X会においては「アテンダント」と呼ばれる）は、約一八〇人を擁する。

また、当事者中心であることを活かして実践される自立生活プログラム、および、ピア・カウンセリングという方法論は、ＣＩＬを特徴づける重要な要素である。

ＪＩＬは、「ピア・カウンセリング」および「自立生活プログラム」の二つを総称して「広義のピア・カウンセリング」と定義する。「ピア・カウンセリング（Peer Counseling）のピアは「仲間」、同じものを共有する人を意味する。体系的なかたちでは、一九八八年にヒューマンケア協会が主催した「第一回ピア・カウンセリング集中講座」によってはじめてわが国に紹介された」（ヒューマンケア協会 1992: 1）とされる。かつて障害者の治療、教育、訓練は、専門家、教育者、治療者から「与えられた」ものであった。もしこの関係が維持されたまま「自立」が「教えられた」としたら、それは全く矛盾している、ということになるだろう。だから、「ピア」という関係の中で非「専門家」によってそれがなされる必要がある。それぞれの具体的な内容は、ここではそう詳しく触れる余裕はないが、いくつかのポイントを押さえておこう（樋口 1998; 安積・野上 1999; ヒューマンケア協会前掲；立岩 1990b）。

まず、「狭義のピア・カウンセリング」としてのピア・カウンセリングとは、端的に言えば、障害をもつ人に対して同じく障害をもつ人がおこなうカウンセリングであり、精神的・心理的サポートなどを中心とした支援活動である。ピア・カウンセリングは、主に「感情の解放」を促し、ありのままの自分を肯定することを援助するものだとされる。つまり、障害者が自分の障害に対する「こだわり」を、障害を理由に自分を卑下することを、「感情の解放」を通してやめること、つまり「ふっ切る」ことだ。では、そうしたことをピア・カウンセリングを通しておこなうことの、どこが優れているのか。石川による議論（1992: 957）を要約すれば以下のようになる。

ピア・カウンセラーは、クライアントの準拠者ないしは行動モデルとして積極的な役割を果たすことができる者である。したがって、準拠者となったピア・カウンセラーが、対抗的なライフスタイルを示し、それを学ぶことで、クライアントは「あの人だったら、こんなときどうするだろう」と準拠者の行動を推測し、模倣を通じて徐々に自分流のライフスタイルを作っていける。ピア・カウンセラーが実際の日常生活での試行錯誤を通して蓄えた、生活技術や生活情報は、自立生活の「新人」たちにとっては何よりも貴重な生活資源となる。ピア・カウンセラーは、クライアントの自己卑下、羞恥心、無力感といった感情を共有しつつも、そういう段階を相対的には乗り越えているピア・カウンセラーからの情緒的心理的サポートは、これを緩和する。ピア・カウンセラーにとっても、プログラムの提供は、自分のライフスタイルを点検しなおす絶好の機会となるので、フィードバック効果、あるいは副次的な効果もある。

九八年には「ピア・カウンセラー養成講座」が開かれるようになり、直後、ＪＩＬはピア・カウンセラーの「認定制度」を設けた。その要件は、①ＪＩＬが関わっている集中講座・長期講座・養成講座を受講していること、②障害者であること、③自立生活をしていること、④自らも相談できるピア・カウンセラーをもっていること、⑤人の話をよく聞けること、⑥JIL主催の研修会に参加できること、である。

次に、「自立生活プログラム」は、各CILによってさまざまなものが実践されているが、まず一つに、「フィールドトリップ」とときに呼ばれる実習がある。その名の通り、実際に街に出て、介助者を見つけて声をかけ、電車に乗ったり、買い物に出かけたりする。文字やお話として「頭で」わかっていたつもりのことを、実際にわかっているか、そういう場面に遭遇したときにできるか、やってみるということだ。確かに、危険は山のように障害者たちを待っている、のかもしれないし、いや、実際にはそう難しいことはないのかもしれない。なにごともやってみなければわからない。たしかにそうなのだろうが、しかし、そう最初から簡単に言ってのけられるのは、一度でも強力に排除されたことのない者の言い草なのだろう。たった一度でもそういう経験があれば、それを恐れ、諦めることを覚えてしまうのには十分なのかもしれない。実は、「排除などどこにも存在しない、(……)しかし、いちいちの場面で排除を行使しなくとも効力を持続することができるというのが社会統制だ。ときおり強烈な差別が〝どこかで〟実行されるだけで、それ自体としては排除と見えないほど些細な多くの出来事までが、マクロな統制システムの一環という微分的な含意をえて排除的効力を増幅させる」

（石川 1992: 106）。町に出ずに引っ込んでおいてくれれば、社会は「穏便に」成り立っていく。障害者の自己規制が当てにされているのだ。端的には、フィールドトリップは、こうした装置を外すためにある。もちろん失敗もあるだろうし、痛い目に遭うこともあるだろう。しかし、少なくとも「抽象的な不安」（立岩 1990b: 152）はなくなる。

また、X会では、「自立生活体験ルーム（通称、ＩＬルーム）」と呼ばれる、事務所の階上にある部屋で自立生活の「練習」をすることができる。短期入居（一週間前後）と長期入居（三ヶ月前後）とがあり、まずここに入居して実際に介助者を使ったり、お金の使い方を覚えたりする。長期入居の場合、その間に部屋探しをし、見つかると同時に出る。その中間ステップの場所となる。

そうして、施設や家族を「とりあえず出る」なかで、なにかしら得るものが必ずあるはずだ、という確信めいた目算のもと、これらは実践されている。もちろん同時に、なにかしらの不全感が残ることもあるだろうが、それでも同時に、肯定的な何かを確実に残しもするのだろう。

ＣＩＬにおいては、介助サービスについては、基本的に「有償」である。介助が有償で提供されることの主たる意義は、介助「量」の安定と確保、および、介助者に責任をもって介助を担わせることにあると言えるが、同時に、介助を利用する障害者にとっても、あくまでも介助サービスを利用する「消費者」としての自覚を促すことにもある（中西 1993）。

介助が有償であることによって、先に述べた「自己決定の自立」が実現できるとされる。「金は出すから口を出すな」とすることで、介助者によるパターナリスティックな介入を牽制するのである。ここでは、介助者の「共感」や「あたたかさ」や「思いやり」は求められていない、やるべきこと＝障害者がやってほしいことだけを、淡々と、ドライにやってくれればいい。介助者は、障害者の意志決定に基づいて指示されたことを、まるで「道具」のように、障害者の手足に成り代わった黒子のようにおこなっていればいい。

これらのモデルが志向するのは、端的には、健常者と障害者とのあいだに横たわる非対称な関係の克服であり、また、健常者自身による「健常者性」への自己省察である。障害者は「気まぐれな人間愛を恵んでもらう客体の位置」（石川 1992: 118）に置かれているという現状認識にもとづいていると同時に、介助者が「主体性の発揮できない仕事」であることを否定したいばかりに、「よさ」や「意味」を見出し、つくり、語ろうとすることへの牽制の意味があったことは何度指摘しても足りない。

一方で、これまでの障害者運動の歴史のなかでも、また、現時点においても、介助の社会化の一方向として有償／有料化を実現することが、障害者と健常者の対立点を解消し、見失わせてしまう危険性をはらんでいることは、何度も指摘されてきた。

しかし、障害者と健常者の対立点は、有償化によって解消されるものではないのはもとより、見えにくくなる、というのですらない。つまり、障害者と健常者の対立点ないし敵対性の解消可能性は、有償性とは別の場所にあるとわたしは考える。

あるいは、ケアというおこないがはらむ「困難さ」は、ケアが有償でなされるか無償でなされるかといった問題とはおそらく関係がない。だから、仮にケア労働者の収入が十全に確保される状況が訪れたとして、だからといってケアのもつ「困難さ」が解決可能であるわけではない。たしかに、どれだけ困難な仕事であったとしても、それによって十分な報酬を得ることさえできれば、満足し、溜飲を下げることができることもあるかもしれない。だが、ことはそう単純ではない。ケアという相互作用の場には、経済的側面に容易に還元できない、何重にも張り巡らされた「困難」が存在するからだ。

その「困難」とは、端的に「他者を支援すること」ないし、それにともなって「他者とともにあること」そのものがはらむ困難である。本書では、そうした、他者とともにあることの困難を、身体障害者への介助に従事する者＝介助者の立場から、参与観察から得た知見をもとに記述し、社会学的に考察することになろう。

本書は、障害をもつ者たちがおこなった健常者に対する異議申し立てを受け止め、その議論の射程を評価しつつ、同時に既存の議論において十全に汲み尽くすことのできなかった、実際の介助現場で経験される〝ちいさな〟葛藤や矛盾や軋轢に目をこらしつつ、それらをできるかぎり〝ちいさな〟言葉で記述することを目指す。そうして、他者に支えられることによってなりたつ「自立」と生、そして、介助という「仕事」の実際をゆっくりと解きほぐしていく作業を通して、わたしたちの日常的な相互行為をいかにして「社会」に接続することができるか、その新たな可能性を探る。

第1章　介助者のリアリティへ

0　健常者というnobody？

前章では、いわゆる「介助者手足論」と呼ばれる主張について、その歴史的文脈と意義を概観した。本章からは、「手足であれ」とされた介助者たちが実際にどのようなかたちで介助にかかわっているのか、そのリアリティを提示することが主眼となる。では、議論を開始するにあたっての「補助線」として、まずは以下の議論を参照してみよう。

障害者は、障害者というアイデンティティとか立場を引き受けるにせよ拒絶するにせよ、つねに「障害者」として振舞わなければなりません。（……）対照的に、健常者は、健常者というアイデンティティはおろか、健常者という立場を自覚する必要すらないのです。どのような立場やアイデンティティでも自由に選べるノーバディ（nobody）なのです。本来、自己の立場を忘却できる立場にあることの特権性、暴力性を暴き、揺さぶり、そうした非対称性を壊していくのがアイデンティティの政治であるはずです。障害者に感情移入して共感したり、感動したり、激励したり、庇護したり、憐憫したり、知ったかぶりをしたりする健常者に、そのような「余計なこと」をする前に、自己のあり方を相対化し反省すること

を迫るような言説を紡ぎだしていくことが障害学には求められていると思います。（石川 2000b: 42）

健常者の立場やアイデンティティ。それを問いただす、問いたださざるをえないような契機が、たしかに健常者の日常にはあまりない。そして、そういった現状に気づくことなく生きていられるということ、有り体に言えば、〝あぐらをかいていられる〟ということ。それ自体が、なにより健常者の「特権性」そのものなのだ。障害学になにが求められているか、ということについては、今はひとまず置いておこう。ともかく、この石川准による、ひいては障害をもつ当事者による指摘は、ひとまず、まったくもってその通りだというほかない。

まずそのことを十分に確認したうえで、しかし同時に、ある疑問が浮かぶのも事実だ。というのも、健常者はこのように、「どのような立場やアイデンティティでも自由に選べるノーバディ」でありえるのだろうか？　当然ながら「健常者」にも、逃れることの困難な、個々人の異なったアイデンティティやポジションがあるはずだろう。なかでも、本論の主題となる「介助者」という存在を、ここでいう「健常者」として捉えてよいのだろうか。わたしはそうは思わない。

すなわち、「介助者」は、石川の言うように、「どのような立場やアイデンティティでも自由に選べるノーバディ」ではありえないはずなのだ。逆に、当の障害者が、「介助者という健常者」をも「ノーバディ」として語り、扱ってしまうという陥穽に、時に陥ってはいないだろうか？「健常者」を「健常者」として語り、「ノーバディ」として位置づけてしまうことに問題はないだろうか？ そんな問題提起からはじめてみよう。

確かに介助者はしばしば、自らの立場やアイデンティティを取り立てて意識する必要のない「健常者」なのだろう。他方で、「障害者」と日常的に接する介助者には、自らの「健常者」という立場やアイデンティティを否応なく自覚させられる経験のない者はいないのではないだろうか。なぜなら、「健常者」は「介助者」として「障害者」と接することによって、自らの「健常者」としての立場の特権性を自覚し、反省せざるをえない状況を経験するからだ。つまり結果的に、「健常者／障害者」という関係性と「介助者／利用者」[*6]という関係性とは——あたかもカーボン紙で写しとったかのようには——重ならなくなるのだ。

以上の問題意識から、本章の目的は以下のようになる。

まず、介助者の存在を透明化することの不可能性を論じることを通じて、「健常者／障害者」関係と「介助者／利用者」関係という、しばしば同一視されがちな二つの二項軸の相違を指摘する。また、その指摘によって、永らく「介助」を巡る議論に埋もれがちであった「介助者のリアリティ」を論じることの意義を浮上させる。

1 「介助者＝手足」論——介助者の「匿名性」

以前の運動では、「障害者」が施設に隔離されて、まさに自由を奪われ切り捨てられてきた、そういうことのアンチとして、介助者は、「障害者」の手足になればいいんだ、ということでやっていた。だから、手足となる「介助者」さえつけば、後は勝手にやってください、ということだった。(小佐野 1998: 79-80)

介助者が利用者の手足になるということは、つまり、介助者は「黒子」として振舞うことを要求されるということだと言える。「黒子」というメタファーは、「公共の場」では「主役」の背景に退き、

＊6　本書ではしばしば、「介助者」の対立項として、便宜的に「利用者」という語を用いる。両者を一ユニットとした場合、その内部で焦点として目指されているのは、「介助の提供と利用」だからである。

そこに介助者はあたかも存在しないのだと考えなければならないことを示唆している。確かに、物理的な位置にしても介助者は「黒子」のようである。手動車椅子を押して街に出る場合は、介助者は利用者の後ろにいる。電動車椅子の場合でも、雑談をしながら歩いているのでもないかぎり、少し後ろに退いてついていくのが常である。また、手動車椅子を介助者が押している場合でも、移動する主体はあくまでも利用者であるから、その意味でも、介助者は利用者の「足」である。

介助者は障害者が「やってほしい」ということだけをやる。その言葉に先走ってはならず、その言葉を享けて物事をおこなうこと。障害者が主体なのであるから、介助者は勝手な判断を働かせてはならない。このような論は「介助者手足」論などとも呼ばれている。(究極 1998: 179)

序章でも触れたように、駅で駅員に行き先を尋ねられるようなことがある。多くの駅員は、介助者に尋ねようとするだろう。駅員は車椅子に乗った障害者を「電車で移動する」という行為の主体だとは見なしておらず、また、介助者が「単なる手足」だとは考えてもいない。わたしの場合、そんな時には必ず、「本人に訊いてください」と言うか、利用者がわたしと駅員の間に「割り込んで」自分で言うまで、駅員を無視することになる。

また、介助の必要性が生活の全般に及ぶ障害者ならば特に、その数多い介助者一人ひとりと「親密な」「暖かい」関係を結ぶことなど求めてはいないということがある。そうした「関係」は障害者にとって多くの場合、「いらない」のだ。

単に「手段」であればよい。自分でできるということの快適さは、そういうところにあるのであるかもしれず、それを他人がおこなうのであれば、そのおこないは無色である方がよい場合がある。機械があれば機械がよいかもしれない。(……)ただ少なくとも、その場に顕在化する「やさしさ」や「近さ」、「交流」はいつも求められてはいない。やることをやってくれればよいという場合がある。(立岩 2000: 245-6)

立岩真也が慎重に指摘しているように、確かに介助者を徹底して「手段化」する必要はある。しかし同時に、日常生活において介助者という「他者」を「あってないもの」とすること、抹消することは、やはり相当困難であるということが同時にありもする。「自己決定」を中心に据え、介助者を「単なる手段」とする。他者が「いるけどいない」と考えることの意義はいくらでも強調すべきであるし、何度でも言うべきである。だが、その理念ゆえに、他者が「どうしてもいてしまう」ことに「しんどさ」を感じてしまう恐れがあるということだ。そう「感じてしまう」ものは、とりあえず、仕方ないということがある。ただもちろん、「感じること」を素朴に本質化することはできない。それもやはり、時に社会的な変数であるからだ（石川 2000a）。しかしどこまでがそれで、どこからがそこからこぼれた「あるがままの経験」なのか、という問いにはわたしは未だ沈黙せざるをえない。例えば小山内美智子は、その著書の中で、介助者が「わたしの手足」であることを強調しながら、同時に以下のようにも述べている。

ヘルパー（ケア）はわたしの手足である。でも、それを言ってしまうと次の週からコミュニケーションがうまくいかなくなる。（……）他人の手は百パーセント自分の手にはならないということを悟るしかないことを覚えた。（小山内 1997: 123）

彼女はこの「揺れ」に自身戸惑いながら、「自分の迷いと戦うのが、心地よいケアを受けるための勝負所だと思う」（小山内 1997: 120）と率直に語っている。だから、以下のような指摘が妥当性を帯びてくる。

以前の運動が「自己決定」を主張してきたとき、それは介助者を単に「手足」として手段化することであったのに対し、今日的な運動においてはそこで忘れられていた他者との関係がクローズアップされ

てきている。(星加 :2001: 161)

当たり前といえば当たり前のことなのかもしれない。しかし、その「当たり前」を、言いにくくさせてきたもの、特に障害者自身にとって言いにくくさせてきたものとはなんだったのかを、考えておかねばならない。障害者にとって介助者が「抹消できない他者」であること。もちろん「忘れられていた」わけではない。介助者を自分の身体の延長と見なす、そんな、ある意味で「無茶な」物言いは、障害者が日々の生活の場で介助者によって主体性を奪われてきた現実が確かにあったのだ、ということの証左であろう。障害者の主体を中心に置き、介助者はあくまでも選択された手段である(でしかない)と主張することは、「健常者—障害者」間に横たわる既存の力関係の逆転を志向した試みであったのだから。ことは裏腹なのだ。

では、なぜ他者の存在を忘却したと映ずるほどに〝極端な〟主張をせざるをえなかったか。大きく二つの理由が考えられる。

第一に、「介助者—利用者」というユニットの「外側」にいる第三者の「視線」の存在がある。その視線とは、障害者に「障害者役割」[*7](「障害者はこういったものだ、こうするべきだ」という期待)を押しつけようという、社会の多数派の視線だ。それらはしばしば介助の場の安定したリアリティを寸断するだろう。石川が――皮肉たっぷりに――言うには、障害者に託された「期待」とは、例えば、「愛らしく（loveable）あること」（石川 1992: 118）だ。

> 障害者が介助者をあごで使うなどとは言語道断なことであり、わずかな金で介助者を雇うのも障害者にはふさわしくない。理念的メディアを通した間接的な関係という一線を越えて、介助者と親密かつ対等に付き合うというのも障害者役割に反する。つつましく貧しくひそやかに、ボランティアに頼って受身に暮らすのが障害者らしい生き方だ。それに、障害を克服するために精一杯努力することも忘れてはならない。（石川 1992: 118）

この社会は、こうした視線に満ち充ちている。障害者が「気まぐれな人間愛を恵んでもらう客体の位置」（石川 1992: 118）に依然として置かれている状況において、仮にも「やはり介助者は自分の手足だなんて、割り切れない」とでも言おうものなら、「やっぱりそうだろう！」と言われ、「介助」は一気に否定されかねないのだ。短絡されてしまう。

また第二に、介助者からの視点に重きを置けば、以下の理由が考えられる。まず、「人の手段の役割に徹することは、人によってはそんなに簡単なことではな」く、介助者の「『主体性』にとって時に無理のかかること」である（立岩 2000: 246-7）。自分を「ただの機械」、「ただのモノ」のように考えることは、時に苦痛であるだろう。だから、介助者はそのような「主体性の発揮できない仕事」であることを否定し、「よさ」や「意味」を見出し、つくり、語ろうとする。そうした健常者の志向への牽制の意味があった。

だからこそ、介助者を「単なる手段」として捉え、主張することの意義はいまだ有効だと言わざるをえない。他者による介助を利用して生活する障害者の主体にとって、「介助者との関係」は、最も身近でしんどい問題だと考えられるが、それに再び向き合うことは、「介助者手足」論のアクチュアリティと射程を確認した上でのみ可能になるのだ。そしてより重要なのは、実はこうして介助者との関係に「再び向き合うこと」が可能な地点にわれわれがいるということ、そのこと自体が、これまでの運動や議論の成果でもあるのだ。

＊7　「障害者役割」は、パーソンズの「病者役割」に類似している（岡原 1990: 83, 山下 2001）。「病者役割」を構成する期待とは、①正常な社会活動及び責任の免除、②病気に対する責任の免除、③異常で好ましくない状態である病気からの回復努力、④専門家（医師）への協力義務、である（Parsons 1951）

こうして、以降に述べる議論のスタート地点を、以下のように整理することができる。まず、「介助し、されるという両者の関係は、主体とその単なる道具といった関係として単純化することはできない」という主張の「論理」に注目しよう。

介助者はまず、すべての大前提として、利用者の手足「でしかない」のであって、「透明」で「匿名」の存在だ。だが一方で、介助のそれぞれの場においては、完全にそう単純化することもできないのではないか、という疑問が〝次に〟出てくるのだ。「介助者＝手足」であるという主張がまずは正しいということを慎重に確認した上で、それでもなお残る問題がある、ということだ。では、その「なお残る問題」とは、介助の場に参与する者にとっていかなるものであり、いかにして経験されているか。次に詳しく見ていくことにしよう。

2　介入とパターナリズム

すでに確認したように、理念的には、自立生活を志向する障害者は自らの生活を自らの決定によって組み立てており、障害者の自己決定に他者が介入することは、あってはならないことになっていた。それに反して本章では、介助者の力を使って生活する以上、「障害者の生活がパターナリスティックな介入を受ける可能性に開かれている」(星加 2001: 166) こと自体はやはり否定できないというジレンマを指摘する。

さて、パターナリズムとは、家父長的温情主義と訳されることがあるように、「当人の利害と当人の決定を分離し、『当人の決定は実は当人の利益にならない』、十分な情報をえた行為であっても、『当人は自己の本当の利益を知らないのだ』、『目先の利益のために自分の真の利益を犠牲にしている』と言われること」だ (立岩 1997: 74)。

換言すれば、自己決定を侵害するパターナリズムとは、ある個人のある決定が、その者にとって不利な選択になると他者によって見なされ (本人にとってもっとよい選択があるとされ)、他者がその決定に対して介入することである。「障害者の自立生活」という試みは、この意味でのパターナリズムを否定する行動としてあった。しかし結論から言えば、介助の場において、障害者の決定には、他者の介入を否定するどころか、むしろ、他者の介入が構造的に孕まれているのである。

では、そうした介入は、具体的にいかにして成し遂げられてしまうのか。以下、いくつかの事例とともに見ていこう。

2－1　what to do / how to do

まずは、パターナリズムと呼ばれるものとは少し様相が異なるが、本人の決定に対して、介助者が介入する「余地」が存在することを示す。

> 行動の主目的（「何を食べるか」「どこへ行くか」など、総じて"What to do"）は両者間に共有されており、その主目的の決定権や選択権が障害者にあるということは両者によって合意されている。この次元での障害者の主体性の優越は、「介助」という行為が前提的に承認していることであり、非問題的である。（……）では、どこにコンフリクト発生の場が存在するのか。それは、主目的が障害者と介助者の相互作用という形で達成される具体的過程やその仕方（"How to do"）にある。（岡原・石川・好井 1986: 28）

この議論にあるように、"What to do"と"How to do"を区別し、前者に関しては「非問題的である」とすることができるものなのだろうか。わたしが経験した二つの事例を検討し、介助者による障害者の自己決定に対する介入の構造を明らかにする。

2－1－a　爪切り

まずは、ある男性利用者の入浴介助を終え、パジャマを着ている時に彼とわたしとの間で交わされた会話である。＊8

「爪切り、やったことありますか？」
――いや、ないなあ
「ああ、じゃ、いいです」
――ちょっと怖いなあ
「コッチも怖い（笑）。一回アテ（＝アテンダント＝介助者）に身ィ切られたことあるんで」
――うわあ……痛あ……そんなん聞いたら余計ようやらんわ（笑）。スマン
「はい。今日はいいです。また別のアテに頼むんで」

＊8　以下、本書で引用する会話文では、「――（2倍ダッシュ）」に導かれるものを筆者の発話とする。

2―1―b　コンタクトレンズ

次は、ある日、上記の彼に、わたしがメガネのレンズを拭くように指示された、その最中に交わされた会話である。

「実は、コンタクト（レンズ）にしたいんやけど、自分でできないから怖いんですよ。だって眼エさわるんやもん」

――そうやわなあ。オレ、コンタクトやけど、そら人にやってもらうのはちょっと怖いなあ

「第一アテが怖がる。やったことない人やったら怖がってできんと思う」

――あ……そっかそっか、確かにな。やったことない人やったら、眼球触わんのなんか怖がってできへんやろなあ

さて、2―1―bでは、コンタクトレンズの着脱を介助者に委ね、裸眼を手で触れられることに対する恐怖感と同時に、むしろ、コンタクトレンズを着脱したことのない介助者が「怖がって」、指示されることを嫌がるだろうという利用者の介助者に対する配慮が見て取れる。「コンタクトレンズを着けたい」にも拘わらず、「メガネにしておけ」と頭ごなしに否定する介助者はいない（もしくは、介

助の理念からすれば否定すべきでない）という意味では、「介助者―利用者」間での利用者を主体とした合意の形成は、確かに「非問題的」だ。しかし、眼科医のような技術がなければ、おそらくそれは不可能だろう。一方で、健常者は、そのような技術がなくても自分のコンタクトレンズは自分で着脱できる。2-1-aの「爪切り」のように他の介助者に後日頼むということも、やはり困難に思える。また爪切りとは違い、コンタクトレンズの着脱に関しては、「メガネで事足りる」ということもできるため、「できない」と言いやすいという要素もある。このエピソードから、いくつかの問題を引き出すことができるだろうが、[*9] ここではひとまず、以下のような問題を提起しよう。

岡原ら（1986）は、介助関係における意志決定の様相を、あたかも目的（what to do）が先行してあ

＊9　例えばコンタクトレンズを使用する行為は、視力をいかに「矯正」するか、ということよりもむしろ、「メガネをかけている顔」と「メガネをかけていない顔」の二つの顔のいずれかを「選択する」という側面が強いように思う。だからこの問題は、「顔」および「外見」の問題を多分に含んでいる。「コンタクトレンズを利用したい」という要求が「メガネがあればそれで事足りる」という物言いをもって退けられる可能性は、そこに由来する。「視力矯正」という「機能的側面」に比して、「外見の問題」は副次的なものとみなされやすいのである。もちろん、「外見」を「機能」より下位に置く謂れは全くない。

り、これに合わせて手段（how to do）の検討および構築がなされるかのようにして描いている。しかし、そもそも、手段の欠如があらかじめ予測できそうな目的（「アテが怖がる」からできないだろうという予測）が、介助者に提案されることはないだろう（「実は……」という語り口からして、なかなか言えないでいたことがうかがえる）。さらに、目的と手段を切り離して、どう考えても手段の確保が不可能な、「非現実的な」目的だけを「藪から棒に」提案することなどもまた、ありえないことだ。手段の確保が可能だと事前に予測されていてはじめて、目的は利用者の口から提案され、合意形成が図られるはずなのだ。

他の事例を考えてみよう。障害者男性が、性風俗店に行きたい、もしくは「デリバリー・ヘルス」を自宅に呼びたいが、それを言う前に「この介助者には頼める、この介助者には頼めない」という判断がなされることがある。*10

「来週ちょっと、デリヘル呼びたいんですけど、いいですか？」

――ああ、そう、そら別に、かまへんよ

「はい、じゃあ、そういうことで、お願いします」

――それはええけど、来週って、それまで我慢できるん？

「はい、まあ、できると思いますよ」
――来週まで待たんでも、他のアテに頼むとかしたらエエやん
「まあ、そうなんですけどね……」
――頼みにくいん？
「そうですねえ。そういうの、イヤがりそうな人も、いるし、〝ノリ〟的に」
――あー。まあ、わからんでもないけど
「前田さんやったら、まあ、大丈夫やろう、と（笑）」
――まあな（笑）。やっぱり選んでしまうかあ
「そうですね」

＊10　男性障害者を巡るセクシュアリティに関して、素朴な記述であることは認めるが、ここではひとまず措く。障害者介助におけるセクシュアリティの問題については、次章で検討する。なお、男性障害者のセクシュアリティに関しては、［倉本 1998］［横須賀 1999］［倉本 2002b］など。また、本書の趣旨とは異なるので、「セックス産業」の是非については取り上げない。

このように、「ノリ」の合わない介助者、つまり「頼めない介助者」（＝手段の欠如）にはそもそも、「風俗店に行く」という目的が提案されることはない。だから介助者は、そういった目的の存在すら、知りえないのだ。

次は、こんな事例を見てみよう。

ある日、いつものように風呂に入り、いつものように彼のヒゲを剃ろうとした。なぜか、いつにもまして、ヒゲが伸びているようだ。あえてヒゲを伸ばしているのか、とも思ったが、ヒゲそりの準備——スプレー式のフォームをシュッと手のひらに出す——をはじめるわたしを制止しないところをみると、特に伸ばしているわけでもなさそうだ。ふだんは毎日ヒゲを剃る人だから、なんだか少し不思議に思えたのだった。今日はえらい伸びてるなぁ。指摘すると、「あ、ほんま？」。

自分ではわからないものなのだろうか。鏡を見る習慣があまりないのか、あごに手を当てる機会が少ないのか。ともかく、意識的に伸ばしているわけではないことだけはわかったので、安心して剃りはじめると、「ほんまや」。なるほど、ヒゲそりがあごにあたり、ヒゲがジョリジョリと剃られていく感触ではじめてわかったようだ。

——毎日剃るんじゃないの

「うん、まぁそうなんやけど」
――そうやんなぁ
「月曜から風呂入ってないねん」

その日は、木曜日だった。

――え！
「せやから、四日目か」
――え、ほんならめっちゃ汚いんちゃうん（笑）
「せやで（笑）」

表面上は茶化しながらも、なぜそんなことに、と妙に引っかかった。ふだんの介助の中で、彼が殊にお風呂好きなのをわたしはよく知っていたから、なおさらこれを不思議に思った。ヒゲそりはいつも浴室ですることになっているから、つまりはヒゲも四日ほど剃っていない勘定になる。どうりでずいぶん伸びているわけだ。

なぜかと問うと、わけはこうだった。その週の火曜・水曜は飲み会が続いて、二日とも帰りが遅くなったらしい。お酒が入っているのと、介助者が帰宅せねばならず、時間の制限があったため、風呂はしかたなくガマンして、清拭のみですませていたらしい。たしかに、そんなこともあるだろう。しかし。


――あれ、じゃあ月曜は？

「うん、まぁ……ややこしいねん」

――んん？　ややこしい？……あぁ、言いにくいことでもあったんか
「うん……」

――そっか、まぁ、そんならいいねんけど

しばし無言の間。わたし自身はその「間」を気まずく感じたわけではなかったが、向こうはどうだったかはよくわからない。話そうか、迷っているようにも見えた。


「アテンダントがな……ややこしいねん……風呂不安やねん」

――そうなんや。不安って……危ないとか、そういうこと

「なんか、ボッケーとしててやぁ。なんか、ようわからんねん」
――そうなんやー。でも、別に、不安って、危ないわけじゃないやろ。そんなに下手なん
「いや、力はあんねんけどな。力はあんねんけど、力一杯やるっていうか、力まかせにやるっていうか」
――ふーん。それで、月曜はいつも入らへんねや
「うん」
――そんなん、でも、言ったほうがええんちゃうの
「いや、時々小出しに言うたりはしてんねんけどな。そんときはわかったみたいに言うんやけど、やっぱりあかんねん」
――いや、そうじゃなくて、スタッフっていうか、事務所の人に
「言ってるんやけど、そうかぁ、なんとかするわぁ言うてるけど、なかなかなぁ」

そう、彼は月曜に夜の介助を担当している介助者の、技術的な面に不安を感じていたのだ。彼にはその介助者がどこか「ボッケーと」しているように思え、湯船から出入りする際など、どうしても介助者に全体重をゆだねざるをえない入浴介助に不安や危険を感じていたのだ。では、その介助者をクビにしてしまい、新たな介助者を入れてしまえば、ひとまず解決するのではないか。たしかにその通

りなのだが、そう簡単に代わりが見つかるわけではない。一時的に補充することはできても、毎曜日の同じ時間の定期介助者を確保することは、実は容易ではないという現実がある。

しかし、どうしても大きな疑問が残る。その介助者の技術に不安がある、ということを知っている、ということは、すでにその介助者に、少なくとも一度は入浴介助を指示したことがあるということになる。そうであれば、ある日を境に、彼から入浴の指示がなされなくなったことを、その介助者は不思議に思わないのだろうか？　少なくともわたしなら、風呂に入れ、とは当然言いはしないまでも、「今日はお風呂は？」といった程度のことは訊くのではないか、と思う。こうした疑問を彼に投げかけると、意外な答えが返ってきたのだった。

「もうそういう人なんやと思ってんちゃう」

——あー、この人は〝あんまり風呂入らへん人〟って？

「そうそう」

たしかにそうなのかもしれない。仮にわたしがその介助者の立場だったなら、彼から入浴介助の指示があった最初の数回は「たまたまそうだった」だけで、基本的にこの人は「そういう人」＝毎日お風呂に入らないタイプの人、お風呂があまり好きじゃない人なのだ、と思ってしまうだろう。もしなにかしらはっきりとしたトラブル——喧嘩や言い合いなど——をきっかけに、その日を境にしてぷっつりと入浴の指示がなくなったというのなら、あの時の自分のせいで我慢しているのかもしれない、と思うこともあるだろう。しかし、そうした「わかりやすい」衝突や軋轢もなしに、いつのまにか指示がなされなくなったのだとしたら、たしかにそのことに疑問をもつことはないだろう。

入浴介助を安心して依頼することのできる介助者を確保することは、「入浴する」という「目的」を達成するための「手段」を確保することに等しい。目的がはっきりしているのなら、その目的に向かって邁進すればいい。目的達成のために介助者と膝つき合わせて交渉すればいい。そういうことになるだろうか。

そうではない。目的達成のための方法を模索することが可能なのは、結局、目的がはっきりと説明された場合のみに限られる。この場合は、目的＝やりたいことを介助者に伝えることそのものが不可能になっている。そして厄介なことに、利用者が言いかねている、ガマンしているという事実それ自体をも、介助者は知ることすらできないのだ。

つまり、「ほんとうはしたいこと」を知ることができないのと同時に、「ほんとうはしたいこと」があるのにもかかわらずガマンしている、という事実もまた、知ることができない。知りえないがゆえに、介助者は、「この人はそういう人だ」として固定化してしまい、疑問に思うことはなくなってしまう。風呂に入りたくても、両者のあいだでは「そういうもの」だとして固まってしまっているので、利用者はガマンするしかない。「本当は風呂に入りたい」と、どこかで言えばよいだろう、と思わないでもないが、それはそれで「じゃあ今の今までガマンし続けてきたのか」ということが露呈して気まずくなってしまう。それならいっそこのままでいい……こうして、他の介助者が見つかるまでは、この利用者はガマンするしかなくなる。

このように、介助者は、利用者の行為目的を達成するための手段でありながら、いや、手段であるからこそ、目的を設定するレベルで、すでに介入していることになる。行為目的は純粋に利用者の自己決定によって措定されるとはかぎらず、場合によっては、手段である介助者のポテンシャルによって制限される。そして、その目的が介助者に伝えられることはない。その利用者が、「ほんとうはしたいこと」があったとしても、それを介助者に指示できないという時点で、介助者は彼の「したいこと」を知ることすらできないのだ。さらには、「ほんとうはしたいこと」を知ることができないことによって、自分が利用者の「したいこと」に介入し、制限していることにもまた、気づくことはできないことになる。

もちろん、わたし自身も、他の利用者の元では、先の事例と同じように自己決定に介入し、目的を制限している可能性もある。長い間、定期の介助者として、その人の介助内容を熟知しているように思っていても、実はほかでもない「このわたしだからこそ」指示されないことがあったまま時が過ぎ去り、ついに知ることのできない彼の希望、というものがあるかもしれないのだ。それは、同じ利用者が他の介助者に指示する様子を知らない限り、知りえないのだろう。

以上の事例に見たように、目的に関する合意はあっても、手段の欠如によって目的の達成は制限される。また、手段のありようによってその時設定される目的は自ずと変化してゆくことになる。しかし、どちらかが論理的に先行するわけではない。手段と目的のどちらか一方をアプリオリに想定することはできず、両者は相互補完的なものとしてある。つまり、障害者の自己決定に関して、他者としての介助者が手段の確保というレベルで大きく影響しており、結果的に目的を制限しているのだ。その意味では、介助者が利用者にとっての手段であるかぎり、「障害者の自己決定」に対する他者の介入を避けることは不可能だということになろう。

ここまでの重要な論点をもう一度確認しておこう。

まず、他者に指示してやらせることによって解決することがある。「介助者を使う」ことは、他者を手段にすることによって、「自分でできない」ことを「自分でできる」ようにすることだと言えよう。「介助」を供給すること、つまり他者が、「社会」が負うことによって、「できる／できない」を巡る「健常者／障害者」の差異は減少していく。しかし、他者に指示してやらせるということそれ自体によって存在する問題は、なお残るのだ。

2－2　「できること」と「できないこと」

以上を踏まえ、次に確認すべきことは、当の「できないこと」それ自体、つまり、介助者と利用者による「できない」ことに対する認識の相違についてだ。ここまで見てきた事例には、少なくとも利用者自身が自分の「できないこと」を十全に把握しているという前提があった。「できないこと」を自分で把握しているからこそ、それを補うべく介助を利用し、介助者に指示することができるはずだからだ。自分のことは自分が一番よくわかっている。「自己決定する自立」にはそうした前提が自明視されている。しかし、だれもが必ずしも自分で自分のことを常に把握できているわけではないし、それは障害者の「できないこと」に関しても、同じことであろう。

「できないこと」がわかっていれば、当人が指示して「できないこと」を支援者にやらせればよい。しかし、すべてのことについて「できないこと」が自覚されているわけではない。「できないこと」が当人に自覚されていない場合、当人が支援を依頼することができない。（寺本 2000: 34）

ある利用者が、友人宅で食事をし、酒を飲んだあと、わたしに帰宅を指示した。彼は酔ってしまっており、体のバランスをうまく取ることができずに、上半身が車椅子からはみ出るようにして前後左右に倒れてしまう。そこでわたしは、無理せず、酔いが醒めるまで待つことを勧めた。彼は賛成し、それから三時間眠った。

目が覚め、彼は再び帰宅を指示した。わたしは半信半疑だったので、彼に何度も体の状態を問うた。しばらく検討した末に、もう少し待つことにし、さらに二時間以上が経った。すでに空は白みはじめ、再度帰宅を指示する。そうして、家に向かって出発することになった。

しかし、その帰り道、時間が経つにつれて、体のバランスはやはり崩れてきた。何度か止まり、体のバランスを立て直す。そして進む。また倒れる。道路の凹凸からの振動を受ける度にバランスは崩れてしまう。最終的には、「もう、このままでいいです！　倒れたまま行ってください！」という指示がなされる。その結果彼は、首が完全に後ろに倒れたまま、帰宅するまでなんとかわたしに指示し続けたのだ。

酔っぱらいの「酔ってない」というアピールほど信用できないものはないのだが、ことほどさように、どこまでが酩酊状態で、どこからそうでないのか、境界線を引くのは難しい。しかし、わたしはそう判断（わたしは彼の酔った姿をこれまでも何度となく見てきた）し、本人も（いまだにその時のことを思い出しては）酔ってはいなかったと言っている。後の彼自身による分析は、おそらく感覚ははっきりしているが、酒のせいで筋肉が弛緩していたからバランスがとれなかった、というものであった。ここでは、車椅子の移動に不可欠な「体のバランス」を「とれない」ことが彼自身には事前に認識されていなかった。そして「どうしてもバランスが取れない」状況に直面してはじめて、彼は「できないこと」を認識したのだ。

理念的には、わたしは「障害者の手足」であるから、「意思決定権」は彼の元にあるだろう。だからこの理念に従えば、わたしが何度も帰宅を引きとめたことは、「意思決定権」の侵犯だということにはなる。だが、そう判断してしまうには、いま少し留保が必要だろう。なぜなら、寺本晃久が指摘するように、「できないこと」が行為主体によって漸次的に構成されてゆく場面を考慮に入れておく必要があるからだ。

> 「できないこと」は、行為のそのときどきによって常に構成されていく（認識される）ものであるから、「できないこと」に対応して支援することは、常に困難を伴う。それは、過去の体験を参照してあらかじめ「できないこと」を予想し、先回りして予想される「できないこと」に対処するか、そうでなければすでに「できないこと」が起こった後でしか支援をすることができない。（寺本 2000: 37）

だから、「『できないこと』が当事者にとって認知されないとき、パターナリズムが正当化される」（寺本 2000: 34）。介助者という他者が「先回り」して「やってしまう」ことを否定すれば、あらゆる介助行為は、常に「後手に回る」しかなくなる。そして、「後手に回った」介助行為は、時に「命にかかわる問題」（後述）が生起する可能性すら孕む。

結局、問題は介助という行為が、しばしば瞬間的な時々の判断、つまり「アドリブ」的要素を伴うことに由来するだろう。

「障害者」も「介助者」もどちらが主題であったり、客体であったりすることはなく、いわば「介助」アレンジメント–複合体として歩く方向と速度と調子が暫時的に決定されていくのである。（……）車椅子が進む方向を決定する主体は、「障害者」でありながら、しかし厳密には、「介助者」が介入する余地が全くないわけではないのである。ここには、単純な主体–道具といった図式では表現できないいわば奇跡的なアレンジメントが出現しているわけである。（小倉 1998: 190）

介助を利用してなされる行為の主体は、原則的には利用者の側にある。だが、介助行為は、その時々の具体的な場面に依存した、介助者と利用者の共同作業だ。それゆえ、行為主体の事前の意図や目的を越え出る可能性は常に孕まれているし、結果的にその行為自体に、介助者の介入が不可避的に含みこまれることもあり得る。なされた行為が自覚され、分節化されるのは、多くの場合、その行為がなされた後なのだ。

だから、「できないこと」は必ずしも、当事者によって事前に自覚されているとは限らない。それはしばしば、利用者と介助者の双方によって行為遂行的（パフォーマティブ）に構成され、認識されるものであるから、「先回り」という配慮は時に必要とされる。これらのことから、介助者の介入を「パターナリスティックな行為」として完全に排除することは不可能だと言えよう。

2-3 「命にかかわる」こと――自己責任について

現場ではしばしば、介助者が指示されていないことをしなかったことで利用者が結果的になんらかの困難に遭遇しても、それは原則的に利用者の「責任」であるとされることがある。問題は、障害者が遭遇する困難や危険、その中でも特に、「命にかかわる」ことが「自己責任」とされてしまう事態だろう。以下は、わたしが介助をやってみようと、はじめてX会の門を叩いた時に、「介助者の心得」として語られた、ある障害者スタッフとの会話である。

「お風呂でな、障害者抱えてるときに足滑らせてこけるとするやん？　それで障害者が大怪我する。悪いのは誰やろ」

——んー……そうですねえ……どうやろ……

「うん、それ、悪いのは障害者やねんな」

——はあ……そんなもんですか

「うん。風呂入る前に、足場が滑りやすくなってへんか、つまずくようなもんが落ちてへんか、確認しとかんかった障害者が悪いことになんねん。それに、足元に注意してくださいって、アテンダントに言わんかったのも、障害者の責任やねん」

——なるほど……

「そやから、怪我さしてしもても、別に自分が悪いて思う必要ないねんで。訴えられたら、オレは悪ないって、言うても大丈夫（笑）。障害者は危ないて、ようわかってて、それでも自立生活してんねんからな？」

そうなってしまうのだろうか。事例にあるように、このスタッフの言葉は少々極端な物言いだとも感じられる。だが考慮しておかねばならないことは、「ようわかってて、それでも自立生活して」る、ということだ。

障害者運動の歴史のなかでは、かねてから「危険を冒す自由／権利」（過ちを犯す自由／権利）が主張されてきたことはよく知られているし、今でもそのような主張はおこなわれている。だから、「介助初心者」へ向けた「心得」としてわたしに語られたのは、まさにこの「危険を冒す自由」のことだったはずだ。

障害者は「社会において、自らの自己決定権を行使するためには、自己決定と自己責任が等価化されるという枠組みの中で、〈自己責任をとる〉ということで自己決定を手に入れるという形の戦略しかとりえなかった」（児島 2000: 29）という現実がある。だからこそ「保護される立場から離れ」、「自らの主体性を、『危険を冒す自由』を主張」し、「責任は取るから保護してくれなくてもよいのだ」（立岩 1999a: 86）と主張することが必要であった。こうした「戦略」は、もちろん今も有効であるし、それが必要とされた時代的背景や政治的文脈といった「歴史」をまず踏まえる必要はある。その上で同時に、この「戦略」の意義と限界を、現場のリアリティに照らし合わせながら再検証する必要があるのも確かなのではないか。

事実、介助は、行為主体が時々の具体的な状況に対応するなかで、不可避的に偶然性を含み込む。それゆえ介助者は、自覚のないまま、結果的に利用者の自己決定に介入することはある。だから、自己決定の結果起こりうるであろう「命にかかわる危険」と、介助者の事前の想定を越えて結果的に生じる介入という問題は、容易に解決できない。命にかかわるならば、しばしば介助者は、「先回り」して、「配慮」することになる。そして、介助者が状況に対応することで生じる無自覚な介入を許すことと「命」とが天秤にかけられることで、「配慮」は正当化されてしまう。

もちろん、「配慮されることにおいて幸福な生と、自己の決断において責任とリスクを引き受けざるをえない生のいずれを選択すべきかという問題に対して、簡単に決断が下せる」（大屋 2006: 241）はずもない。しかし、「簡単には決断が下せない」という間隙を突くようにして、介入もまたやむなし、と短絡されてしまう可能性をどのように捉えればよいのだろうか。つまり、自由と自己責任が、相互にトレード・オフの関係になってしまうのである。

2-4 介助の技法と構造

以上のことから、「自立生活の〝要件としての〟自己決定」という「理念」は否定される。皮肉なことに、介助者による障害者の自己決定への介入は、「できないこと」を介助者を使って「できること」にするために用いる技法自体に含みこまれていることがわかる。こうした事態を、岡原正幸は以下のように説明する。

拍子抜けかもしれないが、それは、「介助」の「介護性」である。つまり、あることを自分はできて、かつ、それをできない人がいて、自分がその人に代わってそれをする、という形式である。この形式は、たとえ個人が介護という意識を消去しても、介助行為が型として持たざるをえない構造である。（岡原 1990: 141）

この指摘にあるような「型」、つまり、他者に指示してやらせることによって、「自分でできない」ことを「自分でできる」ようにするという技法は構造的なものであり、それに嵌まっているからこそ、われわれは自身の意識とは無関係に「介入」を生み出していることになる。つまり、「できないこと」を介助者を使って「できること」にするという行為の成立を支える構造への批判が必要となるのである。では、それはいかにして可能か。次節以降で検討することにしたい。

3 「一人で暮らすこと」と「理念」のあいだ

3－1 コンフリクトへの自由

介助は、他者に指示してやらせることによって「自分でできない」ことを「自分でできる」ようにする技法であった。そうした技法そのものに、介助者の介入はすでに含み込まれていることをすでに確認した。そうした技法を支える構造から逃れる方途として岡原が提案したのは、「コンフリクトへの自由」だ。つまり、「ここで言ってもしかたない」という風に、モノローグ的に先送りされる問題を、ダイアローグ世界へ開いていこうというものだ。

コンフリクトを起こすという作業は、当事者がぶつかり合うことで、逆に、当事者を対等な関係へと導く。介助者は、そこではモノローグ的な方法に解決を求める余裕を持たされない。むりやり、モノローグ世界からディアローグ世界へと、遠慮し、配慮する自分から、主張する自分へと、引きずり出される。そうなれば、そこで発生している問題について、障害者と介助者は対等にわたりあうことになる。だから、二人の合意や折り合いが、障害者の意志や望みとずれることもあるだろう。だけど、当たり前だ。対等な人間が二人で関係を作っていて、いつも一方の思いだけが通るとしたら、そのほうがおかしい。配慮を拒絶するとは、挫折を知ることでもあるのだ。(岡原 1990: 144)

あえて、時に積極的にぶつかり合おうとすることでしか解決しないことがある。「配慮」は、モノローグ世界に閉じているうちは、「問題」として顕在化しないまま先送りされる。介助者に知らされていないだけで、多くの場合、障害者の内面には、「問題」としてしこりを残しているのだ。先に挙げた、お風呂をガマンしている利用者がそれにあたるだろう。モノローグ世界の内側で、言いたいけど言えない、頼みたいけど頼めないことがらが沈殿していき、そして、まさに「問題」がモノローグ世界に閉じていることそれ自体によって介助者は「問題」に気づくことができないのだった。悪循環だとしか言いようがない。

「健常者の社会」は、障害者が微分的な排除に尻込みし、自己規制することをあてにして「穏便に」成り立ってゆく（石川 1992）。もちろん、時に介助者も、「障害者の自己規制をあてにした健常者」の一員でもある。だから介助者は、そういった装置を外す試みとして、利用者との間に対話《ダイアローグ》の場を開いてゆくことに自覚的である必要があるだろう。

また、右で岡原は「折り合い」という言葉を用いている。これは、あえて言うなら、「妥協点」を見つけるということであるだろう。これまで多くの場合、「妥協」は、障害者の側に課せられたものだった。だがもちろん、言われているのは両者の「妥協」だ。

前章で見たように、介助という相互作用の内に生起する行為は、両者の意思や判断が不可分に重なり合って、一つの織物のようにしてできあがったものだ。そうして「できあがったもの」は、本来利用者と介助者という個々人が担うものであるにせよ、両者それぞれの個人の性質に還元できるものではない。だから、「折り合い」や「妥協」は、両者が必ずしも意識的におこなっているものではないだろう。だからといって利用者は、場面に応じておこなってきた「妥協」をのちに反省し、悔いていないとは限らないのだ。「しかたなさ」を言うことは、決して「諦め」を促すことではない。「しかたなさ」に気づいてはじめて、不本意な状況を一つ一つ冷静に捉え返す契機が生まれるのであり、ダイアローグへと向かう意志が生まれるのだ。

もちろん「ダイアローグ世界」を開くことは、誰よりもまず障害者の主体にとって負担のかかることだということを忘れてはならない。「これを言ったら、辞められてしまうのではないか」。「来週から来なくなってしまうのではないか」。そんな思いが交錯し、言えない。介助者と付き合うことが重度の障害者にとってどうしても必要なことで、それ以外の生活はありえないのに対して、介助者はコンフリクトが顕在化した「居心地の悪い」場からいつでも「逃げる」ことができるし、「介助の場」以外にも生活の場を持ってもいる。つまり、介助者の側は利用者との関係において「限定性」を保つことができるが、利用者の側からすれば、介助者と「無限定に」つきあわねばならない（市野川 2000: 125、井口 2002）。そこにこそ「介助者―利用者」関係の非対称性があったはずだ。

だからこそ、「ダイアローグ世界への開き」は、どうしても必要なものになる。それが誰よりも、障害者に対してエネルギーを強いることだという非対称性を認識した上で、なおダイアローグを可能にする方途を模索することはいかにして可能か。これが、問われるべき課題となろう。

3-2　理念とドグマ化

以上のように、「介助者／利用者」関係の内に生起する問題としての介入は、両者が積極的なダイアローグの場を志向することではじめて自覚され、対処が可能になる。では、利用者の自己決定に対して介助者が介入することの不可避性を認識してなお、再び「自己決定する自立」という理念に向き合うとすれば、「健常者／障害者」関係が今置かれている社会的布置から、どのように捉え返すことができるか。

前節で、介助の場において、介助者の介入を「パターナリスティックな行為」として完全に排除することは不可能だと述べた。それゆえにパターナリズムは部分的に認められざるをえない。しかし、部分的に、とはどのくらいの範囲なのか、答えるのは難しい。なぜなら、「誰にも、自分のことであっても未来のことはわからないという必然に由来している」（立岩 1999a: 97）からである。決定の結果、どのような事態が待っているか。判断材料をさほど持っていない場合、その行為は多分に「実験的な要素」を含むことになり、「試み」と呼ばれるものに近くなる。障害者が「試み」に参加するということは、その人の人生を懸けた「運命の引き受け」に近いものだ（児島 2000: 33）。未来の運命など誰にもわかりはしない。だからこそ面白いと言えるが、同時に、だからこそしんどいとも言える。そうした、面白さとリスクとを共にわかったうえで、あえて家族による介護や施設から離れることを選ぶことが重要なのだ。だが、自己決定することで自らの生活を作っていくことが、かえって負担であるのなら、時には「決めないという決め方」もできよう。

そもそも健常者は、日常的に、生活の隅々において、いちいち「自己決定」を「主体的に」おこなってはいない。確かに、主体的に自己決定する権利を奪われることは耐えがたい。だが一方で、主体的に自己決定することを常に求められることもまた、耐えがたいはずだ。にも拘わらず、障害者にだけひたすら「主体的であること」を求めるなら、「健常者／障害者」関係はかえって非対称性の強化を促されることになる。

「自己決定する自立」を主張し、その実現を求めることは、生活の隅々において主体的であることを受け入れることとは違う。だから、自己決定を批判することは、「自立生活」そのものを否定するのと同じではない。なぜなら自己決定は、「あくまで在ることの一部であるから、何よりも、その人が在ることよりも大切なものなのではない」（立岩 1999a: 99）からだ。「自立生活」とは、施設や親元から離れ、自分で介助者を雇い、自分の望むことを「介助者を使って」成し遂げていくということ、つまり、ひとまず一人で暮らすことそれ自体だ。確かに、「障害者の自立」とは「自己決定する生活」への移行であるという表現は成り立つ。しかし最も重要なのは、具体的な生活の仕方をもって自立（生活）とすることであり、「自己決定」や「自己決定としての自立」は必ずしも、最初の唯一の原則ではない。従属と保護から離れて暮らすことと、自己決定を達成すべき目標とする生活を送ることとは完全に等しくはないのだ（立岩 1999b: 521）。

倉本智明の議論（2002: 202）に即して言うならば、否定されるべきは、「自己決定する自立」そのものではなく、それが語られ、要請された状況や政治的文脈を無視して、「自己決定する自立」を「完成品扱いし、ドグマ化する」ことだ。換言すれば、自己決定する主体があり、その決定を実現するために、透明で匿名の「単なる手足」たる介助者がいる、という風に、複雑で矛盾に満ちた現実を「あまりに単純化してしまった点」だ。必要とされるのは、「自己決定する自立」ということの意味と射程を広げることなのだ。

以上、本章では、障害者の自己決定に対する他者の介入の不可避性という事態と「自己決定する自立」という理念との関係を、二つの側面から論じた。一つは、「介助者／利用者」関係からであり、もう一つは「健常者／障害者」関係である。このように、二つの側面から論じる必要があることは、「健常者／障害者」関係と「介助者／利用者」関係とが同じものではないことに由来する。また、これらの二項軸の混同が議論の混乱を招いてきたためでもある。

介助者のポジションは必ずしも、自らの立場やアイデンティティを意識する必要のない「健常者」と同じではない。確かに、介助者の存在を透明化することは不可能だという結論だけ見れば、介助者は障害者の主体性を脅かす存在とみなされるかもしれない。しかし、「自己決定かパターナリズムか」、あるいは「透明な他者か介入する他者か」といったように単純化することはできない。介助者は、自らが利用者の道具であることを自覚しながら、同時にそれぞれの立場やアイデンティティをもった「何者か」として障害者の生活に介入しているのだ。だから、介助者は「ノーバディ」ではいられない。介助者を単なる手足としてのみ語ることは、健常者を「ノーバディでいられる」という「特権性」から引きずり下ろす営みでもあったはずの「自立生活」を巡る議論において、介助者を再び「ノーバディ」として位置づけることに等しいのだ。

4　介助者のリアリティへ――〈において〉の視座

介助者手足論の歴史的かつ政治的文脈を踏まえたうえでのポテンシャルを損なうことなく、また同時に、介助者を透明なノーバディとして語ることを避けつつ、「障害者の自立生活」を語ることはいかにして可能か。これが本章の最終的な問いだ。

すでに確認したように、自立生活が目指されてきた運動内では、「介助」という対面的相互作用の舞台を構成する主体は、あくまでも利用者にある（べき）ものだとされてきた。しかし、そうしたフレームは、社会の多数派にとってはいまだ「新しい考え方」ではあろう。だからもちろん、介助し、される場という現実を構成する介助のヘゲモニーは利用者にあるべきことを強調する必要性は決して失われてはいない。

一方で、介助という場が複数の主体の存在する場であればこそ、そこには複数のリアリティがあるのも事実だ。にもかかわらず、「介助」を巡る議論のうちに、介助者のリアリティが十分に顧みられてきたとは言い難い。たしかに、利用者のリアリティが前景化されることには歴史的かつ政治的な経緯からみた必然性がある。そのことを踏まえた上で、なお同時に本論では、介助者のリアリティを基に自立生活を巡る議論を再構成してゆく必要性を主張する。

なぜなら、「できないこと」への認識についてすでに見たように（第2節）、一方の主体からの解釈のみでは発見できない問題があるからだ。障害者自身が、自分の「できないこと」のすべてを把握しているとは限らない。もちろんこれは、別に障害者にかぎったことではないかもしれない。だれであれ、自分のできること／できないことのすべてを常に把握しているとは言い難いし、自分が「できないこと」は実際に「できない」という事態に遭遇してはじめて認識できることが多い。障害者にとっての「できないこと」は、時に介助者との関係性のなかではじめて立ち現れ、認識される。だからこそ、介助者の存在を含み込んだうえで介助のリアリティを再構成してゆく必要があると言える。

さらに、介助者は「ノーバディ」としての健常者などではなく、現に介助の場において、アイデンティティやポジションをもった「何者か」として「障害者の自己決定」に介入してしまっている。そのことに自覚的であるなら、なおのこと「介助」をノーバディとして語ることはできない。

こうした点を考慮したうえで、介助現場に対する分析枠組みとして以下の二点を提起することができる。

介助者は障害者の措定した行為目的を実現するための手段として存在するとされてきたが、手段であることによって、目的の設定に少なからず影響を与え、介入してしまうことは避けられない。つまり、第一に、介助者は障害者という「人間」と「世界」を媒介する透明なメディアなのではなく、〝具体的な身体を携えた不透明なメディア〟なのだ。だから、介助者を取り替え可能な手段—道具として捉えることは、——倫理的に〝よい／よくない〟といった問題なのではなく——端的に事実として誤っている。

また第二に、重度身体障害者は、介助者と関係を取り結ぶこと〈によって〉(by-relation) なにかを実現するのではない。介助者との関係〈において〉(in-relation) なにかを実現するのだ。これまでの

て〉の関係」を称揚してきたのだ、と整理し直すことができよう。*11 リテラルな意味での「介助者手足論」では、介助者を機能的に捉え、純粋な手段／道具と捉えることから、介助者に指示を出すこと〈によって〉目的を実現することになる。しかし現実には、介助は「〈において〉の関係」のうちにおこなわれている。

以降、本論では、障害者と介助者との関係を、「〈によって〉の関係」ではなく、「〈において〉の関係」として捉えることとする。

介助し、される関係を「〈において〉の関係」として捉えることは、介助現場での介助者の主体性を認めることだ。そのことに危機感を覚える向きもあるだろう。しかし、両者が「〈において〉の関係」にあることを事実として認めること、すなわち介助者の主体性を認めることは、障害者の主体性が奪われることを受け容れることではない。

介助者は介助者という立場を引き受けながら「介助」を語る必要がある。もちろん介助者だけではない。「介助」に関わるさまざまなポジションにある者が、それぞれのポジションを自覚しながら語ることで、「介助」のリアリティは漸次的に再構成されていく。だから、求められるのは、「介助者のリアリティ」を議論から排除することではなく、介助者にアイデンティティやポジションを自覚させた上でむしろ積極的に語らせることであり、また、介助者もそのように語るべきなのだ。障害者との関係〈において〉経験した介助者のリアリティを、である。

＊11　諸行為の連関を記述するにあたって、〈によって〉(by-relation) の関係からではなく、〈において〉(in-relation) の関係から捉え直す視座は、文脈は随分異なるが、[野矢 1999] における議論から大いに示唆をえた。
野矢茂樹は、「私が扉を開ける」という行為を詳細に分析するなかで、「によって」の関係 (by-relation) に加え、新たに「において」の関係 (in-relation) での分析／記述を提案する (野矢 ibid: 237)。たとえば、「扉を開ける」という行為を記述するとき、わたしたちは常識的に、「腕を伸ばすこと」と「扉を開ける」という行為に分節し、両者の関係を「腕を伸ばすこと〈によって〉扉を開ける」、とするだろう。これに対して野矢は、両者の関係を逆転させ、「扉を開けること〈において〉腕を伸ばす」という関係を提案する。

第2章　パンツ一枚の攻防

介助現場における身体距離とセクシュアリティ

0　フラッシュバック！

新米外科医はステーキが食えない、というのは本当だろうか。真偽のほどは定かではないが、確かにそういうものなのかもしれない、と思ってしまえる部分がある。

ある一流の棒高跳びの選手は、街を歩いていて、たとえば信号機が目にはいると「飛べるかどうか」をふと考えてしまうという。これもまた、確かにそういうものなのかもしれない、と思ってしまえる部分がある。これはいったい、なんだろうか。

S・ターケルは、その著書『仕事！』のなかで、こんな人たちを紹介している（Terkel: 1972=1983: 26）。演劇鑑賞の最中、女優の口の中の治療の跡ばかりが気になってしかたのなかった歯科医。または、有名な彫刻の除幕式に出席したが、子供たちがその彫刻によじ登って落ち、けがするのではないか、そうなれば当局は訴えられはしないかと、心配でならなかった弁護士などなど……。

そしてわたしは、女性に触れている最中でも、どうすれば効率よく服を脱がせることができるか、どうすれば不快感なく身体接触をやり過ごせるかといったことに腐心してしまう、介助者だ。

まず、わたしが介助をはじめたばかりの頃のことを思い起こすことからはじめてみよう。介助者になって、二、三ヶ月経った頃のこと。わたしはある女性とセックス「しようとした」。わたしはわたしのやりかたで「いつも通りに」、その女性の服を脱がそうと、ボタン——あるいはジッパーだったかもしれないが、それはともかく——に手をかけた。その時、瞬間的に「介助に似ている」と思ってしまったのだった。介助をしている景色、感触などがフラッシュバックし、興醒めもいいところだ。そうしてすっかり「やる気」が失せてしまったのだ。

どうしてそんなことになってしまうのか、わたしはあのときいったい、何にとらわれてしまったのだろうか。そんなことを手掛かりにして考えてみよう。

触れることの「よさ」からの疎外、と言えば、ややおおげさかもしれない。確かに、介助とセックス、これらは大きく異なったシチュエーションであるはずだ。しかし、わたしのなかでそれらは結びついてしまった。「今はセックスの最中なのだ」というリアリティを、介助の経験が寸断してしまったのだと言ってよいと思う。では、より具体的に、なにがそうさせてしまうのか、最初から少しずつ順番に、考えていこう。

本書の主題は、「自立生活」をおこなう、重度の身体障害者たちの介助において経験されるさまざまな「困難」を、特に介助者の視点から記述することにあった。介助し・される日常、及びそこで取り結ばれる関係の内には、さまざまな「問題」が発生する契機がはらまれているが、とりわけ、セクシュアリティをめぐることがらはいまだナイーブなことがらであり続けているらしい。もちろん、「セクシュアリティにまつわることがらはナイーブな問題で、これまでずっとタブー視されてきた」という物言い自体に、強い既視感を覚えてもおかしくはない。「ケア」として総称される、医療や福祉援助職の現場で「問題」として露呈するセクシュアリティについて「語られてこなかった」というのは、厳密に言えば、誤りだろう。それらは「語られてこなかった」のではなく、たとえば、異性介助でなく同性介助の徹底を、とか、クライアントのセクハラをはねつける方法、とか、場当たり的に、と言って悪ければ、対症療法的に、という留保を付け加えれば、むしろ積極的に「語られてきた」と言える面さえあろう。

こうした対症療法的な「答え」が、ことの切実さに由来していると考えることはできるが、本論では、そうした語り口とはできるだけ一線を画してみたい。要は、簡単に「答え」を出してしまう前に、セクシュアリティという問題をめぐってなされる具体的な実践の記述を試み、「そこでなにがおこなわれているのか」をまずは丹念に見てみようと思う。

ケアにおけるセクシュアリティという問題系はたしかに魅惑的ではあるし、さまざまな視点からの記述が可能な領域だとは思うが、本章では特に、介助し・される両者の身体接触、つまり身体距離の近さを契機として経験される「不快感」、といった問題に注目する。また、そういった「不快感」がどのように経験され、また、解消されようとしているのか、特にわたしの介助者としての経験から記述し、問題の所在を指摘することを目的とする。

1　「不快」な経験

1-1　他者の身体に触れること

まず、他者の身体に触れること、それ自体が不慣れだということがある。そもそも人混みが嫌いな上に、スポーツが苦手なわたしのような者にとって、他者の身体に触れる機会というのは、ことのほか少ない。しかし、介助では（時にほぼ初対面の状態で）触れなければならない。その「居心地の悪さ」がある。

たとえば、介助者は利用者に上着を着せる際、袖口から逆に手を通し、握手するようにして手を引っ張って袖に腕を通す。介助に、というよりも、他者の身体に触れることそのものに不慣れだったわたしは、それがどこか照れ臭く、「握手握手！」などと言ってふざけてみせたりしたものだ。冗談を言って、笑って、その場を茶化して、気まずい雰囲気や居心地の悪さを誤魔化そうとしていたのだと、今から振り返ってそう思う。後に述べるように、利用者自身がそれを居心地の悪いものと思っていたかどうかはわからないし、わたしの茶化しの意味も、相手に理解されていたかどうか、今となってはわからない。ただ、少なくともわたしには、どこか不快な状況として経験されていたのだった。

1－2　他者に見つめられること

また、人に見つめられることの不快さがある。もちろん、身体接触による不快感に、日常的にスポーツをする人とそうでない人との間で、おそらく経験の濃淡があるように、身体を見つめられる経験が、誰にとっても居心地の悪い経験であるとは限らないだろうし、そのシチュエーションにもよるだろう。たとえ親密な間柄にある者、例えば恋人にジッと見つめられるのでさえ、たしかにうれしくもあるだろうが、やはりどこか照れくさいものだし、ドギマギしたりして、少し居心地が悪くもある。それがだれであれ、人に見つめられるのは、あまり心地のよいものではないかもしれないし、どうにも「落ち着かない」ものだ。

「見つめられる」経験、ということでやはりここで看過できないのは、障害者にとっての「見つめられる経験」だろう。障害者たちは、抽象的には、医療・福祉・教育の管理対象として、具体的には、車椅子や白杖といった目に見えるスティグマを持つ者、および「異形」なる身体として、一方的に「見つめられてきた」といえる。健常者は「風景」として日常に溶け込むことができるが、障害者はやはり今のところ、そう簡単には「風景」にならない。街に出ればどうしても目立ってしまうし、不特定多数の人びとにジロジロ見つめられてしまう。もちろんわたし自身も、かれらを「見つめて」きた側の人間ではある。

しかし、介助現場ではじめて、障害者に見つめられる、という（ことを意識してしまう）経験をすることになった。例えば介助者は、利用者に介助者としての仕事ぶりをチェックされることで、常に視線を感じることになる。また入浴介助の際には、どうしても裸（に近い状態）になる必要があり、やはりそこで見つめられるのは、どうにも恥ずかしいものだ。相手が同性ならよいか、というと、もちろんそんなことはない。ビールが大好きで少しお腹の突き出てしまった、決してかっこいいとは言えないわたしの裸を、できるだけ見ないでほしいと思ってしまう。そう、「かっこいい男の体」という価値観から、わたしは決して自由でない。男の目線なら気にならない、というわけではないのだ。

また、こんなこともあった。仕事を終えて家に帰り、シャワーを浴びようと服を脱いだとき、自分のパンツが少し汚れていることに気づき、顔から火が出る思いをした。入浴介助のとき、わたしはこのパンツをはいていたのだった。見られていたかも知れない、いや、きっと見られていただろう。なぜ気づかなかったのだろうか、と、後悔したものだ。このようにわたしは、介助現場では常に相手に見つめられているのだということを、やはり強烈に意識してしまっているのだった。[*12] ときに家に「持って帰ってしまう」ほどに。

以上、介助現場で感じる不快感について少し述べた。とはいえ、ひとくちに不快感、などと言っても、なにかこういうものだと言い切るのは、案外難しいものだ。右に見た以外には、大人を抱きかかえる、その重さ、体力的なしんどさ、というのも不快感のうちに含まれてくるだろう。しかしこれは、ユニバーサル・デザインと呼ばれているような部屋に改装するなどして、ハード面を改良することで解消することが可能ではある。介助現場での不快な経験というものが、こういったことに終始するのだとすれば、ハード面の整備をサポートする補助金制度などを充実させれば、それで解決、それで終わり、ということになる。もちろん、そうではない。ここで特にわたしが注目したいのは、以下のようなことだ。

1―3　身体規則

介助活動が構造的に生み出す、それゆえ簡単には対処できない否定感情の問題」、すなわち、「排便・入浴・着替えなどの活動が、社会的文化的に共有されている身体規則（身体距離や身体接触に関する規範で、その多くは人びとにとって自然に感じられるように身体化されたものとしてある）を侵犯」し、

その結果、「当惑、不快、嫌悪感、羞恥、不快感などを喚起しやすい。(岡原 1990b: 126-7)

「構造的に生み出す」、とある。すなわちこれは、当人たちがそのことに意識的か否かに関わらず、介助という「型」が不可避的に抱え込んでしまう問題だ、という指摘だ。たとえばわれわれには、あるべき身体距離、つまり他者との〝取るべき距離〟というものがある。介助という行為は、身体距離の侵犯の可能性に充ちた、いや、それを前提としたものだといってよかろう。介助は、そういった身体距離、つまり、越えてはならない距離として身体化された規則というものを、やすやすと越え出てしまう行為だ。

＊12　ある女性介助者によれば、彼女は「どんなパンツを履いて介助するか」ということにも気を遣うという。いわば、「見せるパンツ」もしくは「見られても大丈夫なパンツ」を意識的に選んで介助に望むのだ。女性が恋人に見られることを意識した「勝負パンツ」という存在を耳にすることは珍しくはないが、介助の場にも「勝負パンツ」は存在するということだ。「スカートの下の劇場」では介助というシークエンスも上演されるのだ。当然、介助現場で、利用者という他者に見つめられているということを強烈に意識しているということを示唆するエピソードではあり、実に興味深い。女性による「介助現場のパンツ」研究を期待したい。

要は、不快感を抱くのは、〝重くてしんどいから〟であると同時に、むしろ、身体間の〝取るべき距離〟を侵すからなのだ、と言うことができる。不快感をもってしまうことは、ある程度「しかたのないこと」だとして、しかし、そう感じてしまうことがなぜ「好ましくない」こととして経験されるのかが問題だ。

たとえば、わたしたちが「悲しみ」という感情を経験するとき、その「悲しみ」は、ただちに「よくない経験」だと考えがちだ。しかし、その感情経験の「よしあし」は決して自明ではない。だれかに死なれて、その人の葬式で感じられる「悲しみ」という感情は、つらいもの、「よくない」ものではあるかもしれないが、よくよく考えてみれば、当の「葬式」という場にとってみれば、「悲しみ」はむしろ「好ましい」感情だと言えはしないか。参列者たちが、どこかすがすがしい顔をしていたり、ヘラヘラと笑っていたりすれば、どうにも不謹慎だと感じられるだろうし、「うれしい」と感じてしまった当人は、どこかで後ろめたく、自分を罰したい気分にもなろう。

それは、ホックシールドが名づけた「感情規則」(feeling rules) という概念 (Hochschild, 1979) によって、とりあえずの説明が可能だろう。それは状況と感情との間の、「適/不適」「好ましい/好ましくない」という認識を指示するガイドライン (岡原 1997: 28) だが、この「感情規則」もまた、社会/文化的に身体化されたものとしてある。葬式で感じられる「悲しみ」という感情は、その場に張り巡らされた「感情規則」からすればむしろ適しており、「経験すべき」もの、「好ましい」もの、だろう。感情規則からズレてしまっている「うれしさ」のほうが、ここでは「好ましくない」感情なのだ。

では、介助の最中に「経験すべき感情」とはどのようなものか。それはたとえば、利用者に対する「親密さ」であったり、介助という仕事に対する「喜ばしさ」であったりする。いや、少なくとも、自分にとって「否定すべき感情を感じない状態」が「好ましい」状態なのだ、という風に、消極的にしか言うことはできないのかもしれない。そしてそれが社会文化的に共有された「感情規則」であり、そこからの「逸脱」として経験された感情が、ここで言う「好ましくない感情」であるということになる。

ただ問題は、そういった「好ましくない感情」を経験することを、「自然な発露」(だから避けられない)として社会が規定することにある。しかし、「感情は生物学的に自然に作りだされるのではなく、社会的に作りだされるものである。だからこれらの感情についても、それは生理的な感情というより、ある社会が人びとに強制している身体規則を破った者が、自分自身に向ける内的な制裁の結果と考えるべき」(岡原 1990: 127) なのだ。介助をおこなうとき、他人の裸に触れることに当惑してしまったとして、問題はそれを「あってはならないこと」としてしまうことなのだ。そして「この場で感じなければならないこと」を想定して、そう感じることができない自分にプレッシャーをかけてしまう（Hochschild 1983）。

こう考えてみると、触れることや見つめられることからくる不快な経験は、「身体規則の侵犯」ということに含み込まれていることがわかる。ふだんわれわれは、こういった身体規則の侵犯や、それにともなう不快感を、儀礼的に振る舞うことで巧妙に回避している。エレベーターや電車内での、人と人との微妙な距離感覚、間合いの取りかた。もしくは、なるべく目を合わせない、ジロジロ見ない、といった具合の目線のハズしかた。こうした都市の公共空間における振る舞い方の技法、すなわちゴッフマンが「儀礼的（市民的）無関心」（civil indifference）と名づけた技法は、ふだん意識されることは少ないかも知れないが、やはり人びとはそれらを「ほどよく」身につけている。儀礼を破れば不快感が経験されることになるのだし、だからこそ儀礼を破壊しようとする者は、「市民」失格として、なんらかの「社会的制裁」を受けることになるだろう。しかし、介助現場では必ずしもそうではない。ある意味で「特殊な」空間ということができるかも知れないが、それはどういったものか。以下、具体的に見ていこう。

1―4　セクシュアルな不快感？

相手が誰であれ、人の身体に触れることは、多かれ少なかれセクシュアルな経験であると言えるかもしれないが、少なくとも介助の場でそう感じてしまうこと、およびそれを意識することは「その場にふさわしくない」し、「好ましくない」。そうしたガイドラインを身体化している。だが、それを意識してしまう自分がいる。こうして、「介助現場におけるセクシュアリティ」という論点が浮上する。

あえて、こう問うてみよう。人の服を脱がせて、触れる、抱く。インターコースとオーガズムをセックス（性交）の定義からはずすとすれば、マテリアルな面で、セックスと介助は、どこがどのように違うのだろうか。もちろん、まったくの別物に決まってるじゃないか、と言えることがあるとして、それらがどのように違うのかを、どのように言えるだろうか。

介助とセックスのマテリアルな相同性が、わたしの経験を混乱させる。

介助がセックスと近似するとすれば、例えば、異性による介助は異性間のセックスに、同性同士の介助は同性同士のセックスに近似することになる。ヘテロ・セクシュアル（異性愛的）な志向をもつ――ということにアイデンティファイしている――わたしは、このような経験を不快なものと感じてしまう。この場合、それはいわゆる「ホモフォビア（同性愛嫌悪）」と呼ばれるものに近づいていると言える。今自分のしている介助という行為が、マテリアルな面で限りなくセックスに近づいてしまっていることが「その場にふさわしくない」からまず不快なのであり、さらに、その相手がわたしにとって同性であることが同時に不快なのだ。[*13] わたしはホモフォビアを身体化してしまっている。これは、そのリスクは承知の上で、あえて「セクシュアルな不快感」とでも呼んでおこう。

性的要素が入り込むので、異性介助は認められない、同性介助を徹底すべきだという考えかたがある。言うまでもなくこれは、介助に関わる者がヘテロ・セクシュアルであることを前提としている（横須賀 2001）。だが、同性介助を徹底することで解決しない問題があるのはすでに見た通りだし、介助者か利用者がホモ・セクシュアルやトランス・ジェンダーや半陰陽ならばどうか。もしくは両者が……。性の多様性をなかったことにしながら、同性か、異性かということに拘泥している限りでは、より高次の問題に気づかないままに右往左往しているだけだということになる。介助におけるセクシュアルな要素は、同性によって担われれば解決するといったことではなく、それ以前の、要するに他者の身体に触れるということ、そのものをめぐる問題なのであり、誰に担わせるか、といったことは、その次の問題なのだ。

2　介助のリアリティ／セックスのリアリティ

2－1　フレーム分析

介助現場で経験される、こうしたセクシュアルな不快感はおそらく、わたしにとって「これはあくまでも介助という仕事の場である」というリアリティ解釈の枠組みと、「これはセックスである」という枠組み。これら二つのフレームが、混同、とは言わないまでも、どこかで重なってしまっていることに由来するに違いない。

こうした身体的相互行為のルールを理解するにあたって、ベイトソンのメタ・コミュニケーションの理論は注目に値する。ベイトソンは、二匹の子ザルがじゃれ合って遊んでいるさまを観察するなか

＊13　加えて、こうも言うことができるかもしれない。家族による介助は家族間のセックスに近似する。そこでの不快感は、今自分のしている介助という行為が、マテリアルな面で限りなくセックスに近づいてしまっていることが「その場にふさわしくない」からまず不快なのであり、さらに、その相手が家族であることが同時に不快なのだ。この場合の不快感は、インセスト・タブー（近親姦禁忌）への抵触と交差する。

で、サルたちが「ふざけて噛みあう」行動に注目した。いわばこの「ケンカ遊び」は、本気の「ケンカ」とは似て非なるものだ。たしかに、事実として噛みついてはいるのだが、しかし、噛むという行為が本来指し示すはずの攻撃の意志や敵意を示してはいない。このように、「ケンカ遊び」が決して「ケンカ」なのではなく、あくまでも「遊び」として成り立つのは、サルたちがお互いの身体を激しくぶつけ合うことをしながらも、「これは遊びだ」というメタ・メッセージを常に交換できているからなのだ（Bateson 1972=1999: 259-278)。

ベイトソンによって提起されたメタ・コミュニケーションの理論を批判的に継承したゴッフマンは、現実を幾層もの次元＝フレーム（frame）が折り重なったものとして描く。人びとは、何重にも重なり合ったフレームを、時に転調し、時にそれを「居心地のよい」ように維持するというのだ（Goffman 1974)。

たとえば、「ボクシングの試合をケンカだと見誤って止めに入る者」がいるだろうか？　フレームの違いを「正しく」識別している者なら、そんなことはしない。まず、転形される前のリアリティ、例えば「ケンカ」を基礎フレーム（primary frameworks）とすると、それを別の次元に転調操作（keying）したものが「ボクシング」となる。ここでは、われわれ誰もが、こういった意味の層の違いを正確に識別しているが故に、それぞれのリアリティは維持され、ボクシングを楽しむことができるというわけだ。だから、どの次元のリアリティも、各フレームを「越境」しないし、混同もしない。人びとの「暗黙の共謀」によってそれらは維持されているのだ。観客にとっての「これはケンカだ」「これはボクシングだ」というリアリティは、日常の出来事をそれぞれが転形（transformation）したリアリティ（でしかないもの）だ。

また、それぞれのフレームがでしゃばりすぎてもいけない。ボクシングが、「ケンカかもしれない」し、「スポーツかもしれない」という、ギリギリのバランスこそが、観客を沸かせるからだ。これがあまりにもルールを無視したラフな殴り合いだったり、誰の目にもわざとらしい「八百長」だったりすれば、観客は興醒めしてしまうだろう。「ボクシング」と「ケンカ」、両方のフレームが同時にバランスよくあってはじめて、観客は興奮するのだ。[*14]

これに従えば、リアリティは、そういったフレームが折り重なったものとして「同時に」あり、「ほんもの」と「うそ」の違いは、どの次元に重きをおくか、といったものだということになる。

＊14　ゴッフマンによるボクシングのフレーム分析を応用するかたちで、プロレスを対象とした論考として［トンプソン 1986］がある。

不快な目の前の現実。それに巻き込まれている「今ここ」の「わたし」。これは、幾層にも折り重なっているがゆえに他でもありえたはずのフレームによって作り出される、リアリティの一つだ。その、あたかも「ほんもの」のように感じられるフレームが仮に「しんどい」ものならば、それを別のフレームにズラすことで、目の前のリアリティをより安定的な、「居心地のよい」ものに変容させればよいということになる。ただし、完全に変容してしまう、ということはない。「しんどい」、「居心地の悪い」フレームもやはり厳然と「同時に」存在し続け、そちらのフレームに簡単に転んでしまう(downkeying)可能性に開かれている。

2-2　重なり合うリアル

おおまかにいうと、ゴッフマンの「フレーム分析」とはこういった次第だが、これを敷衍してみるならば、介助現場でのわたしの目の前の現実は、「これはあくまでも利用者をアシストする場である」というフレームと、「これはセックスである」というフレームとに開かれている、と言えるだろう。どちらのフレームを用いた上でのリアリティであるか、その意味においてのみ——介助とセックスは、〝違う〟。

もちろん、前者のフレームを尊重し、維持すべきであるから、そう試みるのだが、それらは厳密に分かたれておらず、同時に存在するがゆえに、どうしてもどこかで重なり合ってしまう。ボクシングの例に見たように、観客は、ケンカとスポーツという二つのフレームが同時に存在しうる目の前の「殴り合い」のうちに、どちらか一方に転がりかねないバランスの危うさ、緊張感をみて、沸く。こうしたエンターテイメントが成立するのは、ケンカと、スポーツとしてのボクシングが、マテリアルな面での相同性をもっているからだ。仮にそれらのフレームを用いたリテラシーを身につけた観衆の存在しないところで興行がなされたとすれば、それらは単なる殴り合いでしかないだろう。つまりフレーム・ワークは、マテリアルな相同性、あるいは「種々の身体的活動のあいだの〈類似性〉」（菅原 1993: 172）が前提とされるとき、特にその必要性を増す。

だが、介助のうちに、そのような「どちらにも転びかねない危うさ」があるとすれば、わたしにとって決しておもしろいものではない。現実を、介助として解釈するか、セックスとして解釈するか。現実の「解釈のリソースとしての身体」が、マテリアル面で共通していることが、わたしの経験を混乱させたのだと言える。身体というリソースが介助とセックスとで共通している、だからこその「混同」なのだとすれば、冒頭で述べたこと（セックスの最中に介助を連想する）は当然、その表裏一体の状況なのだ、ということになる。介助中にセックスを意識することが「ふさわしくない」。セックス中に介助を連想することが「ふさわしくない」。これらの違いは、セックスと介助、どちらを基礎フレームとするか、という違いだということになるだろう。二つのフレームをどうしても分かちがたくしてしまうもの、連絡してしまうもの。それはやはり、まがうかたなく、わたしのこの身体なのだ。

しかし、混同は、単なる混同なのであって、別段それが即座に不快であることにはならない。先の、ボクシングを考えればよい。われわれは、ボクシングを「楽しむ」だろう。また、たとえば、「ナースと患者」の関係に性的ファンタジーを見いだす場合を考えてみてもいい。これなどまさに、「ケア」と「セックス」の二つのフレームの重なりを「楽しんでいる」わけだ。もちろん、それが性的なファンタジーとして認識されているうちはいいが、一旦「現場」に差し戻されると、楽しんでいる場合ではなくなってくることもあろう。

フレームの混同を楽しみ、フレームのめまいを楽しんでいられる場合もあるが、もちろん、楽しんでいられない場合もある。両者は表裏一体だ。だから、介助におけるセクシュアルな不快感とは、結局、そのフレームの混同に対するマイナスの意味づけなのだ。混同したリアリティを前に楽しめるか楽しめないか、不快か不快でないかは、その状況に対する自分自身の定義によるのだと言えよう。

3 「最前線」としての入浴介助

さて、これまで見てきたように、問題の中心は、二つのフレームが、身体をリソースとするがゆえに引き起こすリアリティの混同にあると考える。ではここからは、そういった混同が、実際どのように起こっているかを、できるだけ具体的な場面を参照しながら、もう少し詳しく見ていくことにしよう。

特に取り上げたいと思うのは、入浴介助についてだ。何度も言うように、介助ではさまざまに身体接触がなされるが、上に述べたような混同が特に顕著に現れやすくなるのは、入浴介助の場だと思われる。親密な間柄でない者の前で裸になる、裸体に触れ・触れられる。そういったことは、日常的にそうあることではないにも関わらず、入浴介助の場では当たり前になされることになるからだ。

3―1 裸の付き合い

入浴介助を考えるにあたって、まず、ある介助利用者の発言を以下に引いておきたい。彼はわたしによる入浴介助の最中、湯船につかり、楽しそうにニコニコしながらこんなことを語ってくれた。

「この前ね、Sさん（介助者）とSさんの彼女と一緒に旅行いったんですよ。温泉いったんですけどね。いやー、あの人とは一年以上の付き合いになるけど、はじめて『裸の付き合い』しました」

親密な間柄でない者の前で裸になることが不快だというのなら、親密な間柄になってしまえばいい。それで話は終わりだろうか。まず大前提として、入浴介助はあくまで「利用者の」入浴を介助者が支援しているのであり、「一緒に風呂に入っている」のではない。ましてや「裸の付き合い」などでは決してない。親密な間柄ならば、身体距離は縮まる。確かに、そうかもしれない。だが、身体距離が短いからといって親密な間柄であるわけではない。「逆」には言えないのだ。

「裸の付き合い」を否定するものとして、介助者のはいている「パンツ」というアイテムを指摘することができる。わたしは入浴介助をおこなう時には、パンツをはいている。換えのパンツがあればトランクスやブリーフのままでいいし、水着を準備してもいい。これは（わたしの関わるCILに関しては）基本的に介助者同士ではもちろん、利用者も含めた介助に関わる者全員の「了解事項」だ。もちろん、右の会話中にある「Sさん」も例外ではない。

しかし、先を急ぐなら、「パンツをはいている」という一点の事実が、両者の〝われわれはあくまで「介助者－利用者」という関係なのだ〟というリアリティを安定させる装置になっているのだ。だから、上の発言をした利用者は、Ｓさんに一年以上入浴介助をさせているにも関わらず、旅行で一緒に温泉に入ったことのみを唯一「はじめて」の「裸の付き合い」と見なしたのだった。

介助者の中にも、パンツをそういうものだと自覚している者がいる。介助者として活動をはじめた頃からずっと、わたしは介助者が「パンツをはいている」ということがどうしても奇異に感じられていて、ある時思い切って、わたしよりも介助歴の長い友人に、「パンツをはくのって、変じゃないか？」といった旨のことを尋ねたのだった。すると、こんな答えが返ってきた。

「え？　いや、オレはちゃんとはいてるよ、最初から。今でも。Ｔシャツ着てることもあるくらい。やっぱ、オレはプロフェッショナルやと思てるから。介助のプロ」

彼は、入浴介助が「裸の付き合い」なのではなく、あくまでも仕事としての介助、そのための、いや、そのことを確認する装置としてのパンツ、ということにはっきりとした自覚を持っているということを、「プロ」という言葉に集約される形で語っていた。

3–2　裸で付き合わない

不快を不快のままでよいと簡単に言ってしまえるほど、われわれはなかなか強くなれない。だからさまざまな「策を弄し」て、なんとかそれを解消しようとしてしまう。

例えば、その解消法として、あの「介助者手足論」がある。介助者を「自己の身体の延長」と考えること、「介助者は自分の手足だ」と考える、という方法だ。これは、その場でなされること、して欲しいことの意思決定権は、あくまでも利用者にあるということ、つまり、介助者は自分の手足なんだから「いらない主張をしないで」、自分の思うように動いて当たり前、という意味がまず一つあった。また、それと同時に、この介助者手足論は、「否定感情」の解消法としても役に立つという。

もし介助者が自分の身体の延長にすぎないのなら、そもそも「他者」という存在からしていないことになる。そうだとすれば、それらの身体を統括する主体性は障害者のみに属することになるし、「他者」に触れられることによって生じる様々の否定感情（羞恥や負い目）も経験しないですむことになる。（岡原 1990b: 132）

つまり、どうしても生じてしまう「否定感情」を減ずるために、「他者」の身体に対する認知を、意識的に「自分の手足」として誘導することによって、「望ましくない」感情を「望ましい」感情へと統御しようとする、一種の「感情操作（管理）」(emotional work / management)（Hochschild 1979）であると言える。「感情操作」とは、自分の内的状態について、現在欠如している「望ましい感情」を喚起したり、現在経験している「望ましくない感情」を消去する営みのことを言う。「介助者の手足は自分の手足だ」と自分に言い聞かせ、介助者という他者のイメージを変化させる。自分の手足が自分の身体に触れることを「気持ち悪い」と感じる者はいないのだから、それで「否定的な感情」は解消されるかもしれない。

これは基本的に、障害者の側からの「方法」だと言えるが、もちろん、介助者の側にも当てはめることができる。自分は、この利用者にとっての単なる手足、目的を達成するための手段としての道具のようなものなのだから、「望ましくない感情」をもってはいけない、と自分に言い聞かせる、といった風に。もちろんこれは「理念的方法」（岡原 1990b）として理解できる。[*15] だが、身も蓋もないかもしれないが、こんなことが本当に可能だろうか。介助者はパンツをはいているというのに。自分の手足が、自分と違う格好をしている。自分と同じように、全裸ではないのに。パンツは、この理念的方法にとって、「邪魔なもの」ではないのだろうか。などなど、パンツについての疑問は次々と湧き、尽きることを知らない。

次節で、パンツについて、そして、パンツに翻弄される者たちについて、より具体的に検討していこう。

4 パンツ一枚の攻防

4―1 パンツという「装置」

まず、介助者がパンツをはいているかはいていないかということが、両者の感情にどれだけ変化を及ぼすのか。結論から言えば、介助者がパンツをはくことで、両者間に生起する「身体を巡る否定感情」を「パンツ一枚で」巧妙に回避しているのだ。

利用者の側からすれば、全裸で下半身をさらした他者が目の前を動き回る、ということ。そして、そのような状態にある人が自分の体に触れるということ。これは決して気持ちのよいものではないかもしれない。だから、介助者にパンツをはかせることによって、まずそれを少し解消する。その上で、「介助者を自分の手足と考える」といった方法を採る。だから、介助者が「パンツをはく」ことではじめて、その上で安心して感情操作が可能になるのではないか。

しかし、介助者がパンツをはいてしまうことで新たな非対称性が生まれてしまう可能性を、見逃してはならない。それは、「見る‐見られる」という関係性における、羞恥を伴った非対称性だ（市野川2001）。わたしはパンツをはいていることによって、少なくとも性器を見られる心配はない。だから、下半身を見つめられることによる羞恥心は、さほどない。しかし、利用者はどうか。風呂に入っているのだから、「丸見え」だということになる。こうして、「一方的に眼差される」という微視的な権力の磁場ができあがってしまう。パンツという道具が、介助する・される両者の関係性を規定する「装置」となってしまっているのだ。

＊15　先にみた、「異性介助を避け、同性介助の徹底を」というかけ声も、感情操作のためのフレームの一つだと考えることができる。つまり、「同性なんだから恥ずかしいだなんて思ってはいけない」と自分に言い聞かせることによってやりすごす、という方法として「同性介助」を捉えることもできるはずだ。しかし、羞恥心や触れることによる不快感を「同性だから」という一点において解決しようとするのにはやはり問題がある。というのも、やはり「同性なのに、なんだか恥ずかしい／気持ち悪い」といったかたちで、さらに当事者を追い込むことになる可能性を捨てきれないことに注意が必要だ。この場合、「同性なら大丈夫なはず」という価値観を強制する、という点で、場合によってはむしろ罪深いとさえ言えよう。「同性介助」を、さまざまありうる感情操作のフレームの一つとして捉え、用いることはありうるし、かなり有効な方法の一つではあるのだが、結局、オールマイティな方法ではないし、両義性は常に排除できない。

こうした、具体的な道具を「関係を規定する装置」として考える視点に重要な示唆を与えてくれる道具として、内科医がもちいる「聴診器」を挙げることができる。「白衣と首から提げた聴診器」は、内科医および「医師」のステレオタイプなイメージの一つだ。聴診器は、こうした「医師」の記号的アイテムとしてもおなじみではあるが、それ以上に、ケアする者とされる者との身体接触を考えるにあたっても重要なアイテムだ。

フーコーは、『臨床医学の誕生』の中で、医学的なまなざしの歴史的変化に大きな影響を与えたものとして、聴診器の発明を挙げている（Foucault 1963）。聴診器の発明に先立つこと一八世紀、内科臨床において開始された「触診」は、男性医師が女性患者に直接触れることになるがゆえに、人びとから道徳的な反発を招いたという。そして、一九世紀末に発明された聴診器は、医学史上重要な意味をもつことになる。

それは単に、胸や心臓の病の診断にとって貴重な情報を提供するというだけでなく、もっと根本的に医師の患者に対する関係を変えたという意味で重視されている。これには聴診器が「聴く」ものであるということも大いに関係しているようだ。聴診器を聴こうとすると、医師は患者を黙らせねばならない。胸に聴診器を当てられると今では患者は自動的に黙る。聴診器を当てている医師に向かってぺらぺらしゃべり続ける患者というのは漫画のネタになるくらい滑稽である。つまり、患者を黙らせて患者の体に聴くという、臨床医学が理想とする医師・患者関係がここでは器具の介在によって否応なしに成立するのである。しかも、器具の介在によって、医師は患者の体に直接触れるというやっかいな問題（社会学的にも心理学的にも依然として非常に微妙な問題）が、ここでは回避される。（山中 2005a: 19-20）

「聴診器は固定化した距離と言うべきもの」だとフーコーは言う。「肉体の外部にある器具によって媒介する、ということは、一つの『遠のき』を可能にする。この『遠のき』が、その肉体からの道徳的距離を測る」のだ（Foucault 1963=1969: 224）。聴診器という道具が、身体の内部で起こっていることを「聴く」ことに役立つだけでなく、同時に、医師―患者間の身体距離を一定に保つためにも役立っており、患者という他者の身体に直接触れてしまうという「やっかいな問題」＝「道徳的な問題」に抵触することなく、うまく回避することができているのだ。つまり、聴診器という道具が現出させることになったのは、直接触れるでもなく、かといって診察できぬほどに遠のくのでもない、独特の距離だ。聴診器という「道具」それ自体が、医師と患者との身体距離を規定しており、また同時に、医師と患者との位置づけが、聴診器を通して確認できるのだ。

もちろん、ことは「距離」の問題に限られない。聴診器は、患者を一方的に眼差す、という視線の一方向性をもつくりだす。より詳細に胸部の音を聴こうとすれば、患者はたいてい、医師に対して胸をあらわにせねばならない。「ワタシも脱ぐからキミも脱ぎなさい」などという医師がいるはずもないのだから、ここにはすでに「眼差しの非対称性」があることははっきりしている。さらには、聴かれているその音を患者は聴くことができないし、当の音がどのような徴候を示しているのか、ということもまた、知ることができない。こうした「医学的眼差しの非対称性」についても看過できまい。*16

ひるがえって、パンツという、介助に用いられる独特な道具はどうだろうか。つまり、生身に触れることを避けるためのものだったはずの道具が、意図せざる結果として「眼差しの非対称性」を生む。パンツは、介助者と被介助者との関係のありようを規定しているだろう。だが、道具が関係を規定し、同時に関係が道具を規定するのであって、どちらが後か先か、因果関係で捉えることはできない。関係性のうちに取り交わされる相互作用の中ではじめて、道具はさまざまな姿を現す。

ある施設では、職員は入浴の最中も、制服、あるいはそのための作業着を着たままだというが、それに比べれば、パンツをはいた入浴介助は、「お互い裸」に「近い」とはいえる。しかし、「性器が見える／見えない」というこのギリギリの一点を乗り越えるか、乗り越えないかの違いは、やはり大きな問題としてあるはずだが、どう考えるか。

4-2 利己的なパンツ／利他的なパンツ

ある時、ある利用者の入浴介助の最中のことだ。彼は世間話として、わたし以外の介助者による入浴介助のエピソードを語りだした。ある介助者は、「パンツをはかないで」、全裸で入浴介助をおこなうことを好む、というのだ。

「○○くんってさあ、たまにパンツはかんと風呂入れようとすんのよ。あれ、イヤやわー、ほんま。勘弁してくれよ。気持ち悪い（笑）」

――えー?! パンツはけって、言わないんですか?

「言うたけど、風呂入るのにパンツはくなんておかしい、そんなヤツおれへんとか言うて、はかへんねん（笑）」

もちろん、利用者に注意されて、それでもはかないと主張すること、また、入浴介助を「一緒に風

＊16 「聴診器の社会史」とでもいうべき、聴診器の誕生の医学史における意義と位置づけについては、［福田 2007］を参照。

呂に入ること」だと見なしている点は、先にも述べたことからみて、なるほど介助者として逸脱しているかもしれない。それはともかく、ここでやはり注目すべきは、「とにかく気持ち悪いからパンツははいて欲しい」という、この利用者の感覚だ。確かに、視線という権力の非対称性というものが、そこには確かにあるのには違いない。しかし、多くの利用者にとっては、下半身をさらした他者が目の前にいる、自分の身体に触れる、そのことの気持ち悪さに比べれば、「一方的に眼差される」というリアリティは、大した問題ではないのかもしれない（問題でないわけではない）。

――パンツはかんと入浴介助しようとする人って、よくいるんですか？

「たまにいるなあ（笑）」

――はあー、で、やっぱり、イヤ、ですよねえ……

「イヤやなあ、そりゃ」

――例えば、どういうところが？　見たくない、ってことですか？

「うーん、それもあるし……やっぱ抱える時に『当たる』ねん（笑）背中とか、ことあるごとに」

――ああー（笑）。それはイヤやわ

「うん、やっぱそれはなー、一番イヤ。パンツははいてほしい」

身も蓋もないかもしれない。「これは介助者と利用者の関係である」というリアリティを安定させるため云々、というよりもむしろ、他人の性器が自分の体に触れることが、「イヤ」だ、気持ち悪い。そうなると、彼の「パンツははいてほしい」という主張は、単に「介助者はそれなりのマナーを守ってくれ」という主張のように思える。パンツを、性器を眼差されることからの鎧、として捉えるなら、パンツをはくことは介助者にとって「利己的な行為」だと言えるが、パンツをはくことが、利用者に不快な思いをさせないための「マナー」なのだということになれば、それは「利他的な行為」だということになる。こうして正反対のことが同時にある。この場合、パンツは「両義的なアイテム」だと言える。

4—3　慣れ

また大きな問題として、多くの障害者は、下半身を眼差されることに「慣れてしまっている」ということがある。これをどう考えるか。一度、ある利用者にこんな質問をしてみたことがある。

——はじめて自立して、はじめて他人に風呂入れてもらう時にさあ、なんか、変な感じ、なかった？

「変な感じ？」

——うん、なんか、気持ち悪いとか

「気持ち悪い？　なにが？」

――いや、だって、よく知らん人と裸で、触れ合ったり（笑）するわけやん？

「あー（笑）」

――それまでは、親がほとんどやってたんやろ？

「ほとんどっていうか、全部な」

――うん、だから、はじめて他人にやらせる時って、どうやった？　イヤやった？

「いや、別に……どうってことはなかったけど」

――ふーん、チンチン見られて恥ずかしいとかは、ないの

「ははは。うーん、それは別にないなあ。だって、チンチンは、トイレする時とか、いつも見られてるやん」

――あ、そっか

「うん。トイレは、親以外にもやってもらったりするやん。学校の先生とか、友達とか、ボランティアとかな」

――そら、そやな

「せやから、別に、慣れてるし。今さらチンチン見られたから恥ずかしいってことは、別にないかなあ」

――なるほどなあ。トイレとかも、じゃあ、今さら別になんとも思わへんわけや

「うん。そんなんいちいち、ないわ」

――女の人とかでも？

「あー、女やったらなあ……後からよくよく考えたら、確かにちょっと変な気分になることもあるけど（笑）」

――まあ、そうやろなあ（笑）

「うん。でも、後からはそう思うけどな、その時はおしっこしたい、早く出したい、ってことしか頭にないから、そんなこと考えへんねん。その時はもう、それどころやないって感じ（笑）」

まず、はじめのわたしの質問がいまいち要領をえなかったことに注目してほしい。「どうってことなかった」がゆえに、そんなことは考えもしなかった。それまでの彼には、特に問題として意識されてこなかったことがうかがえる。なぜなら、利用者にとって、そういった場は日常茶飯事であって、「慣れてる」ことだからだ。[*17] また、利用者にとっては、「見られて恥ずかしい」ということよりも、「そんなことよりオシッコがしたい」もしくは「そんなことよりちゃんとかゆいところを洗ってほしい」ということのほうが重要なのかもしれない。しかし、介助者は違う。意識しすぎてしまうと言っ

てもいい。

4-4 フィードバックする視線

では、以下の、ある介助者との会話を参照してみよう。

——最初、風呂でパンツはくのって、おかしいと思わんかった?

「あー、それは思いましたねえ」

——なあ? お互い全裸でやるもんやと思ってたもん

「僕もです」

——なんか、オレはそれでちょっと利用者に悪いような、複雑な気分にもなって

「わかるわかる」

——あっちは全裸で丸見えやのに、こっちははいてるって、なんか、不公平っていうか

「そうですね。いまだに思いますもん」

——あ、今でも

「うんうん。だから、終わってから利用者さんの前で、わざと見えるようにはきかえたり(笑)」

――え？（笑）
「ははは（笑）あんま意味ないんですけどね。なんとなく」
――へえー
「それでちょっと罪滅ぼし（笑）っていうか」
――罪滅ぼし（笑）
「大げさかも知れませんけどねえ。自分でもアホやと思うんですけど……うん、そんなんやってます。見えるように」

このような例を見ると、裸同士で触れ合うということや、性器を一方的に眼差し、眼差されることからくる「否定的な感情」という問題は、特に、介助者によって経験されるのかもしれないとも思え

＊17　しかしやはり、「慣れているからどうでもよい」と言ってしまってよいだろうか。その「慣れ」はどこから来たのかを考える必要があるだろう。なぜなら、もしかすると「本来、慣れる必要もないのに慣れさせてしまった現実」があったかもしれないからだ。逆に、介助者の側も次第に「慣れ」ていくことによって不快感が逓減していくことがありうる。そうした「慣れ」がよいことであるのか否かを含め、第5章で考察する。

てくる。パンツが、ただの「鎧」だったとすれば、介助者は安心していてよいはずだ。しかし彼は、一方的に眼差している自分に気づき、まるでそれが不安で仕方ないかのようだ。

確かに介助者が、「自分に見られていることによって、この人は今、恥ずかしいと思っているのではないか」と思ってしまうことが、さらに介助者自身の「居心地の悪さ」にフィードバックする。自分の視線を「相手が意識することを意識する」ことによって、自分の視線が自分に跳ね返ってきてしまうのだ。こうして、両者のリアリティは齟齬を来たす。

4―5　〝そんな趣味はない〟

先の事例のように、「わざと」「見えるように」パンツをはきかえる、というほどのことはないにせよ、入浴介助を終え、濡れたパンツをはきかえる瞬間、というのは確かに興味深い。入浴介助に用いたパンツは、遅かれ早かれいつか必ず脱がれる運命にあるのだ。わたしの経験から言うと、「その瞬間」にはどこか緊張を要する。別室まで行ってはきかえることができればそれでいい。だが、部屋の構造からして、それが不可能な場合もある。利用者の前でどうしてもパンツをはきかえなければならないとき、どうするか。見えてしまっては、これまでの意味がなくなってしまう。

わたしの場合は、利用者のすぐ真後ろではきかえる、ということをしたことがある。わたしからすれば利用者は「向こうを向いている」状態になるので、そこは死角になる。だが、はきかえている最中に振り返られては元も子もない。だから、「じゃ、オレもパンツはきかえましょうかねー」などとわざわざ言って、「振り返るな」というメッセージを送りながらはきかえることになったのだった。

「もーいいかい（笑）」

――ははは

「もーいいよって言われてはいてなくても困るけどな（笑）別に見たってしゃあないし。これが女の子やったらなー」

――女の子やっても引くでしょ、それはそれで（笑）

「まあな（笑）」

背中越しにコソコソパンツをはきかえるわたしと、そのすぐそばにいる利用者の状況が、まるでかくれんぼのようだと感じられたのか、このような冗談めいたやりとりがなされた。「これが女の子やったらなー」という発言は、おそらく自分のそばで他者がパンツをはきかえているということに、どこかセクシュアルな要素を敏感に嗅ぎ取って、その気まずさを冗談めかしてみているのだろうと考えられる。

だが一方で、そこで「女の子だったら」という風に、突然女性を持ち出すのは、どういうことだろうか。セクシュアルな雰囲気を感じるのだったら、男と一緒にいるときではなく、女であって欲しい。これは、そのように語ることによって、やはり自分がヘテロ・セクシュアルであるということを、暗にアピールしようとしていると考えられる。この状況に、確かにセクシュアルな雰囲気を感じ取ってしまっているが、これは自分に〝そんな趣味〟があるのではない。自分はあくまでもヘテロ・セクシュアルなのであって、今のこの状況は不本意なものだ、というわけだ。これは確かにホモフォビックではある。また、彼の話に笑いながら調子を合わせているわたし自身もまた、十分にホモフォビックだ。われわれは介助現場で相手との関係にセクシュアルな要素を見出すことを、どこかで恐れているのだった。これはやはり、介助現場のフレームにセックスのフレームが重なってくること、混同してしまうことを嫌っているからだろう。

入浴介助の現場にパンツがあるということ。しかしその濡れたパンツは、いつか脱がれなくてはならない。いつか脱がれなくてはならないパンツがあるばかりに、このようなことが露呈してしまうのだ。

パンツをはくことが生み出す問題があれば、反対に、思い切ってパンツを脱ぐことからも問題は芽生える。どうすればいいというのか。

5　脱構築のパンツ

5-1　「機能的パンツ」を脱ぐ

パンツは本当に、介助のフレームとセックスのフレームとが混同することを「防ぐ」ためのものだったのだろうか。パンツがあれば、介助現場からセックスのフレームを排除することができるのだろうか。もちろん、これまで見てきたことから言えば、断じて否、だろう。よく考えてみればいい。なにも下着へのフェティシズム、ということでなくても、パンツをはいている姿は時にそれ自体、セクシーなものではないだろうか？　もちろん状況にもよるが、全裸であるよりも、パンツをはいているほうがよっぽどセクシーに思えることがあるではないか。セックスの相手が下着を身につけていることで、全裸よりもかえって欲情してしまうという経験を、少なからぬ者が経験しているものと信じる。にもかかわらず、パンツをはくことでセックスのフレームを排除しようなど、幻想だと言うほかない。

だから一旦、パンツに対する「常識」を保留して、アタマをリセットしたほうがよいかもしれない。まずは、以下の鷲田清一の記述からヒントをもらうことにしよう。

だから、衣服の向こう側に裸体という実質を想定してはならない。衣服を剥いでも、現れてくるのはもうひとつの別の衣服なのである。衣服は身体という実体の外皮でもなければ、被膜でもない。衣服が身体の第二の皮膚なのではなくて、身体こそが第二の衣服なのだ。（鷲田 1989: 28）

つまり、こう考えてみてはどうか。パンツは、なにかをなにかから守るためにある。そういった常識から少し距離を置いてみよう。つまり、パンツが「なにかのためにある」と考えることをやめてみるのだ。ここではパンツという衣服が、外皮として身体を被い、介助者の身体を保護しているという考えから自由になってみる必要があるだろう。そうなると、パンツとはいったい何なのか。

おそらくわれわれは、状況に応じて「パンツの解釈」をおこなっているのだ。われわれの解釈以前に、実体としてのパンツの存在を想定してはいけない。パンツがなにかにとって役に立つ、つまり、機能的であると考えるとき、われわれは、その「なにかにとって」の「なにか」を想定していることになる。しかし、その「なにか」をはっきり同定することなどできない。先に見た通り、その「なにか」は、ときに「『裸の付き合い』を否定すること」であったりするし、ときに「利用者の目から下半身を隠すこと」となり、ときに「性器が『当たる』ことを防ぐこと」であったりして、しばしばまったく正反対の様相を呈してしまうのだった。パンツが機能的に働きかける、その「なにか」は状況に応じてその姿を変えてしまう。パンツが働きかけるものの中心は、掴もうとすればスルリとわれわれの手をすり抜け、姿を消してしまう。そうしていつも途方に暮れてしまうのだ。

だけど当たり前だ。そんなものは、はじめからありはしないのだから。にもかかわらず、パンツの有り無し、パンツが「何の役に立つか」ということに拘泥している限り、なにも変わりはしない。なにもわかりはしない。

パンツはその置かれた状況とわれわれの解釈によって、ときにそれは「裸の付き合い」を否定するものとなるし、ときに利用者の目から下半身を隠すためのものとなり、ときに性器が「当たる」ことから保護するものとなる。要するに、われわれの解釈が、パンツの機能の働きかける「なにか」を創り出しているのにすぎない。

もちろん、その「なにか」には、セクシュアルな不快感とわたしが呼んできたものも含まれる。セクシュアルな不快感は、なにもパンツをはいていたからといってすっかり解消されるものでないことは、ここまで見てきた通りだ。パンツはフレームの混同を「補正」してはくれない。パンツの解釈を通して、わたしは逆に、介助の中にセクシュアルな不快感なるものを創り出していたのだった。まるで当たり前のようにセクシュアルな経験がその中心にあるかのように解釈し、「問題」として成り立たせてきたのは、他でもない、わたし自身だったのだ。

わたしがここまでできるだけ具体的に、介助現場でのやりとりを参照しながらわれわれの右往左往を見てきたのは、つまりわれわれが、パンツの解釈を通じて、セクシュアルな不快感なるものの構築を達成していることを見るためだ、ということになる。

5-2　偏在するセックス、介助の杓子定規

一方で、パンツ解釈の新しい方法を打ち出したところでやはり、依然、八方塞がりに変わりはないとも言える。

もう一度思い出してみよう。介助のフレームとセックスのフレームが同時にあってしまうこと。身体をリソースにしてそれらが時に混同してしまうこと。そして、その混同をマイナスに解釈してしまうこと。感情操作というのは、そのフレームの混同に対する解釈を意識的に管理しようとするものだということになり、結局問題の根本は、フレームの混同にこそあるのだということができる。

だが、こうは考えられないだろうか。混同の、なにがいけないのか、と。おそらくわたしは、混同それ自体を、二つのフレームが同時にあること自体を不快に思っていたのだった。セックスは「純粋に」セックスでなくてはならず、介助は「純粋に」介助でなくてはならない。その他のフレームが入り込んではならない、と、どこかで信じて疑わないでいたのだ。介助の最中にセックスのリアリティ

が重なり合ってくることが、それほどまずいことだろうか？[18]

少しでも想像力を広げてみればいい。セックスや介助とマテリアルな相同性＝身体的活動のあいだの〈類似性〉を持った行為はいくらでもある。また、「セックスの正しいありかた」などというも

＊18 本書では主に、介助し・される関係が、主に「雇用関係」であり、その両者がセックスすることが「あってはならない」場であることに限定して議論を進めてきた。だが例えば、夫婦や恋人が介助するとき、その場でのフレームというのは、どうなっているのだろうか？ もちろんわたしには想像することしかできないわけだが、ここであえて少し想像（妄想？）をたくましくしてみよう。
かれらはふだん、当たり前のようにセックスするのだろうが、介助が必要になれば、そこから離れてすんなり介助モードに入ることができるものなのだろうか。もちろん逆も然り。一緒に風呂に入って、背中を流し合ったりしながらじゃれ合っているうち、次第に……という経験が、わたし自身ないわけでないから、そう考えると、介助しながらも、次第にセックス・モードに入っていくこともあるのではないだろうかと思ってしまう。そしてそれは、不快なことなのだろうか。わたしにはどこかそれもまた、それはそれで楽しいことのように思えるのだが、やはりナイーブに過ぎるのだろうか。介助するたびに、セックスするたびにいつもそんなことばかりでは疲れてしまう、といえば確かに、やはりそうなのだろうが、しかしそれ以外にどんな理由があるのだろうか。やはり、セックスと介助は、それぞれにフレームの混同しない「純粋さ」が必要だということになるのだろうか。などと、想像しはじめると止まらない。

のがないのだとすれば、われわれに身体がある限り、あらゆる対人的行為はセックスと相同性を持ちはじめる。ならばなおさら、介助がセックスと相同性を持つことなど、考えてみれば当たり前のことではないのか。問題は介助とセックスがオーバーラップすることではない。そのことを何か「悪いこと」のように考えることこそが問題なのだ。

セックスのフレームの入り込まない「純粋な介助」など、どこにもありはしない。もちろん、介助を経験した者にとって、介助のフレームの入り込まないセックスもまた、ありはしない。わたしはセックスに介助が入り込んできてしまうというはじめての経験、それ自体に驚き、当惑し、「集中力」を欠いたのだった。

このように、介助とセックスが似ていると言ってみることは、「不謹慎」だろうか? 介助をシリアスに語らなければならないとして、そのシリアスさが例えば、介助からセックスを排除してしまう。その杓子定規がさらに息苦しさを生み出す。*19

介助ということの内に、セクシュアリティという「問題」があるのだとすれば、介助をセックスから切り離し、介助を「純粋に」介助たらしめようとわれわれが志向すること、それ自体のうちにあるのではないだろうか。今、ひとまずわたしにできることは、その「しかた」を記述することなのだった。

＊19　日本のゲイ／クィア・ムーブメントにおいて先駆的役割を果たしてきた伏見憲明は、松沢呉一との対談の中で、以下のような興味深いエピソードを披露している（伏見 2003: 300）。

伏見　（……）サウナとかよく行くんだけどさ、たまに男のマッサージの人で、声が低くてセクシーだったりすると、ちょっと怪しい気分になってきて、「仰向けになってください」なんて突然言われたらどうしよう！とか思う局面があるんですよ（笑）。だから同じマッサージをしていても、相手やシチュエーションによって、性的なモードに入ったり、ただのマッサージ・モードになったりするんだよね。

松沢　俺はまったく逆で、性的な場所で性的なマッサージのはずなのに、単なる「気持ちいい」になっちゃうの。性感マッサージでパウダーやローション使ってやられてると、「ああ、本当にマッサージ屋さんに来てるみたいで気持ちいいなあ」って思っちゃうわけ（笑）。それであんまり性的に興奮しないんだよね。

本書の分析に寄り添わせる形で解釈するなら、これはマッサージのフレームとセックスのフレームが混同するさまを二人が語っているということができるだろう。介助というものの意味を「ケア」という文脈で広く取ってみるならば、マッサージと介助の違いを指摘することもまた難しい。ならば、二人のこの語りに通底する問題意識は、本書と共有可能だと考えることができるだろう。かれらは、困った経験、しんどい経験を語っているようでいながら、どこか楽しげであるようにも見え、この風通しの良さにはポジティブなものが感じられる。

6 「まるごとの社会」のために

さて、以上のように、「パンツ」という独特のアイテムに注目することで、介助し・される両者の身体接触を契機として経験される「不快感」とそれを「解消」する技法について記述してきた。では、本章の一連の議論が、「健常者が介助者になる」プロセス、ないしは介助を通じた「健常者性の脱構築」というプロジェクトにとって、どのような意義をもつか。こうした問いを考えるにあたって有益だと思われる議論を、最後に紹介しておこう。

人類学者の菅原和孝は、アフリカはボツワナ共和国に住まうカラハリ狩猟採集民「グウィ」の日常行動を分析するなかで、「ガイカリク」とよばれるかれらの「ケンカ遊び」に注目し、「〈ともにある〉身体をつかさどるルールと、身体によって直接生きられる〈経験〉とのあいだにはどんな関係があるのか」（菅原 1993: 161）を問うた。

ガイカリクの本質的なルールをあえて言葉化すれば、それは「痛くても我慢せよ」「痛くても笑っていろ」という命令として表されよう。このようなルールのもとで試されているのは、参与者の社会的な成熟度にほかならない。このルールをどれほど忍耐づよく守りうるかというすれすれの綱渡りを演じつづけるところに、ガイカリクに特有のスリルが生まれるであろう。言いかえれば、それは「痛くてクソッと思う自分」と「それでもルールを守りつづける自分」とのあいだの乖離をもちこたえることでもある。

(菅原 1993: 179, 傍点引用者)

このガイカリク=ケンカ遊びに見られる二重のフレームの重なり(ケンカ×遊び)と、介助行為に見られる二重のフレームの重なり(介助×セックス)との類似性は、すでに指摘した通りだ。菅原の議論を参照しながら再度整理すれば、介助行為における身体接触に見いだされるのは、「気持ち悪くても我慢せよ」「恥ずかしくてもうまくやりすごせ」というルールであろう。そして、「気持ち悪い、イヤだと感じる自分」と「それに耐えうる自分」との乖離を、感情操作によってもちこたえる。もちろん、それが常に成功するとはかぎらない。「これは介助だ」というリアリティは、ふとしたきっかけで崩れさる可能性を常にもっている。だからこそ逆説的に「それに耐えうる」かどうかによって、「社会的な成熟度」が試されるのだ。

この「社会的な成熟度」を、「介助現場という社会」における成熟度、と読みかえてみよう。つまり、本論の文脈における「社会的な成熟」とは、「介助の儀礼」を身につけることができているかどうか。言いかえれば、複数のフレームをうまく使い分け、ときに乖離に耐えつつ、そのなかで他者の生をアシストすることができるかどうか、ということになる。それはすなわち、この社会で日常的に慣習化された、みずからの身体性をいかにして捉え返し、組み替えてゆくことができるか、ということでもある。

介助はしばしば、障害者が目的を達成するための「手段」だ、とされてきた。「手段」に徹するためにはやはりそれなりの儀礼が必要になる。パンツは、そうした儀礼の一部としてある――と解釈される――だろう。これらの儀礼は、一般的に言ってまだまだ「特殊な」ものであり、介助の場でのみ通用するものだと言うしかない。健常者たるわれわれ介助者は、介助の場以外での儀礼をそこに持ち込もうとするし、利用者とて様々なメディアを介してそうした「健常者の社会」の儀礼を時に身につけている。だからやはり、「介助の儀礼」はしばしば善意のうちに、非作為のうちに破綻する。

だけど当たり前だ。そうした「特殊な儀礼」を、介助者は日常に戻るたびに解くことができるけれども、生活の全般において介助者を使う障害者はそうはいかない。時に儀礼的に振る舞うことを放棄して、当たり散らしたり、泣き言を言いたくなることもあるだろう。常に緊張が伴い、「介助の儀礼」を維持しようとすれば疲れ切ってしまう。こうした厳然とした非対称性がある。介助の儀礼の破綻可能性が排除できないことは、この非対称性に由来するのだ。だから、「介助の儀礼」の破綻可能性を低減すべく四苦八苦する経験は、健常者と障害者の非対称性を、「介助現場という社会」のただなかで、身体を通じてまるごと経験することに等しいと言えよう。

介助現場に参与する者たちは、介助の儀式のルールを、常に意識し、念頭に置きつつ振る舞っているわけではもちろんない。むしろ、介助の儀礼を保つべく四苦八苦することによって、知らず知らず障害者という「他者」とのかかわりかたを、身体を使ってまるごと体得しているのだ。「介助現場」はなにも、「特殊な場」なのではない。むしろ、「介助の儀礼」が破綻すること、健常者が健常者の日常性をどうしても持ち込んでしまうことによって、非対称性を維持してしまうこと、そのことが、「介助現場」がどこまでも「健常者の社会／無力化する社会」(disabling society)であることを示してしまっているのだ。

本章では、「〝社会をまるごと経験すること〟としての介助」、という視点を獲得することができた。では、この新たな視点が、「介助現場」を社会学的に記述することにとってどのような意義をもちうるか。次章以降に検討することにしよう。

第3章　ルーティンを教わる

0　現場の日常、退屈なルーティン

ここまでの議論ではおもに、まず障害者運動において提起された「介助者手足論」という言説の意義を汲み取り評価したうえで、障害者は介助者と関係を取り結ぶこと〈によって〉なにかを実現するのではなく、介助者との関係〈において〉なにかを実現する、という視点を提起した。この視点に立って見えてくるのは、「介助現場」というローカルな社会は、健常者が障害者という他者とともに、ときに協力し、ときに対立しながら、「無力化する社会」を「まるごと経験する場」であるということだった。

しかしそもそも、「まるごとの場」とはどのようなことか。わたしたちの前に用意されている多少とも慣れ親しんだ言葉をあてはめてみるとすれば、ひとまずそれは「現場」という言葉で指し示されるある空間のことだと考えることができる。では、「現場」とはいかなるものか。

ソーシャルワークにとって現場とはなにかを考えた須藤三千代は、「ともかく現場という場所は人びとのイメージや認識のなかで広がったり、限定されたりしながら形成されていく。ここが現場だと地図のうえで指し示すことができるほど簡単ではない。一人ひとりの『ここが現場である』という認識によって構築される」（須藤 2002: 26）のだと述べる。たしかに、結局はそのようにしか言えない、言うほかないのかもしれない。だが、そうして人びとの日常的実践のなかで「構築」された「現場」は、それを「現場である」と指し示すおこないそれ自体によって、ある効果をわたしたちにもたらす。現場主義、あるいは現場たたき上げ、といった物言いが含んだニュアンス、もしくは言外に言わんとされていることがなんなのかを考えてみたらいい。「現場」を知らない理論家、頭でっかちの理想家……おおよそ非難の語彙として用いられつつ、そして同時に、自分がいかにリアルであるか、骨太であるか、現実を知り尽くした「オトナ」であるかがアピールされる。その気持ちもわからないでもない。素朴に、現場を知ることにあこがれてしまう自分がいることを、わたしも否定できない。しかしやはり、そうして「現場」なるものを称揚することは、あるネガティブな側面を同時に抱え込んでしまうこともあろう。再び須藤は言う。「現場にとびこんでいくという意識は、その行為に勇気と決断とを付託し、そして美化していく」（須藤 2002: 27）と。

社会は、社会福祉の現場を隔離したうえで、この現場に「飛び込む」行為を賛美してきた。社会福祉の現場は、長い隔離の歴史を背負っている。その歴史的文脈のなかで、現場は特殊であるがゆえに崇高な場所になった。（須藤 2002: 27）

こうして「現場」は、決死の大ジャンプの向こう側として、あるいは日常とは別の空間として、切り離されてしまうのだ。だが、実際の現場は決してそのようなものではありえない。現場は、「ルーティンワークが大半を占める日常性」によってなりたっており、「現場は日常性なしには存続しない」(ibid: 29)。だから、現場でおこなわれていることを、ふたたび「日常」として捉えかえすことが重要である。ここで言う「日常」とは、「日々あたりまえのようになされていること」とでも言えるだろうか。さらに言いかえれば、それは「ある振る舞いがルーティンとして固定化されること」でもある。

わたしのたずさわる障害者介助とて、実際には決して派手な仕事ではない。基本的に、どこまでも地味な仕事であることは何度でも強調すべきだと思う。福祉の分野では、「日常生活支援」という用語が頻繁に用いられるが、まさに文字通り、「日常を支援する」のがこの仕事のはじまりでありすべてであって、それ以上の意義を持ち込んで、妙に美化したりおとしめたりする必要はないと思う。そこでおこなわれることは、毎回決まりきっている。利用者たちにとって、介助者はできうるかぎり気配を消し、空気に近い存在であってほしいと望んでいるところがあるし、介助者自身もそれを知っていることにはすでに何度も触れた。もちろん、それが結局のところ不可能であることを指摘したわけだが、しかし、基本的にそうした「透明さ」が志向されていることに変わりはない。障害者にとって、透明で邪魔にならない介助者とは、毎度ルーティン的に「型」にはまった作業を、静かに、まるで決まり切ったようにおこなってくれる人のことなのかもしれない、と感じることは少なくない。

同時に、「透明さ」を志向し、しかし一方でその不可能性／困難さに当惑し、耐えることが、そのまま健常者としての自己の身体性と障害者の身体性とのズレを——観念としてではなく——「場」のただなかでまるごと経験することでもあるのだった。だから、そうしたズレと、ズレからくる不快感を飼い慣らして「慣れていく」ことは、自己を他者との関係性のなかでチューニングし、組み替え、固定化していくおこないでもある。

ベルト・コンベアに載せられ、次々に運ばれてくる機械部品に淡々と手を加え、流してゆく。ルーティン化された単純作業を繰り返す、といえばそのようなものを想像するかもしれない。しかし、それがよいかわるいかを一概に言うことはできないはずなのだ。労働がもちえた豊かさからの疎外、ということが、たとえばマルクス主義にとって重要なモチーフであったことは事実だが[*20]、しかし、そうした一種の退屈さこそが今にも瓦解しそうな現場をなんとか支えている、と捉えることもできるだろうし、そうでなくてはならないとも思う。かといって、それを現場の豊かさや強み、として表象してしまえば、元の木阿弥でもある。重要なのは、現場の「退屈さ」にそれはそれとして言葉を与えていくことだろう。

だから、まるごとの場を知るために、日常としての現場＝ルーティンとしてなされるミクロなふるまいを、言葉でひもといていく作業が必要とされる。「現場」を考えるために、いかにして支援がルーティン＝日常として営まれているかを読み解く。これが本章の目的だ。

1 ルーティン化の過程――教え、教わる労力

1－1 オーダーメイドとルーティン

毎年、年度末である三月は、多くの介助者を利用する障害者たちにとって憂鬱な季節だ。春は出会いと別れの季節というが、センチメンタルになどなっていられない別れがある。介助者のなかには、大学などの卒業を迎えて就職してしまったり、転職してしまったりする人たちもいる。そんなわけで、年度末はごっそりと介助者が抜けてしまうことの多い季節なのだ。憂鬱なのはもちろん三月にかぎったことではなくて、年末年始、お盆にゴールデンウィークといった大型連休がひかえている季節も同様なのだが、介助を完全に抜けてしまう、という危機感を考えれば、年度末が最も憂鬱であるにちがいない。

そうして、ベテランの介助者が自分のシフトから何人か抜けてしまい、代わりにやってくるのが新

人介助者だ。新人介助者、といっても、なかには「文字通りの新人」もいれば、「その利用者のとこ

＊20 伝統的に、「労働における熟練」というモチーフに注目してきたのは、マルクス主義由来の労働過程論においてだった。おもに手工業をそのひな形とする伝統的な労働の形態が、産業革命以降の技術革新によって変容し、労働主体が身体化した技術や「ちょっとしたコツ」といったものが機械に吸収され、置き換えられることによって、爆発的な生産量と生産スピードを獲得するにいたった。その反面、テーラー主義に代表される「科学的労働管理」にともなう分業によって、労働者は細分化された単純作業のみに従事することになったため、労働における熟練はスポイルされ、結果、労働者の技能は低下していくというわけだ。まずはBraverman（1974）の「労働の衰退」説がその典型であろうが、要するに、あのチャップリンの『モダンタイムス』を思い出せばいいだろう。

「労働者にとって、熟練という概念は、伝統的にクラフトの熟練に結びついているが、このクラフトの熟練の解体が伝統的な熟練の概念を破壊してきた。」「労働が退化するにつれて、まさに熟練の概念までもが退化するようになる。今日では、数日・数週間のトレーニングを要するだけで、その労働者は〝熟練〟をもっていると思われるほど、熟練をはかるものさしそのものが切り縮められているのである。数ヶ月のトレーニングを要する労働は並大抵のものではないと考えられ、まして半年から一年かけて習熟する労働は驚愕の対象である。しかし、比べてみるがよい。伝統的なクラフトの徒弟期間は四年をくだらなかったし、七年間の徒弟期間は普通のことだったのである。」（Braverman 1974: 443-4）

Bravermanの「労働の衰退」説をめぐって欧米を中心に展開された論争（いわゆる「労働過程論争」）の概観は［平地 2004］を参照。

ろに来るのははじめて」という意味での新人も含まれる。慣れ親しんだ介助者が抜け、新人の介助者がやってくる、それが憂鬱なわけは、端的に、その人が必要とする介助のやりかたを「最初から教えなければならない」面倒くささにあるようだ。

文字通りの新人には、介助のイロハを、みずからの身体を張って一から教えねばならないし、それを通して、「オレ流のやりかた」をルーティンとして教えていく必要がある。一方、経験者にはむしろ、「オレ流のやりかた」を教えることに重きが置かれるだろう。そこそこ経験のある介助者は、他の利用者の元でも介助経験を積んでいるわけだが、そこで身につけた介助のやりかたは、あくまでもその人のやりかたでしかなかったりする。もちろん、重複する部分が多くあるのはたしかだが、何度も言うように、介助はあくまでも、個々人にあわせたオーダーメイドが前提だ。

だが、オーダーメイドといっても、個々人の生活のなかから見れば、ある程度のルーティンがあるのは事実だ。そして、いくつかのタスクの積み重ねを、ある程度固定化したルーティンとして覚え、身につけること。介助者がそうした段階に達するまで教えるのにかかる労力が、利用者にとってのしんどさとしてある。ここでいう労力とは、そこに費やされる時間だけにとどまらない。仮に、言語障害のある人であれば、声を出すこと、文字盤を指さすことなどがすでに肉体的な労力をともなう。さらには、そもそも、ある行為をいくつものタスクへ分解し、言語化し、伝えること、それ自体が労力でもある。もちろん、全身性の身体障害者なら、介助に不慣れな者に身体のすべてをゆだねることへの不安もあるだろう。

そんなわけで、利用者が、自分の生活に必要な介助内容を介助者に伝え、実行させ、覚えさせ、ルーティン化させるまでには、一定の労力が必要になる。慣れ親しんだ介助者が抜け、一度リセットされた状態から、再びやり直さねばならない。それは想像しただけで気が滅入るようなしんどさであるだろう。

一見どれだけ単純な作業にみえたとしても、一連の行為を微分することは無限に可能ではある(野矢 1999, 大屋 2007)。だから、そういった意味でも、単純さのなかにも「複雑さ」はある。あらゆる仕事のルーティンがルーティンとなるまでの過程、言い方を換えれば、ある一連の(主に手先の)作業が「単純作業」として固定されるまでの過程には、多かれ少なかれ、「学習」のプロセスが必要になる。

また、ルーティンといっても、タスクの核になる部分は一見安定しているが、そのタスクをより微細に検討すれば、当のルーティンの安定性をおびやかす要素は常に存在することがわかる(福島 2001)。そうした、ルーティンの安定をおびやかす要素を最小にとどめようとしたり、排除したり、場合によってはそれ自体をルーティンの反省のために利用してアクシデントを飼い慣らし、なお強固なルーティン化を試みて、やっとその主体にとってのルーティンとして固定化されていくのだ。

1―2　ルーティン化される介助――キュー出しの中身

では、そうして目指される「介助行為におけるルーティン」とは一体どのようなものか。具体例を挙げよう。*21

たとえば、利用者から「お風呂入れて」とひとこと言われ、それだけですべてを了解できる――いくつかのタスクの連なり／流れを思い描き、実行に移すことができる――ということが、介助者にとって「ルーティン化されている」ということだと言えるかもしれない。利用者による「お風呂入れて」という介助者への指示はそのまま、その利用者にとってのルーティンを身につけた介助者にとっては自動的に、浴槽を洗い、栓をし、ガスのスイッチを入れ、お湯を出し、タオルはこのあたりに設置して、マットはこのあたりに敷いて……という一連のタスクの連なりを指すことになる。利用者によって、そして、かれらの住むそれぞれの家によって、当然やりかたが異なるから、介助者はそれぞれを細かく覚えることになるわけだが、そうしてはじめて、「お風呂入れて」のひとことで動くことができ、「お風呂を入れる」という指示のワンセットができるようになる。

以上のような個別的な一連のタスクが、「お風呂を入れて」というひとこと――「キュー」出し――によって実行に移すことができるようになったとき、「風呂を入れる／風呂の準備をする」という介助内容――「キュー」の中身――は、介助者によって「ルーティン化された」ということになるだろう。

もちろん、そのキューの中身は非常に細かい場合もあれば、おおざっぱな場合もある。介助者であるわたしにとって「常識的」だと思われることがらにまで説明が加えられることは少ないが、常識的だと考える要素にズレがあった場合には修正が加えられる。

さらに付け加えれば、「キュー出し」をいつするか、というタイミングは、いわゆる自己決定の範疇に入ることがらだから、介助者は基本的に干渉できない。もちろん、これとはレベルが異なるものの、キューの中身である一つ一つのタスクを決定することもまた自己決定ではある。だからこそ細かなタスクそれぞれに関する自己決定を統括する、「キュー出し」という上位レベルの自己決定が意味をもつのだ。

特定の利用者のもとで繰り返し介助を担っていれば、介助者が意図せずとも、いつの間にかタスクのルーティン化は実現していくといっていい。しかし、これは「放っておいても自然にそうなるものだ」ということ以上に、むしろ利用者にとっては是非とも必要なことだと言えるはずだ。

なぜなら、いちいち細かな部分にまで自己決定を為すことに、疲れ、倦んでしまったとき、いっそ

＊21　ここに挙げた事例はすでに、筆者への阿部真大によるインタビューのなかで触れたことがある。［阿部 2007: 85-101］参照。

「良きに計らえ」としておきたい場面はいくらでもあるだろうからだ。しかし、良きに計らえ、とするときであっても、その人にとっての「良きこと」とはどのようなものか、というコンセンサスが介助者との間でできあがっていなければ、それを言うことはできないし、意味をなさないはずだ。だから、良きに計らえ、と言えるためにも、介助にはある程度のルーティン化の過程が必要なのだ。

こうして完成した一定のルーティンは、しかしもちろん完全に固定化されたものではない。ルーティンといっても、そのルーティンが実行される日常は、常に不確実性を伴う。日々は大局的に見ればなんの代わり映えもしない永遠に続く繰り返しのように見えながら、細かに目をこらせば、やはり同じ繰り返しではありえない。しばしば偶発的に起こる些細なできごとに対応しながらも、なお「核」となるルーティンは残る。だから、多少の揺れ幅、もしくは「あそび」が存在しつつも、やはりそれを含み込んだうえでのルーティンなのだと言えよう。

このように、一連のタスクがルーティン化されるまでには、もちろん、ある程度の「労力」を必要とする。その労力とは、一口に言えば、「コミュニケーションに費やされる労力」だと言っていい。つまり、介助として為すべきことがらを他者に伝えること、ないし、介助を教え／教わることに注がれる労力のことだ。

次に、この「労力」の中身について、より詳細に検討しよう。

1－3　言語障害と伝達の困難さ

介助を利用する障害者が、介助者に指示しようとする場合、たとえば、言語障害をもつ脳性マヒ者であれば、まず指示するということそれ自体に困難をともなう。もちろん、ひとくちに言語障害といっても多種多様であり、聞き取りやすい人もいれば聞き取りにくい人もおり、また、必ずしも言語障害をもった当人の問題ではなく、聞き取る側の得手不得手にもかかわる。つまり、一概に「軽重」で計れない部分がある。

とはいえ、なかなか声が出ない、あるいは、声が出たとしても、聞き取りにくい。いろいろな事情があるが、かれらに一つ共通して言えるだろうことは、「声を出す」ということ、それ自体が重労働であるということだ。全身あるいは身体の一部の筋肉にアテトーゼとよばれる緊張があるため、全身の力を振り絞るようにして発声する。そして、うまく声を出し、介助者に伝えるには、ある程度時間がかかることがある。*22

＊22　もちろんすべての脳性マヒ者が「発声」によって意思伝達をおこなうわけではない。なかには、文字盤や、「トーキングエイド」とよばれるキーボードで打ち込んだ文字を発声する携帯可能な機械を用いて意思伝達をおこなう場合もある。

介助者にしてほしいことを伝え、実現していくなかで「自立生活」は可能になる。それはその通りなのだが、「伝えること」それ自体の中に困難がある場合、その「実現」(目的達成)にも困難はフィードバックしていく。

健常者が、言語障害者の話す言葉の不明瞭さに当惑してしまうこと、「気まずさ」を感じてしまうことは少なくない。さらには、その場が気まずくなっていることに気づいてしまっている障害者自身が、自身に対してさらなる制裁を加えてしまう。そうして、人前で話すことをおそれ、躊躇するようになってしまう。こうした、できごととしてはほんの少しの微細な排除が、やはり決定的な排除につながっていく。[*23]

渡辺克典は、言語障害者――とくに吃音者――が日常生活上の対面的相互行為において経験する〈気詰まり〉について、ゴッフマンの相互行為儀礼論を援用しつつ検討した(渡辺 2003)。吃音者は、自分の吃音症状によって〈気詰まり〉な状況を引き起こしてしまったことを、その場に参与する成員に謝罪したり、言い訳しようにも、その謝罪や言い訳の言葉それ自体を吃音症状によって発することができず、場面の修復を図ることが難しい。また、吃音症状を引き起こさないために、発話しやすい言葉に言いかえようとしたり、ゆっくり話したりすることもあるが、必ずしもそれが成功するとはかぎらない。

「うまくしゃべろうとすると、かえってなんか緊張して、うまく言葉が出てこぉへんようなんねん」という言い方を耳にすることは多い。結局、そうしたすべてを「解決」するために、〈気詰まり〉を

＊23　このようなミクロな排除の経験を積み重ねてきたことによって、人と話すことそれ自体を恐れたり、コンプレックスをもっていたりする人も少なくない。だからこそ、「ちゃんと聞く」必要があるのだ。単に介助の指示を理解するためであると同時に、場合によってはそれ以上に、排除の経験を考慮したうえで「聞く態度を見せる」ことが必要になる。
だから、これまで「きちんと話を聞いてもらうチャンス」すら与えられてこなかった言語障害を持つ人びとが、自らの「話す時間／場」「聞いてもらう時間／場」を確保することは重要である。

きちんと聞くと言うことだけで元気になる人はたくさんいます。特に言語障害の重い人は話を最後まできちんと聞いてもらえない人が多い。自分の話すチャンスさえ与えられないということが多いから、その意味ではきちんと話す場が保障され、最後まで聞いてもらえるというだけで、心が癒されていくという例は多いですよね。（堤［1998: 93］）

このことは障害者たちがこれまで自らが語り手になる機会さえ持てなかったということを示してもいよう。こうした場と時間として編み出された方法こそが、ピア・カウンセリングだったのである。

起こしてしまうような相互場面には「参入しない」ことを選んでゆく。
ゴッフマンの、特に『スティグマ』（Goffman 1963b）での議論では、言語障害者がいかにして首尾よく「パッシング」を成功させるか、という点に重きが置かれているが、パーフェクトなパッシングとは、他者との相互行為場面に端から参入しないようにすることだと言えるのだろう。だから、「〈気詰まり〉というありふれた相互行為に直面し、相互行為への参入も困難」となり、「彼／彼女らをめぐる社会的な作用は見えにくい」（渡辺 2003: 186）のだ。
草山太郎は、かつて言語障害者に対して試みた自身のインタビュー記録を読み返すことを通じて、健常者が「言語障害者の声を聞く方法」を「相互行為の視点」から再検討した（草山 2003）。草山が特に注目したのは、うまく聞き取れなかった言葉を「確認聞き直し」する作業だ。この「確認聞き直し」が、結果的にインタビュー対象者を「脱主体化」――発話を抑えたり誘導したり、あるいは自身の解釈を押しつけてしまったり――しているのではないか、というのだ。[*24]
たしかにそういう側面はある。しかし、これを介助の場面にそのまま当てはめることはできない。なぜなら、言語障害をもつその人をよく知らない人、話したことがない人との相互行為、という前提がここにはあるからだ。この場合の気詰まり／気まずさは、むしろ「驚き」に近いのだと思う。しかし、脳性マヒ者の介助において、利用者の声が聞き取りにくいことなど、すでに織り込み済みだ。だから、健常者同士が話すような「滑らかさ」など、そこでは最初から期待されてなどいないし、目指されてもいない。[*25] たしかに、介助をはじめた段階では、上で指摘されているような気まずさ／気詰まりという問題が生起することはある。[*26] しかし、ある程度その人の言語障害に慣れてしまった介助者は、

＊24　ただし草山は、「確認聞き直し」の作業が言語障害者の滑らかな発言を阻害し、「語りたいことを語れなくさせる」側面があることは十分に認めつつも、単に両者は「一方的な働きかけの関係」なのではなく、同時に、目の前の言語障害者もまた、「言語障害者ならではの短いセンテンスあるいは言葉を動員しながら」、自分の「語りたいこと」を語ろうとしている（ibid: 38）と結論づけている。

＊25　仮に「吃音」を「軽度の言語障害」とし、重度脳性マヒ者の言語障害を「重度の言語障害」と考えれば、両者それぞれの「しんどさ」に差異を認めておく必要がある。「吃音者」は「言語障害者」であると見なすことができると同時に、当人も自身を障害者であると認めている場合があるにもかかわらず、社会の側からは「健常者なのにまともにしゃべることのできないやつ」というレッテルが貼られてしまう場合がある。つまり、同じ「言語障害」というカテゴリーであっても、「重度／軽度」とでは「しんどさ」に差異があることを看過すべきでない。

こうした、障害者でもなく、かといって必ずしも健常者だとも言えない「どっちつかず」の立場に置かれた軽度障害者の「しんどさ」について、［田垣編 2006］、［秋風 2008］を参照。

少なくともその人がどのような話し方をする人なのかはわかっている。だから、いまさら驚くということはありえない。状況の「新鮮さ」がそうさせるのだろう。

もちろん、織り込み済みだからといって、言葉の不明瞭さはまったく問題にならないというわけではない。慣れてしまっているとはいえ、ときには聴き取れないこともある。相互行為の「滑らかさ」が問題になっていることは確かだが、そのレベルが違っているのではないか。介助の相互行為場面で問題になるのは、気まずさよりもむしろ端的に、「伝わらなさ」なのだ。

介助のルーティンに話を戻そう。日常的になされる介助行為のなかで、指示が「聞き取れない」という事態は、たしかに「例外状況」を現出させ、安定したルーティンをブレさせ、介助関係における意志の実現に困難をもたらす。また、確認聞き直しの作業それ自体も、たしかに円滑なコミュニケーションを妨げる要因となるだろう。しかしその例外的なブレも、すぐさまルーティンに取り込まれていくのだ。では、「聞き取れない」ことにともなうルーティンのブレは、いかにしてルーティンに取り込まれうるのか。次に検討する。

1−4　指示系統の簡略化

「わかってるフリしたら、わかってるフリしてるってことはたいていすぐにバレるよ」。

そんな風に言われたことがある。それが本当かどうかはよくわからないといえばわからないのだが、この言葉はわたしのなかでずっと長い間引っかかって、つい聞こえたフリをしそうになるたびに思い出すのだ。「確認聞き直し」という作業は、たしかに日常的な相互行為の場面においても頻繁におこ

＊26　この件も、阿部真大による筆者へのインタビューのなかで少し触れたことがある。［阿部 2007: 90］参照。

M　（……）で、やっぱり、最初は言語障害だから言ってることがよくわからない。事務所の人からは事前に、わからない場合は何回も訊いていいと言われてたけど、その「何回か」がわからない（笑）。そりゃ人によるんでしょうけど。何回か訊いてる間に変な汗がダラダラ出てきて。

A　訊きすぎてキレられることはあるんですか？

M　いや、ないでしょう。自分はそんな経験はないし、聞いたこともないですね。そりゃ、時にはイラっとすることはあるかもしれませんけどね。でも、そのときは、イラついてるかどうかもわからなかったですよ。言ってることがわからないのに、声のトーンから心理状態をはかる、なんてこと、到底できるわけもないですから。でも、しょっちゅう四回、五回と訊いていたら、お互いどちらからともなく苦笑する感じにはなりましたね（笑）。「すいません（笑）」みたいな感じで。だから、そんなギスギスした感じにはなりませんでしたよ。

なわれる。いや、むしろ介助者にとっては、おこなわれなければならない、といったレベルの行為規範の問題としてある。つまり、わからないこと、聞き取りにくいことがあれば、ちゃんと相手に聞き直すこと。聞いたフリを決してしないことだ。

ある男性の脳性マヒ者への食事介助の風景について見てみよう。彼の手足にはマヒがあって、動くことはできるのだが、時間がかかる。話すときにも、言語障害があって、まったくわからないということはないが、慣れるまではやはり聞き取りにくく、また、ゆっくりと話すことしかできない。彼の介助をはじめて五年経った今でも、大抵の場合は問題なく聞き取れるが、時折わからないことがあって、何度か聞き直したりすることもやはりある。言語障害をもった多くの人たちは、自分の声がしばしば聞き取りにくいことをよく自覚しているし、話す相手が聞き取れなかった場合は、何度でも言い直しをすることを厭わない。むしろ、わかっていないのにわかったふりをされるほうが困るし、イヤだ、と考えていることがほとんどだろう。

彼は食事の際に、やはり介助を必要とする。介助者が、箸かスプーンで口まで食事を運ぶ、というわけだ。彼は、いつもテーブルに並んだいくつかの皿や茶碗を順番に指さして、次に口へ運ぶべき品をわたしに指示する。時には、「ご飯」、「みそ汁」、などと声に出して指示することもある。

とはいえ、彼には上肢全体に障害があり、動きがゆっくりとしているため、指を差して指示をするにも時間がかかる。だから、指で指示するにしても、声で指示するにしても、全身の筋肉に緊張があるために、われわれには容易に思える一つの動作にかなりの筋力と体力を消耗しているようなのだ。すべての食事を食べ終えるまでにおよそ一時間ほどかかる。

そんな食事の風景、というか、食事介助の指示のしかたが変化したのが一体いつだったのか、わたしにはまったく記憶がない。いつの間にやら。気づいたら。とでも言うしかないのだが、はっきりと、こういう方法にしようと言われたわけでもないのに、たしかに今は違う方法に変わってしまっている、そのことに気づいたのは、ごくごく最近のことだ。

どのような方法か、というと、それは単純な話で、彼の視線の先にあるものをわたしが読みとって、それを食べさせる、という方法。これだけを言うと、「長い間介助をしていると、言葉で言わなくても通じ合うことができるようになる」とか、「気づきのケア」の成功例とかいう話になってしまうかもしれないが、決してそうではない。

さらにやや詳細に記述すると、まず、一口食べると、ゆっくりと時間をかけて噛み、飲み込む。そして、次の一口を、というタイミングで、彼はそれとわかるかたちで目線を食卓へと向け、わたしがその先にあるものを手に取る、といった具合だ。

食事介助は、このような方法へといつの間にか変わっていった。目線の先を読みとる、などというと、以心伝心、とも思えるが、もちろん、間違うことだってしばしばある。間違っていれば、当然のように「違う」と言われるし、そのときは、改めての指示を仰げばいいだけのことだ。[*27]

注意すべきことだが、これは、いわゆる利用者のニーズを理解するとかいう話とは違うだろうということだ。なにかを指差そうとする時、健常者ならばたいていい、手が動き出すよりも先に、目線がその対象を「眼差す」。そして、目の動きに少し遅れたタイミングで「指差す」という動作が完了するはずだ。しかし、この脳性マヒの男性の場合、手を動かすのが遅いため、「視線」と「指差し」のタイミングとのブランクが、健常者の場合よりもずっと長くなる。だからわたしは、このブランクのあいまに彼の「視線」の先を辿って、「指差し」の動作が完了する前に「眼差す対象」を知ることができる。つまり、介助行為の指示系統が簡略化されただけのこと、だと言ってよいだろう。その意味では、手段がコンパクトになっただけのことであって、「障害者の指示を受け、それにただ応える」、というフォーマット自体は、なにも変わるところはない。彼の意志を事前に理解しているわけではないのだ（前田・阿部 2007）。

この「指示系統の簡略化」が実現していることは、第一に、うまく伝達することに必要とされる労力の節約である。言語障害者は、はっきり発音する、発音しやすい単語を選ぶ、あるいは、そもそも声を発することそれ自体に、労力をともなう。第二に、介助行為の円滑さである。「指示系統の簡略化」は、「聞き取れない」ことで必要となる「確認聞き直し」によって起こりかねないルーティンの滞りの発生可能性を低減させるだろう。

1―5 介助者の裁量と適当な適当さ

激動期の「青い芝の会」を支えた横田弘と、劇団態変を主催する金満里は、対談のなかで「食事」について触れている（横田・金 2004）。「自分で食べるとき」は、「わりと食べるものが細かい」という金には言語障害がないが、もし自分が「言語障害だったら」と想定しつつ、以下のように語る。

金 で、これが言語障害だったらこれをみんな人に頼んでそういうふうに食べれるかという想定をして

＊27 こうした、相手の「目線」を読み取りながら、それに即して指を動かすという一連の「技術」は、音声言語で話すことができない人との文字盤を利用したコミュニケーション技術のありかたにも通底していると言えよう。両者は、指差す対象がモノであるか文字であるかの違いであって、相手の目線が指示する場所を聴き手の手の動きにフィードバックしつつ、同時に本人の確認を繰り返しながら「会話」をおこなう、その意味では「同じ」方法であろう。

みると、そんなことやってたらすっごい時間かかって、ご飯食べるのにまたお腹が空くという。一つずつ自分が味わいたいように食べようと思うとすごい労力がいる。

横田　そうそうそうそう。

金　で、けっこう弱みになるやろなと。

横田　そうですね。

金　で、まぁいいわというか、そのぐらい自分の好みを追求せんでもすむと言えばすむんですけど、たまたまできるから追求してしまうという……。だけどやっぱり今そういう食べ方に慣れてて、で、急になったらすごくもどかしいって感じするやろなぁと。（……）こんだけの材料があって「何から順番に食べたい」とかいったら「もう好きに入れて」とかいって（笑）でもやっぱそれはそれで慣れやからそれでええよなとか。（横田・金 2004: 166-7）

このようにして、食事の方法を介助者に指示する際に時間を含めた「労力」が必要になる事態を、金は率直に「弱み」と呼び、また横田もそれを認めている。指示することに疲れ、ルーティンの滞りに焦れ、ときに介助者にすべてをまかせてしまうことがあることをしかたなく認めつつ、しかし「慣れ」てしまえば「それでええ」かもしれないとも言う。だがこれは、なにも自分で決めることなく、自己決定する自己を放棄し、介助者に丸投げしてしまうこととはちがう。もちろん、介助者に「以心伝心」を求めているわけでも断じてない。これはやはり、先にみた「指示系統の簡略化」に含まれることがらであろうし、キュー出しのタイミングを決定して、その「キュー」が統合しているより下位レベルのタスクの束を同時に決定するというかたちの自己決定なのかもしれない。

また、わたし自身が介助をするなかで、こんな人にも出会ったことがある。

その日の献立を前にして、いざ食事をはじめようとすると、その人は当然のように、一品一品を言葉で示しながら、わたしに口まで運ぶよう指示しはじめる。ご飯、みそ汁、その日のメインディッシュ、付け合わせ……一つ一つを細かに示しながら、ひとまずすべての品々を一通り口にしたあと、彼はおもむろにこう言うのである。

「オッケー、じゃあ、あとは適当で」

適当で、というのは、わたしの裁量、および（文字通りの）「さじ加減」にまかせる、ということだ。「適当って言われてもねぇ……」などと漏らしつつ、先ほど一通り食べたときの順番をほぼ踏まえながら、献立を順番に口に運んでいく。そんなことがあった。

これは、障害者の「自立生活」が依って立つとされる「自己決定する自立」という理念から逸脱する事態であるように見えながら、その実、自分で決めようと思えば決めることができるのだがあえてできる。

「決めないという決めかた」をしている、という意味で「自己決定」の範疇にある、と見ることもできる。

だが、注意せねばならないのは、ここではしかたなく「決めないという決めかた」を選んでいるのであって、本来は生活の隅々において「自分で決める」のがいい、という前提は揺るがない、ということだ。だから、「決めないという決めかた」を促しているのは、コミュニケーションの円滑さへの志向であり、それが阻害されてしまうことへの「焦れったさ」なのかもしれない。

ともかくそうした理由から、介助者の裁量をもって「適当に」品目を選びながら口へ運ばねばならない場合、介助者はどのような方法でそれをおこなっていくだろうか。

「適当に食べさせてくれ」と指示されたとき、文字通り「適当」に食べさせれば、どうなるだろう。たとえば、献立のいくつかの品目の中から一品目だけを平らげ、そのあとにまた別の品目を平らげ……という風に——いわゆる「ばっかり食べ」に——なったとすれば、おそらく利用者からはストップがかかるに違いない。だから介助者は、「常識的にはこう食べるはずだ」という自身の「常識」——それが利用者にとっても「常識」であるかはわからないことには注意が必要であるにせよ——をもって食べる品を選び、順に口へ運んでいくことが無難だと判断するはずだ。

こうして、言語障害をもつ者は、指示することに伴う「伝える」ための労力を節約すべく、「決めないという決めかた」を選ぶ。だが、自身の裁量に任された介助者は、自身の常識的知識を参照するという迂回を経ながらそれをなす必要があるのだ。

1―6　習慣としての身体

さらに続けよう。

「適当に食べさせてくれ」と言われたとき、介助者は「常識的知識」を想定しながらそれをおこなう場合がある一方で、「ふだん自分がおこなっているように」それをおこなう場合も考えうる。つまり、食事であれば、「ふだん自分が食べる順番で」食べさせる、という方法だ。もちろん、自分の食べかたが一般的でない、非常識だと考えていたり承知していたりする健常者はそう多くはないはずだから、介助者の「ふだん自分がおこなっている食事方法」と介助者が考える「常識的方法」とは、重なり合う部分が多かろう。だからこそ、「常識的にはこう食べるだろう」と思っておこなったことが、単にその人独特の食べかた、その人の習慣でしかないことだってある。こうしたズレも問題になることがある。

たとえば、わたし自身がふだんどのようにして食事をしているかを考えてみると、「ご飯とその他おかず諸々」といった一般的な食事の場合、茶碗を片手に持ちつつ、他のおかずを一口食べてはご飯を口に入れ、またみそ汁を一口飲んではご飯を口に入れ、というかたちで、ご飯を中心にしながらおかずとの間を行きつ戻りつする、という食べかたをしていると思う。そんなわたしが、食事介助の過程で「適当に選んで口に運んでくれ」と言われれば、多くの場合、自分自身のふだんの習慣をもとにそれをおこなうことになるだろう。それが偶然にも、利用者の好みに合う場合もあるだろうが、必ずしもそうはならないことだってある。

市野川容孝は、入浴介助の際、自分がふだんおこなっている手順（頭→顔→からだの順で洗う）でそれをおこなおうとすると、利用者に制止された、という経験を語っている（朝霧・秋山・市野川 2007: 125）。やはり、これと同じ経験がわたしにもある。わたし自身が入浴して、自分で自分のからだを洗うときには、頭→からだ→顔の順で洗うのが習慣となっているが、介助でもこの通りにおこなおうとして利用者に制止されたことが、実は何度もある。だから、介助の仕事をはじめた数ヶ月は、どうしても、ついうっかり自分の習慣どおりの手順でおこなってしまうので、意識的に気をつけるようにせねばならなかった。[*28]

すでに述べたように、「決めないという決めかた」を選ぶことは、ルーティンの滞り、ないし「遅れ」の回避を志向していたはずだ。だが、こうして介助者のなす行為は、利用者から制止されることにより、淀み、つまづき、そして行為目的の達成は滞る。「決めないという決めかた」が選ばれたとき、おそらくなおそこで目指されたのは、介助者が「わたしの身体」をまるで「彼の身体」であるかのように自在に動かすことができる、という「理想的状態」だ。しかし、結果的にはそうした理想的状態からの「遅れ」を経験することになってしまう。

ここでいう「理想的状態」とは、「彼とわたし」の閾《しきい》が融解し、わたしの身体を彼の身体であるかのように認識しつつ行為することが可能になっている状態、大げさに言えば、そう言えるのかもしれない。しかし、そのような「理想的状態」は、必ず挫折する。なぜなら、介助者には、つまりわたしにはわたしの習慣が身についているからだ。たしかに、意識的にそれを変化させ、相手の習慣に寄り添わせようとすることはある程度まではできはするが、からだに根深く入り込み、染みついた習慣に手を突っ込んで掻き回すにも限界がある。

＊28　ここでは、便宜的に、頭／からだ／顔という分けかたをしたが、もちろん「からだを洗う」のにもそれぞれ部位ごとの順番がある。首や耳の裏からはじまって足の先まで、おおまかに言えば「上から下」に向かって洗っていくことが多いのかもしれないが、これもまた人によってさまざまな習慣の違いがあるだろう。上半身のみで考えれば、腕からスタートしなければ気が済まない者。下半身で考えれば、性器が先か、足が先か、つまり、性器を洗うことをもって「からだを洗う」ことのフィニッシュとするのか否か。これも人によって違う。細かに考えはじめると確かにキリがないことでもある。

では、「からだに染みついた習慣」とはどのようなものだろうか。そして、介助をおこなう過程で、できうるかぎりブレを少なくし、ルーティン化していくに際して、この「からだに染みついた習慣」はどのような意味をもつだろうか。次節以降で検討しよう。

2　伝えることの困難

2－1　介助を教える／教わる

介助として現場でなされるおこないをルーティン化していく過程を記述すること。これが、日常としての「まるごとの現場」を捉える際に不可欠な作業であると述べた。日常のルーティンとしていくこととは、一つ一つの微細なおこないのブレを減らし、安定化し、ひいては「習慣」化していくことを意味するだろう。「介助」にかかわる主体にとって、それは「介助を教える／学ぶ」という過程でもある。

すでに触れたように、介助者に介助を「教える」のは、基本的に利用者本人だ。身体のありかたは人によって違う。違うからこそ、オーダーメイドの介助が個々人には必要となる。だから、自分が必要なことは自分が一番よく知っているし、決して「専門家」が教えるべきなのではなく、むしろ障害をもつ本人が専門家だと言われることもある。それはそうなのかもしれないと思う。だが、「自分が教える」ということが現実におこなわれようとすると、案外難しいことがらもやはりあるのだと思う。

では、具体的に教え／教えられる場面を考えてみよう。たとえば、利用者を車椅子からベッドに移すという動作を教えるという場合はどうだろうか。

まず、介助者が障害者の身体を抱え上げようとするとき、人によって、おおまかに、横から抱えるか、あるいは前から抱えるか、後ろから抱えるか、という違いがある。場合分けをしはじめればキリがないから、ここではひとまず「前から抱える場合」のみ記述してみよう。

ひとまず利用者に腕の力があり、また、支えがあれば、両足を地面に着けて身体のバランスをとることぐらいはできる場合なら、利用者には介助者の首に手を回してもらい、介助者は利用者の腰のあたりに手を回し、（時にはズボンのベルトやベルトホールをつかんで）「せーのっ」という合図とともに立ち上がらせる。そうして、身体を完全に持ち上げてしまうのではなく、ゆっくりと足を地面に引きずるようなかたちでベッドに座らせることになる。

一方、腕に力が入らず、また、両足を地面に着けてバランスを保つことができない場合は、介助者が完全に身体を持ち上げてベッドに移さねばならない。持ち上げる際には、利用者の脇の下に首を入れ、腰かお尻のあたりに腕をまわし、肩の上に載せるような感覚で——といっても、必ずしも載せてしまうわけではなく――持ち上げ、ベッドに移すことになる。もちろん、抱え上げた身体をベッドに降ろす瞬間には、ドサッと落とすようにしてはいけないわけで、個人的には、この「降ろす瞬間」が特に腰に負担がかかるように思う。

これらは、時間にしてほんの一〇秒にも満たないあいだになされる行為ではあるが、これを細かに記述しようと思えばいくらでもできてしまうのかもしれない。そもそもこの「利用者をベッドに移す」という動作は、一体何段階で成り立っているのだろうか。

まず、脇の下に首を入れる、といっても、左右のどちらの脇か、これも人によって違う。動きにくいほうの腕が左右どちらなのか、CP者などであれば、緊張の強いほうの腕がどちらなのかによって違いが決まってくる場合もあるし、そもそも「好み」の次元で決まっていることもあろう。それは利用者ごとに異なる。だから、まずは「左右どちらの脇がいいか」が決められ、伝えられる。そのほかにも、どれくらいの力を込めればいいのか、力一杯やっていいのか、それとも、かなり繊細に持ち上げる必要があるのか、といった問題や、その介助がおこなわれる部屋の広さや、運んでいるあいだにぶつかってしまいかねないような障害物の有無も確認しておく必要があるだろう。利用者の身体にあわせて力加減やタイミングを調節するのはもとより、同時に、物質的な環境との交渉によっても、技法のありようは変化してゆく。

わたし自身の記述の拙さもあって、一連の動作のありようが十分に伝わったかどうか心許ない。だが、細かに記述しはじめれば、ほんとうにキリがない。そのことだけは十分に伝わったはずだ。

こうした、細かに記述することの困難、言語化することの困難が、そのまま介助を教えることの困難につながってくることは想像に難くない。行為は、記述のうえでも無限に分解することができるから、利用者がその分解した一つ一つのタスクに関してすべてを完全に把握し、実行を決定し、制御しきれない部分はどうしても残るだろう。それは同時に、決定を言葉にして、指示として介助者に伝えることのできない部分があってしまうということに等しい。

ここでもう一つ、「歯磨き」という事例について考えてみよう。自分で自分の歯を磨くという行為と、他人の歯を磨くという行為は、まったく違う。利用者によって異なりはするが、歯磨きは、対面的に——お互い正面を向き合って——か、あるいは斜め前に立っておこなうことが多い。だからまず、対面的であるがゆえの難しさ、ということがある。

「歯磨きの指示すんのは、ほんまに辛気くさいで?」

——ん? 辛気くさい……って……どういう……

「いや、辛気くさい、いうんかなぁ……なんていうか……

――かゆいところに手が届かん、みたいな？

「そうそうそう！　そういうこと」

――あー

「なんか、たとえば、上の歯の、裏の、左のほう、とか（笑）磨いてる最中やからしゃべりにくいいうのもあるけど、とっさに説明しよ思ったら、右か左かわからんようになったりすんねん。介助者からみて右、とか考えて言わなアカンかな、って思ってしもたり（笑）」

――ははは、それは考えすぎやと思うけど、でも、たしかに……そういうもんやねんなぁ

「○○くんなんか、何回ゆうてもアカンもん。『左のほう、もうちょっと磨いて』って言うても、『はい、わかりました』言うて、全然逆やねん（笑）そのやりとり、何回も繰り返し。もうイライラぁぁっってなってやぁ（笑）もうエエわ！　みたいな」

単純に左右が反転するからこそ難しい、そんな面がたしかにある。左右反転が不慣れなゆえの難しさ、ということの他の例で言えば、「靴ひもを結ぶ」、もしくは「シャツのボタンを留める」などの場面がそれにあたろう。対面的なかたちで利用者の靴ひもやボタンを扱おうとすれば、自分で自分のそれを扱う場合とは真逆の方向、左右反転した状態から扱うことになるわけだ。前章で見たように、介

助行為とセックスとはマテリアルな面で重なり合う部分があるから、「シャツのボタンの留め外し」にはまだ習慣的行為として一定程度身につけられている可能性も考えられなくはない。しかし、他人の靴ひもを結ぶ、という経験は、靴屋の店員でもないかぎり、そうそうあるわけではない。自分で自分の靴ひもを結ぶようにそれをおこなえば、単純に「ちょうちょ」は上下反対にできあがってしまう。

だが、それも当面の解決法がないわけではない。一つには、自分の身体を利用者と同じ方向に向くように並行に寄り添わせ、あたかも自分の靴ひもを結ぶようにそれをおこなう、という方法だ。状況によってはそれが不可能な場面があるとはいえ、ひとまずそれで解決できることがほとんどだ。シャツのボタンにしても、利用者の背後にまわって胴体を抱くように――あたかも二人羽織のように――して手を回し、ボタンの留め外しをする、という方法も可能だ。意外に、目で確認せずとも手の感覚だけでできてしまうことが多く、そんな自分に自分で驚いたりもする。

しかし、「歯磨き」は少し、それらとは事情が異なってくる。なぜなら、歯磨きには一定の感覚的な心地よさが必要とされるからだ。歯磨きは、痒いところを掻く、こする、といった行為に近しい。たしかに、「靴ひもを結ぶ」ことや「シャツのボタンを留める」ことがなかなかうまくいかなかった場合、利用者がそれを不快に思うことはあるかもしれないが、その不快さは、乱暴に扱われる不快さであったり、手際の悪さからくるイライラであったりするはずだ。では反対に、心地よい靴ひもの結びかたなどというものがあるだろうか。あるのかもしれない。しかし、あるにしても、それは手際よさそれ自体に対する心地よさであって、それ以上ではないように思われる。だから、「靴ひもを結ぶ」ことや「シャツのボタンを留める」ことは、「心地よい状態」よりも、「不快ではない状態」という消極的な状態が目指されるのが常だ。

「歯磨き」に戻ろう。歯磨きの目指すところは、「不快ではない状態」という消極的な状態でよいだろうか。自分のことを考えてみよう。わたしが自分の歯を磨くときであれば、できることなら、口の中が「スッキリした状態」という積極的な状態を実現したいと思う。「別に不快ってわけじゃないけど……」という、どうにもすっきりしない歯磨きは、寝坊して慌てているときでもなければ、普通イヤなものだろう。だから、右に挙げた会話のなかで語られている「イライラ」は、左右反転した状態に由来した手際の悪さや伝達の困難さも含まれていようが、むしろそれ以上に、感覚的な「スッキリした状態」を実現することの困難さに由来するものだと考えられる。

では、この「イライラ」をうまく解消する技法とはどのようなものなのだろうか。より問いを限定すれば、こうした技法——痒いところを他者にうまく掻いたりこすってもらったりする方法——をどのようにして伝達／記述することができるのだろうか。より詳細に検討してみよう。

2-2　痒いところに手が届く

「隔靴掻痒《かっかそうよう》」という言葉がある。

読んで字の如く、靴の上から足の痒いところを掻くこと。転じて、届きそうで届かないもどかしさのたとえだが、介助というおこないは、それを利用する者からすれば多かれ少なかれ、そうしたもどかしさを内包したものなのかもしれない。介助が必要な者でなくとも、背中の、自分ではどうしても手の届かないある痒い箇所を他者に掻いてもらう、というミッションに果敢にもトライ（&エラー）したことのある者は多いはずだ。その箇所をその人に指示しようとするときのもどかしさやイライラといったら！　これは、大げさは承知だが、もしかしたら介助というおこないの――あるいは「ケア」というおこないの――原風景ではないか、とさえ思うことがある。

さて、その繊細さで知られるメルロ＝ポンティによる膨大な「現象学」的記述のなかに、蚊に刺された者が刺された箇所を把握する方法について述べている箇所がある。

（蚊に刺された者は）その刺された箇所がどこであるかをわざわざ探しにゆく必要はなく、一挙にその箇所を見いだしてしまう。というのは、彼にとっては、その箇所を客観的空間のなかの座標軸との関連において位置づける必要はなく、自分の現象的［主体的］な身体の痛みを感じた或る場所に、自分の現象的な手でもって触れにゆきさえすればよいのだからであり、掻く能力としての手と掻くべき箇所としての刺された箇所とのあいだには、自己の身体の自然的体系のなかで一つの生きられた関係があたえられているからである。操作は全面的に現象的なものの次元でおこなわれているのであって、何も客観的世界を経過してはいない（M.Ponty 1945=1967: 183-4）。

わたしたちは、ある箇所に痒みを感じると、その箇所をわざわざ目で確認してから掻く、ということはしない。たいてい、迷うことなくまっすぐに当該箇所に手を持っていき、ボリボリと掻きむしることができる。そうした何気ない――自分が今皮膚を掻いているということすら意識しなくともいいほどに何気ない――一連の行為が実現可能なのは、痒い箇所と、それを掻く手とのあいだに「生きられた関係」ができあがっているからだ、というのだ。痒みを感じている主体がその箇所を把握する方法がこのように言えるとして、しかしこれは個人の問題ではある。この「生きられた関係」を自分一人のなかで完結させることができず、生きられた関係のなかに他者を介在させねばならないということ。これが介助というおこないである、と言えるのではないか。

自分で自分の身体を掻くことのできない者は、他者に「掻くべき箇所」を伝え、掻くことを指示せねばならない。それを実現するためには、「掻く能力をもった手」と「掻くべき箇所」とのあいだにある「生きられた関係」をいったん解体し、「客観的世界」を経由する必要がある、ということになる。仮に、健常者であれば、つまり、自分の「蚊に刺されて痒い場所」を自分で掻くことのできる者であれば、さほど意識することなく、まっすぐに該当箇所に手を伸ばすことができる。だが、身体に障害があり、自由に該当箇所を掻くことのできない者は、その位置を他者に伝えねばならない。

他者に該当箇所を伝えるためには、メルロ＝ポンティの言うように、「掻く能力をもった手」と「掻くべき箇所」とのあいだにある「生きられた関係」をいったん解体し、客観的世界を経由すること、つまり、他者にも理解可能な方法で身体上の位置を伝えねばならないことになる。蚊に刺され、痒い場所の皮膚が赤くなっていれば、それはそれでわかりやすいのかもしれないが、そうでなくてもからだが痒いときなどいくらでもある。たとえば、「背中」を一つの平面としてとらえ、平面としての背中の上にある「点」＝痒い箇所を指示することがそれだろう。「えっと、真ん中のほう……いや、もうちょっと右で……あ、ちょっと行き過ぎ、ん、もうちょっとだけ下、もうちょい、そうそう、そこそこっ！」という指示をした、もしくはされたという経験を多くの人びとが共有しているはずだ。これは、「背中」を一つの平面と捉えるという客観的世界、つまり、個人のなかでのみ完結する感覚ではなく、他者と共有可能な文法へ翻訳する技法なのだ。そうしてはじめて、痒い箇所を掻いてもらうという行為が可能になる。

客観的世界を迂回せねばならないために起こり得る、目的の実現の「遅さ」、あるいは「遅れ」。そして、この「遅れ」からくる当人のイライラは、障害者の生活の至る所にみることができるはずだ。痒いところを掻いてもらえないイライラしかり、風呂でちゃんと洗ってもらえないイライラしかり、そして先の、歯磨きのイライラしかり。

では、こうした客観的世界を経由することで経験される「遅れ」と、それにともなうイライラは、介助を教える／教わるという実践が成功するかいなかということとどのような関係があるか。

ここでひとまず確認できることは、たとえば、皮膚が痒いから、掻いて痒みを解消したい。そのために介助者に指示し、実現しようとすることによって、イライラせねばならない事態にどうしても陥ってしまうということだ。そして、この厄介さは、自分が求めること、必要とすることのすべてを把握し、他者に伝えることの困難さでもある。さらには、仮になんとかうまく伝えることができたとしても、「他者になにかを伝えるということ」それ自体がもたざるをえない困難さ（遅れ）があるということだ。

2－3 「遅れ」の経験

田中みわこは、介助利用者の日常的なあらゆる行為は、介助者を媒体として実現されるのであるが、「ときに介助者によって実現が困難になることもある」し、「介助者が行為の遂行を妨げるものとして立ち現れることもありえ」るとし、障害者みずからの身体が、介助者を通して「できない（disable）」ものとして現れてくると述べる（田中 2005: 126）。なぜなら、目的達成のために介助者という他者が手段として介在することからくる「遅れ」が構造化されているからだとする。仮に介助者を機能的に捉えた場合、「意志がすぐに実現すること」を目指すことになるだろう。だが、介助という手段を使って実現される行為には、常に「遅れ」がともなう。そうした拭いがたい矛盾があるのだ。

つまり、健常者が「自分でやる」ことよりも常に「遅れて」いるという感覚を拭えないということ。「彼の身体」がまるで「わたしの身体」であるかのように動かすことができる、という「理想的状態」への「遅れ」が、そこにはある。またそれは、常にそうした「わたし」であることができない、という自己同一性への「遅れ／差延」でもあるだろう。もちろん、介助者の側からしても、まるで「わたしの身体」が「彼の身体」であるかのように動かすことができる、という「理想的状態」への「遅れ」を経験することになる。

これは、障害者が「世界」にかかわる媒体として介助者が介在すること〈によって〉「できない」のだ、というよりも、障害者と介助者との関係〈において〉「遅れ」が経験され、障害者みずからの身体が「できない」ものとして現れてしまうのだ、と整理し直すことができるだろう。なぜなら、ある特定の介助者によって「遅れる」のであれば、別の介助者によって解決可能だということにもなるからだ。おそらくそうではない。介助者がだれであれ、どんなに介助が「うまい」人であれ、介助者との関係に〈おいて〉、「遅れ」は拭うことができないだろう。田中の指摘はこのように解釈できる。

これはやはり、「他者になにかを伝えること自体がもつ困難さ」に由来する。「伝えることの困難さ」とは、一つに、客観的世界を経由せねばならない困難さ、であった。さらにもう一つは、行為の微分の無限可能性、であった。

そんなこと訊かなくてもわかるだろう、という苛立ちが一方である。そして、決めてくれないとわからない、という苛立ちがもう一方である。こうして、両者のあいだに苛立ちが起こる。だが、この苛立ちにもやはり非対称性はある。

介助は限られた時間のなかでおこなわれる。福祉制度の面で、潤沢に介助時間を確保できている者はいるが、ギリギリの時間数しか確保できていない者もいる。いや、そもそも、人は誰でも一日二四時間しか与えられていない。時間は有限だ。

その二四時間のなかでなされる行為の一つ一つのタスクは、できれば迅速になされるほうがいいのに違いない。テキパキやってほしい。少なくとも、障害者にとってはそうだと思う。一方で、介助者にとっては、一つ一つのタスクに時間をたっぷりとって、それらをゆっくりやれるほうが仕事として楽かもしれない。

そうして、ゆっくり、一つ一つのタスクについて利用者に質問し、判断を仰ぎ、答えを聞き届けた上で行動に移していくことが、結果的に介助者の意図せざる「遵法闘争」――規則を文字通りに順守することによって、合法的に業務を渋滞させること――にもなりえてしまうのかもしれない。

しかし、先に述べた二つの困難さは、ここまで「困難」として記述してはきたが、現実には「困難」ではないのかもしれない。少なくとも、「困難」として経験され、感知されることはほとんどない。痒いところを掻いてもらえないイライラは、時間をかけさえすれば、ひとまず解決可能ではある。そのイライラに耐え、辛抱強くありさえすれば、決して不可能ではない。さらに、行為の微分可能性は無限ではあれど、それはそれでうまくやれている。記述することは、実際に行為することと関係がない。要するに、行為を記述し、言葉にすることができなくとも、介助を教え、教わり、そしておこなうことはできるはずだし、実際それはおこなわれている。

つまり、介助を教えること＝自分が必要とすることを他者に伝えることは、必ずしも言葉によって実現されているとはかぎらないのだ。

このように言うと、「気づきのケア」（前田・阿部 2007）なるものに引きずられそうになるのだが、介助の技法を神秘化してしまう恐れに慎重でありつつ、その上で、言葉で語られ、説明することのないままに伝えられる介助の技法を指摘することが重要である。

2-4 語れなくてもできること

たとえばわたしたちは、自動車や自転車の機械構造や工学的な知識がまったくなくとも、それを用いることができる。つまり、「われわれは語れる以上のことができる」。言語的に形式化することはできないが、しかし実際におこなうことができる。そんな行為を記述する際にしばしば援用されてきたのは、M・ポランニーの提唱した「暗黙知」という概念だ（Polanyi 1966）。ある人の顔を見て、瞬時に「その人だ」とわかる。自転車に乗る。靴ひもを結ぶ。そして、歯を磨く。などなど、それら一連の行為の流れを細かに分節し、言語として記述することには限界があるが、しかし、だからといってわれわれはそれらの行為が実際にできないわけではない。できる。なぜなら、その「やりかた」を暗黙に知っているから、つまり暗黙知を身につけているから、というわけだ。

ポランニーに言わせれば、「記述できないからできない」ということはない。知らなくてもできるし、語れなくてもできる。とすると、ここまで述べた言語化不可能性に由来した「伝えることの困難」とは、いってみれば疑似問題だということにもなる。つまり「遅れ」の問題は、伝えることの困難さ、つまり言語的なコミュニケーションの次元にあるのではない。言葉にして説明し、指示することができなくとも、暗黙知を伝えることはできるはずだからだ。

この暗黙知の議論からも、「遅れ」という困難の本質は言語化の可否というレベルにあるのではなく、他者が介在せねばならないこと、それ自体のなかにあることがわかる。「遅れ」は、一度「客観的世界」を経由せねばならないことに根をもっている。だから、言葉にできるかどうかは関係がないのだ。

しかし、では暗黙知を伝えること／身につけることはいかにして可能なのか。一つに、「とにかくやってみる」ことだ。自転車に乗るにせよ、水中で浮かんでみせるにせよ、いくら言葉で学んだところで意味はあるまい。実際に自転車に乗って、ときには転びながら。水に飛び込んで、ときに溺れそうになったり水を飲んだり、足をつったりしながら、徐々にコツをつかんでいくのだ。

たしかに、いきなり水に飛び込んだところでうまくいくわけもない。なかには、すべてをゼロからつかんでゆく希有な人間がいるにはいるのだろうが、効率が悪いといえば悪いし、どう考えても見当外れな「自分流」を身につけてしまえば、それもまた厄介だ。誤った「自分流」は後で修正するのが難しいということもあるかもしれない。そしてなによりも、介助者の「自分流」は、ときに独りよがりでありうるし、利用者にとってはた迷惑なこともあろう。その意味でも、「自分流」の危険性には十分に敏感であったほうがいい。

だから次に、ありうべき方法として、教える者が目の前で実際に「やってみせる」ことがある。そして、教わる者はそれを実際に「まねしてみる」ことだ。

あたりまえといえばあたりまえの、身も蓋もないハナシではある。ただし、ここに重要な問題がある。やってみせ、まねてみることで「教える」は完成するとして、では、いったい誰がそれを「やってみせる」のか。まさか障害者がやってみせるなどということはあるまい。

そもそも利用者自身は、たとえば障害者の身体を抱え上げるという経験をしたことがない。身体を「抱きかかえられる側」としての経験はあっても、「抱きかかえる側」としての経験があるわけではない。だから、一つ一つのタスクを逐一言語化し、伝える、ということが困難であるのもさることながら、「やってみせる」こともまた、できないのだ。

だから障害者は、介助の技法を、厳密な意味においては教えることができない。つまり、われわれの身体技法には言語化不可能な余地が必ずあることによって「教えられない」のであり、また、実際に「やってみせる」ことができないことによって「教えられない」のだ。

以上を踏まえたうえで、しかし、わたしの主観では、わたしは介助の技術を「自分で」身につけたという感覚はさほどない。やはり、むしろ「かれらから」学んでいるという感覚が根深くある。この引き裂かれた感覚は、いったいなんなのだろうと思う。

かれらがわたしに教え、伝えているのはなんだろう。もちろん、障害者から介助者へ、一方向的に教えられているのではない。一方で、すべてが介助者の主体性にゆだねられているのでもない。とすれば、おそらく障害者は介助者へむけて、介助としてなすべきことの一定の「原型」をただ提示しているのではないか、と考えられる。そして介助者は、かれらから与えられた「原型」に主体的にはたらきかけ、トライ&エラーを繰り返すことによって一定のやりかたを身につけ、ルーティン化してゆく。そこでは、基本的な「必要」を提示しているのはあくまで障害者自身でありつつも、同時に介助者にも、主体的な工夫、模索、あるいは反省を試みる可能性が残されている。そう考えるのが妥当だと考えられる。ルーティン化された介助の「型」は、「原型」を研磨したり、付け足したりした結果、できあがっていくものだ。

ただし、そのような教えかた/教わりかたは、障害者にとって、ときに危険をはらむ大ジャンプであるだろう。不穏な表現であることを承知で言えば、障害者はみずからの身体を一種の「教材」として介助者に預け、晒し、ゆだね、あとは自分でつかんでくれ、とするしかない。介助者の主体的な模索にゆだねざるをえない「余白」がある以上、常に「エラー」の可能性を排除することはできないからだ。

では、障害者から提示された介助としてなすべきことの「原型」に主体的にかかわり対話しながら

「型」として身につけてゆく方法とはいかなるものか。次に考えてみよう。

2－5 行為の中の省察

「原型」にはたらきかける介助者の主体性を考える一つのヒントとして、ここではD・A・ショーン（1983）による「省察的実践」論を参照してみよう。

ショーンは「専門家」を規定する「技術的合理性」（technical rationality）モデルの克服をめざす。「技術的合理性」とは、「科学理論や技術を厳密に適用する道具的な問題解決という考え方」のことであり、それにもとづいて、専門家は、問題を厳密かつ最適な方法で解決する存在として規定される。まず基礎科学を学んだうえで、応用科学を経て、最終的に現場での実習を含めた実践へ到達するという知のヒエラルキーが、研究と実践の断絶、理論の「わざ」（art）に対する優越を生みだしていると述べる（24-7）。

技術的合理性の純粋な理論志向は、専門家が現実に直面する混沌とした問題状況との落差に必ず直面するだろう。この「厳密性と妥当性をめぐるジレンマ」（rigor or relevance dilemma）は、合理的な解決を拒み、多様な解釈が可能な状況に直面したとき、客観的な課題と目標を前提として、そこに至るまでの手段の選択を問う技術的合理性のモデルは崩れざるをえない。では、それらをすべて捨て去って、ひたすら徒手空拳のまま混沌とした状況へ取り組むしかないのだろうか。そうではない。言語化が困難で、実際に為すことによってしか知っていることを示せない知のことを、ショーンは「行為の中の知」(knowing-in-action)と呼ぶ。これは先の「暗黙知」にほぼ相当すると考えていいだろう。技術的合理性にもとづく知のヒエラルキーにとって、行為の中の知は、正当に評価されてこなかったという。なかでもショーンが重要視したのは「行為の中の省察」(reflection-in-action)だ。

たとえば、作業中になにか予期せぬ出来事が起きると、専門家は自分の行為と周囲の環境を省察する。かれらは自分の知識、基準、手順、枠組みを振り返り、とりあえず何か試みて様子をみたり、経験に照らして対象にはたらきかけてみたりしながら状況との対話(conversation with the situation)を続ける。これによって専門家は、自身の理解や問題の枠組みを再編してゆく。「行為の〈なかで(in)〉考える」このような「状況との対話」が、不可避的に直面せざるをえない予期せぬ混沌とした状況に対処することを可能にするという。これを、「行為の中の省察」と呼ぶ。

具体例を挙げよう。ショーンは、「行為の中の省察」の一例として、ある大リーグの投手が「自分の型を見つける」経験についての語りを取り上げる(ibid: 55-6)。投手たちは、自分の投球が「うまくいっていたときの感触」を手がかりに、うまくいくときにはそれが「どのようにうまくいっていたのか」、自分がバッターに対してどのように投げていたのか、について意識的/反省的になり、自身のやりかたへの観察と考察を土台にして、それを反復しようとすると同時に、これまでのやりかたをときに変えてみるという作業をおこなう。これは、「自分を勝たせてくれたノウハウ」について考えることを通した「行為のパターンをめぐる、自分たちがおこなっているときの状況にかかわった、そして行為の中にある暗黙のノウハウに関する一種の振り返り」である。かれらは、行為の〈なかの(in)〉省察をしているのだ。

福祉援助職の「専門性」の有無、あるいは専門家の権力性といった問題はひとまず措こう。ともかく、介助者による主体的な試行錯誤という文脈で捉えるとどのような議論が可能か考えておこう。まず、介助者が、利用者からしてほしいことを伝えられるとしよう。たとえば、入浴介助のなかの「洗髪」という例はどうだろうか。

わたしは基本的に、「あたまの洗いかた」を利用者から逐一教わったことがない。では、はじめて「あたまを洗う」ときに利用者に教えを請うたか、つまり「どうやってやればいいんですか」と尋ねたことがあるか、といえば、一度もないのだ。唯一、「シャンプーをどの程度出して使えばいいのか」と尋ねたことはあったが、またもや「適当でいいよ」と言われてしまう。だから、どのように洗えばいいか、「そんなこと説明しなくたってわかるだろう」とばかりに、介助者の「常識」にゆだねられていると言っていいかもしれない。「自分が洗うとしたらこんなものかな」というふうに、自分の裁量で決めてしまって、もちろんそれで文句が出たことは一度もない。教えてもらえることがあるとすれば、大まかな手順くらいのものだ。シャワーで（あるいは湯船のお湯を洗面器に入れて）髪を濡らし、シャンプーで洗って、流す。こうした必要とされることの「原型」は示されはしても、その詳しい中身が指示されることはまずないといっていい。

しかし実際には、やはり洗髪のより本質的な部分、つまり、どの箇所からはじめればいいのか（生え際から？　つむじから？　襟足から？）、どの程度の力の入れ具合で洗えばいいのか（ガシガシと擦るように洗えばいいのか？　やさしく撫でるように洗えばいいのか？）、時間はどれくらいかければいいのか（たっぷり時間をかけて？　さっと済ませてしまえばいい？）……といった、直接「気持ちよさ」にかかわることがらこそが重要なはずだ。

「あー、気持ちええわー」。そんなふうに言われることが時折ある。もしくは、言葉にならない気持ちよさそうなうめき声。これは紛れもなく、洗髪が「うまくいった」証拠だ。そして同時に、介助者にとって「貴重な証拠」でもある。他人のあたまを洗っている以上、それが「ちゃんと気持ちいい」のかどうか、本当のところは知りえず、相手の反応が「わかりやすく」返ってきたときにしかわからないからだ。ここから、「自分の型を見つける」ための「行為の中の省察」がはじまる。

わたしはもともと、他者の「あたまを洗う」、しかも、「ただのあたま」ではなく「障害者のあたまを洗う」のだから、かなり繊細に、やさしく洗うべきものだとばかり思っていた。しかし、現実はまったく正反対で、ほとんどの人はわたしの「ちからいっぱい」がちょうどいいくらいのようなのだ。時折、自分でも「ちょっとやりすぎかもしれない」と思うくらいの力の入れ具合で、しかも、厳密な時間はわからないまでも、腕がダルくなる程度には長く「擦り続ける」ことが多かった。もちろん、相手によっては、ただただ思い切り力を入れればいいわけではない。たとえば、首を自分で支える力の弱い人もいるから、その場合には、首や身体全体のバランスが崩れてしまわないよう注意を払いながら、なお同時に「ちからいっぱい擦る」を実現せねばならないだろう。

　また、いくら「自分にとってちからいっぱい」であっても、あるいは「自分にとってかなり長い時間」であっても、「まだ、もうちょっと」とか、「てっぺんらへんかゆい」とか言われてしまうこともある。自分としてはかなりちゃんとやったつもりで、場合によっては充実感すら覚えてフィニッシュしたはずなのに、そんなふうに「まだまだ」と言われてガッカリしたりイライラしたりすることもある。そんなときは、「この人は並大抵の擦りかたではダメだ」と自分のやり方を修正せざるをえない。逆に、わたしは手の力が弱いからなのか、まだ経験したことはないが、ちからいっぱい擦ったせいで頭皮に血がにじんでしまう、ということもあるのかもしれないし、実際、少し心配になりながら擦り続けることもある。そうしたエラーが起こる可能性も、当然ながら拭い去ることができない。

同時に、介助者の側とて、それぞれに身体の違いがある。手の小さい人、指の力が弱い人、深爪の人、それぞれに違えば、洗髪の技法もそれぞれに違うことだろう。これら介助者の身体上の差異は、状況との対話、つまり、利用者の反応をいかにして自分の手先にフィードバックさせるかを、行為の「ただなかで」モニターし、模索することによって乗り越えるしかないだろう。

ともかくこうして、利用者から示された「原型（ベース）」は、介助者による主体的な状況との対話による「行為の中の省察」を通してカスタマイズされ、「自分なりの型」として発見されるのだ。

2―6 「学校vs現場」から「現場vs日常」へ

介助者の主体性に頼まなくとも、利用者の側が「やってほしいことのすべて」を説明し、それに従うだけでいいなら簡単なことだとも言える。しかし、すでに述べたように、あらゆる身体技法には「言語化不可能な領域」が存在するため、必要なタスクの中身について詳細な指示を出すことは不可能なのだった。だから、「介助者は障害者自身から介助の技法を学ぶべき」という理念には、一定の価値がありつつも、実際にはそれなりの困難がともなう。さらには、障害者は介助者の目の前で「実際にやってみる」ことができないから、介助者はそれを「模倣して覚える」という方法を採ることもまた不可能だ（おもに健常者によって運営される、いわゆる「介助者研修」については後に触れる）。そうした困難さを埋めるようにして「技術的合理性に基づいた介助技法」の存在意義が生まれるのかもしれない。ここでいちいち採りあげることはしないが、医療・看護の領域であれ、福祉の領域であれ、食事、入浴、排泄、（はみがきを含めた）口腔ケアなどの「援助技術」は、合理的に、体系立ったかたちであらゆる学校で教えられている。また、「資格」として整えられもする。そうして教えられた技術的合理性に基づく知識は、結局、常に不確定で混沌とした現実に対して歯が立たず、挫折する運命にある。

介助を利用する当事者の視点から言えば、資格は関係がない。なぜなら、介助者にしてもらう仕事は、トイレ、入浴、家事、移動など日常生活であらゆる人々が日々行っていることであり、基本的な生活能力があれば誰にでもできる反面、逆に介護理論を学んだからといってすぐにできるというものでもない。車椅子の押し方や、視覚障害者のガイドヘルパーなどについては、教室の勉強では学ぶことができないので、実際の現場で障害者本人や介助者の先輩から実践的に学ぶほかない。障害者の介助は個別性が高いので、脳性まひ障害者の一般的徴候を学んでも、どちらの手から洋服を着せればよいかは、本人に聞かなければわからない。現場では、一般論は何の役にも立たない。（中西・上野 2003: 163）

たしかに、学校の知識なんて現実には役に立たない、そう言われる。もちろん、基本的にはその通りなのだと思う。とはいえ、それを言うだけでなにか意味があるとも思えない。役に立たないのなら、どのような意味で役に立たないのか。あるいは、役に立たないなら立たないなりに、それをカスタマイズする方法はないのか。役に立たない、使えない、というが、実際には「カスタマイズ・ベース」としては「使われている」のではないか。そんな問題設定をしてみないかぎり、決して身のある議論にはならないだろう。教室の勉強が実際の現場では役に立たない、といった構えは、いわば「ホンネとタテマエ」とでも言い得るもので、それ自体は、障害者介助の技法に限ったハナシではまったくないし、すでに多くの人々が共有している感覚ではあろう。だから、「現場では、一般論は何の役にも立たない」という一般論は、現場では何の役にも立たない。「一般論」がどのような意味で役に立たないのか、そして、「各論」がどのように用いられ、役に立っているのか。そんなことは現場に入り、「当事者」に尋ねてみることでしか知りえない、というのだが、そうであればなおさら、その「現場」の文脈に乗っ取って説明され、記述されなければ、それは単なる「現場至上主義」以外のなにものでもない。そして、一般論でない「役に立つ介助の知」が「現場」に届くこともないはずだ。

3 「現場」のフレームのために

自然の事物があるがままに存在しているなかから、私たちがある二つのものを取り出し、それらを「たがいに分離した」ものと見なすとしよう。じつはそのとき、すでに私たちは両者を意識的に結びつけ、両者のあいだに介在しているものから両者をともに浮き立たせる、という操作を行っているのだ。そして逆もまた真なり。私たちが結びついていると感じられるものは、まずは私たちが何らかの仕方でたがいに分離したものだけだ。事物は、一緒になるためにはまず離れ離れにならなくてはならない。そもそもかつて別れていなかったようなもの、いや、なんらかの意味でいまもなお分かたれた状態にないようなものを結びつけるなどということは、実際上も論理上も無意味だろう。(Simmel 1909=1999: 90-91)

『橋と扉』と題された、ごく短いエッセーのなかで、ジンメルはこう述べる。わたしたちがあることがらを指して、「分離している」と言うからには、それらが本来一つのものであることを前提としている。「扉」はその象徴だとされる。そしてもちろん、逆に、「結びついている」と言うからには、それらが本来「分離している」ことを前提としている、あるいは一旦「分離」してから「結合」している。これは「橋」がその象徴とされている。

これらは、わたしたちが慣れ親しんだあらゆる「二項対立的」な議論にあてはまることがらなのかもしれない。ことは「現場」と「日常」という二項でも同じことなのではないだろうか。慣れ親しんだ「家」の「扉」をあけて外へ飛び出し、「現場」へと向かう。本来地続きだったはずのウチとソト、日常と現場は、「扉」を介しての行き来は保証されているが、同時に「扉」によって明確に区分されてもいる。同時に、「現場」と「日常」を「架橋」しようという試みやかけ声も、やはりそれらが「分割」されていることを前提としてしまう。つまり、「現場／日常」という両者の分離を警告すればするほどそれらが地続きであることが見えてしまい、反対に、両者の架橋を声高に言えば言うほど差異は強調されてしまう。こうした難儀から、わたしたちはなかなか逃れることができない。

本章では、「現場」が「日常とは異なった場所」として隔離されてしまうこと。そして、非日常の「現場」への勇気と決断をともなった大ジャンプという行為が美化されていくことに対して、「日常的なルーティンとしての現場」という視点から批判を加えることを目指した。

しかし同時に、合理的な「学校的」知と二項対立的に設定された「現場」の多義性――つまり非合理性――をロマンチックに称揚することも避けたい。すでに見たように、当事者が語りえないことは常にある。「現場」は万能ではないのだ。

行為の中の省察でえられた「行為の中の知」は、暗黙知であるがゆえに、それが身につけられる主体にとっては記述不可能なものとして固定化／ルーティン化されていく。言語化不可能であるがゆえに、「教える側」である障害者とて、「言葉で教える」ということができるわけではないと同時に、障害者自身が「やってみせる」／介助者がそれを「模倣する」という教わりかたも不可能だ。だから、障害者は、やってほしいこと／教えたいことの「原型」しか示すことはできず、介助者の主体的な「状況との対話」による学習に頼るしかない。そうした教える／教わることの困難さが、「現場」の重要性を示すとともに、「現場のよさ」を言挙げしてしまう。

勇気と決断をともなった「現場」への大ジャンプを試みる主体、という福祉援助職への眼差しを批判するための論理は、結局こうして、かえって「現場」を美化することになってしまうのだろうか。介助を教わり、介助の技法を身につけるに適した場所。やはり、それはひとまず「現場」であると言える。しかし、「現場」という場所は、そもそも自明のものだろうか。現場を現場として名指し、解釈し、現場たらしめる知もまた、一つのフレームなのではないのだろうか。

そもそも、「ルーティンワークが大半を占めること」をもってして「現場の日常性」を示すことは、いまだ不十分だと思われる。なぜなら、わたしたちが一般的に「日常」という語を用いるとき、それが「仕事の現場で過ごす時間」を指すことはあるまい。「労働／余暇」という使い古された二分法に乗っ取って便宜的に述べるならば、やはり「日常」とは「余暇」を指すのではないか。もちろん、だからこそ仕事の現場に日常性を見いだす作業に意義があろうというものだが、そうであるなら、同時に余暇のなかに労働を見いだすのでなければ、それらの試みもいまだ不徹底であると言わざるをえない。つまり、現場に日常を見いだすことは、ひるがえって、日常に現場を見いだすことでなければならないはずなのだ。

健常者の「健常者性」を問い直し、ゆさぶり、変容を促すための未完のプロジェクト。本章の文脈に従うなら、健常者のからだにしみついた習慣に変容を促すために「介助を学ぶ」という試みは、「現場」という一定の閉ざされた空間のなかで完結するものではない。なぜなら、わたしたちは、日常で培われた習慣をどうしても「現場」に持ち込んでしまい、同時に、「現場」で身につけてしまった習慣を、日常に持ちだしてしまうはずだからだ。日常と現場は、介助者の往復運動のなかで構成されると同時に、往復運動を繰り返すことによってその境界の敷居は下がりはじめ、しだいにグラデーションを帯びてくるだろう。「現場」は日常業務のルーティンに満ちた、いわば退屈な作業の積み重ねの場であるにもかかわらず、しばしば「日常」からの大ジャンプの先として特権化される、と言われる。けれど、そんなことはあたりまえなのかもしれない、とも思う。

以上の議論を次章では、さらに詳細に——しつこく?——現場と日常のあわいに目をこらしてみよう。現場と日常が地続きであることは、健常者性の変容の可能性にとって、どのような意味で重要なのか。きっかけは、些細な、ほんとうに些細な事実の断片ばかりではあるかもしれない。しかし、そうした積み重ねが、両者のグラデーションへの気づきを促すことになるだろう。

第4章　アチラとコチラのグラデーション

0　アチラ側へ

放課後の玄関先、独特の抑揚をつけた大きな声でその名を呼ぶと、しばらくして窓から顔。招き入れられた友だちの家はいつも、自分の家とは違う「ひとんち」の匂いがした。毎日のように遊びに行っているくせに、そのことに気づくたび、ドキッとした。それを嗅いだだけでその家の住人たちの食事の風景や会話や体温や、それらひっくるめた、煮詰められたように濃厚な空気が一瞬にして了解できるような、それはそんな匂いで、友だちの家というよその世界へ来たのだという事実は、こうしてまず鼻孔を通じて感じられるのが常なのだった。その匂いは、自分の慣れ親しんだ世界とは異なるよその世界に来てしまったことの恍惚と不安とを覚えさせるのに十分なきっかけだった。

人間の嗅覚というのは不思議なモノで、すぐに環境に適応してしまうというか、慣れきってマヒしてしまうようなところがあるから、そうして鼻を通してえられたよその世界という感覚などとっくに忘れて、夕方五時までの時間は夢中のうちに過ぎてしまう。匂いがわからなくなると同時に、カラダもその世界に馴染んでいくようなところがあるのかもしれない。

けれど、安心と退屈の「ぼくんち」に還る時間もまた、日暮れとともに必ずやってくる。後ろ髪引かれつつ出たはずの友人宅だが、自転車漕ぎ漕ぎ帰る道、通り過ぎる家々からは夕飯支度の匂いが漏れ漂って、もうすでに気持ちはすっかり自分の家に向かっているのだった。

そんなことを、介助に行くたびにいちいち思い出す。

わたしの仕事はたいてい、かれらの自宅を訪れることから始まる。扉を開くと途端に「ひとんち」の匂いがして、そうして、自分が日常的にすっかり慣れ親しんだ世界から離れて「よその世界」にやってきたということを一気に身体が了解し、さて、今日もやりますか、などと少し気持ちが引き締まるのだ。

ほんの少しカラダを動かすだけで汗が噴き出し、ほんの数時間働いただけで体中が筋肉痛になる。そんな日々がすでに懐かしく感じられるほどに、身体障害者の介助という労働は、すっかりわたしの生活の一部となっていた。もちろん、なにもはじめからそうだったわけではない。とはいえ、あの頃からいったいわたしの何が変わったというのだろう。変わったのは、汗をさほどかかなくなったこと、筋肉痛にならなくなったこと、などと言うのもどこか変なのだが、そういう表現が案外しっくりくる、そういう表現以外になかなか思いつかないということがある。こうしたときにしばしば苦し紛れに持ち出されるのは、やはり「技術を身につけた」という語り口だ。かれらのかたわらにいて、われわれはいったい何を為しているのか。それを考え、整え、伝えようとするときに、「技術」という枠組みはとても便利なのだ。

とはいえ、現場で必要とされる介助（介護）技術とは、いかなるもの（であるべき）か。ということについて、一家言ある人はいまやひと山いくらでいて、百家争鳴、侃々諤々。その語り口のバリエーションは実にさまざまだ。しかし、しばしば介助がある「技術」として語られるときには、それがあたかも当の介助をおこなう主体から切り離して持ち運ぶことの可能な、ひとつの閉じたユニットとして扱われる。そうして、固定的なそれらの「技術」をいかに習得するか、といったかたちで、当の介助技術を身につける主体を巡っては、もっぱらその受動的な面にばかり関心が寄せられてきた、と言えるのではないか。[*29] 前章で試みたのは、こうした受動的な面にばかりではなく、介助者による「状況との対話」に着目することで、技術を身につける側の積極性および主体性のありかを示すことであった。

だが、単純に考えてみると、介助者は介助者個々人の暮らしの中で培った経験、および、そこで生成されたなんらかの身体のあり方を、好むと好まざると「現場」に持ち込んでいるはずだ。また逆に、「現場」でえられた経験は、「帰還」先であるそれぞれの日常に持ち込まれざるをえない。そうして、個々人の日常生活のありようは「現場」でえた経験によって、やはり変容を促されることになるだろう。介助者が介助の現場とそれ以外の個々人の暮らしとの狭間を往還するなかで生成される「技術」は、当然のように、常にダイナミックな変容にさらされることにもなるはずだ。

よって本章では、わたしが経験した介助現場での具体的なやりとりをやはり微細に検討することによって、「介助技術」が現場でどのように変容し、組み替えられていくのかを記述することを目的とする。また特に、そうした介助技術の変容および組み替えの契機を、むしろ介助現場の「そとがわ」とのつながりにおいて個別具体的に見ていくことを通じ、介助現場そのものが「非日常」のうちに閉じた領域ではないことを示す。

敢えて言うならば、スタティックで、かつ非日常のうちに閉じた「介助現場」なるものを、われわれの「日常」、つまり「コチラ側」へ向けて解き放つことを試みよう。

1　支援費制度と障害者自立支援法

有償の介助者を使い、自分で生活をつくっていく。とはいえ、それはいったいどのように営まれ

＊29　ここに示した一連の「技術」観は、大月隆寛による、小関智弘『町工場の磁界』への書評（大月 2001）から多くの示唆をえたものである。

ているのか。端的に言えば、有償の介助者というものがそもそもどのようにリクルートされているのか。そしてお金の出所はどうなっていて、それがどのように支えられているのか。まず、制度面から、かなり大雑把にだが見てみることにしよう。

従来、障害者が自立生活をおこなうにあたっての収入源は主に、障害者年金や生活保護などであった。しかし具体的に介助者をえようとする時に用いられてきた制度ということになれば、やはり「身体障害者居宅介護事業（ホームヘルプサービス）」だろう。だが、それを利用するにしても、行政が派遣する介助者だけに頼っていたのでは圧倒的に「量」が足りない。では、いったい介助者はどのようにして確保されてきたのか。

まず注目すべきなのは、単純に、「自分で介助してくれる人を探してくる」という方法だ。もちろん、今まで介助してくれていて自分のことをよく知っている人ならなお使い勝手がいい、というわけだが、ともかくその人を、ヘルパーとして登録する。これが認められれば、お金は税金から、しかしサービス利用の選択は自分で、というかたちが実現されることになる。そしてこれは当時、現行の制度を変更したり、新たな制度を作ったりせずに、市の担当部局が趣旨を理解すればすぐに可能な方法として全国各地で行政交渉がなされ、一定の成功を収めてきた（立岩 1988）。これを「自薦登録ヘルパー制度」と呼び（ただし「行政用語」ではない）、それをフルに活用するため、介助者のリクルートに活躍してきたのが、全国のＣＩＬである。わたし自身も、このＣＩＬにリクルートされ、個々の利用者に「自薦登録」されたヘルパーとして介助をはじめることになったわけだ。

しかし、二〇〇三年、従来の公的な介助制度に大幅な改訂が加えられる。「支援費制度」の導入である。この制度に関して厚生労働省の説明する主旨は以下のようなものだった。

支援費制度は、ノーマライゼーションの理念を実現するため、これまで、行政が「行政処分」として障害者サービスを決定してきた「措置制度」を改め、障害者がサービスを選択し、サービスの利用者とサービスを提供する施設・事業者とが対等の関係に立って、契約に基づきサービスを利用するという新たな制度（「支援費制度」）とするものである。支援費制度の下では、障害者がサービスを選択することができ、障害者の自己決定が尊重されるとともに、利用者と施設・事業者が直接かつ対等の関係に立つことにより、利用者本位のサービスが提供されるようになることが期待される。（厚生労働省社会・援護局障害保健福祉部 2002）

これは、基本的に行政がサービス内容を決定してきたこれまでの制度に改訂を加え、当事者が事業者を自ら直接に選び、自ら契約することでサービスを受けられるようにしようというものであり、いわゆる「措置から契約へ」の流れである、としばしば説明される。こうして、市町村が委託した、社会福祉協議会や社会福祉法人といった「専門職団体」がおこなっていたサービス事業に、民間のＣＩＬなどが「指定事業所」として参入できるようになった。利用者にとっては、従来の公的なヘルパー事業を用いた「措置」以上の介助「量」が確保でき、また、ＣＩＬをはじめとした事業者にとっては、安定した活動が可能になるという意味で、当事者からも高く評価された。

二〇〇三年に実施された支援費制度は、我々障害者の利用者にとって自己決定・自己選択を尊重し、個別のニードに対応できる、これまでにない先駆的な制度と考えております。また、この制度の設定についても、当事者が参加し、その意見ができる限り反映されたものとして高く評価しております。（ＤＰＩ日本会議・全国自立生活センター 2004）

だが、ここで大きな問題が生じることになる。支援費制度に関する厚生労働省の規定には、以下のような文言が含まれていたのだ。

支援費支給制度における居宅支援事業者の指定に当たっては、居宅介護サービスについて、一定の研

修を終了した者により提供されることを要件とする。（厚生労働省社会・援護局障害保健福祉部 2002）

つまり、支援費制度のもとで介助活動をおこなうためには、公式な「資格」が――具体的にはホームヘルパー資格（一級〜三級）――が必要となった。問題は、今も昔も介助の「量」が足りないということだったはずだ。その意味で、介助は――もちろんどんな仕事にも言えることかもしれないが――多くの人に開かれているほうがいい。にもかかわらず、一定の資格が必要ということになれば、単純に門戸は狭くなり、「量」は確実に減る。これには、各方面から多大な反発が寄せられ、変更が加えられることになった。

まず、ホームヘルパー資格を有する者に加え、制度導入以前から介助者として活動していた者に限り、市に申請すればいわゆる「みなしヘルパー」として介助行為が認められること（わたし自身はこれにあたる）。さらに、一六―二〇時間といった短時間の研修を受ければ取得できる「日常生活支援」および「ガイドヘルパー」といった資格制度を設けること。

こうした「抜け道」を作ったところで資格を必要とすることに変わりはなく、「量」の確保に関して問題がなくなったわけではないにせよ、ともあれこれらの方法によって、資格による「量」の問題をクリアしようとした。

だが、「量」と来れば次にはやはり「質」が云々される。質を保証するための資格である、という論理があるにせよ、衣食足りて礼節を知る、ではないが、一人で暮らす障害者にとっての現実からすれば、ひとまず「質よりは量」とは言える。だから、「資格」を有することを要件とし、「質」を確保しようとすることによって、結果的に「量」を減らすことになるとすれば、まさに本末転倒というほかない。

そして、二〇〇五年に成立した障害者自立支援法に関しても、さまざまな問題点が浮き彫りになってはいるが、[*30]「資格」を巡る以上の問題点における変化は、ないどころか、むしろ方向性としては強化の方向へ向かっていると言っていい。ヘルパー資格が必須であるだけでなく、さらには「ヘルパー資格を介護福祉士レベルまで引き上げようとする動き」(野口 2005: 35) とともに、資格取得に必要な基礎研修の受講時間が一三〇時間から五〇〇時間へと増加している。これにより、専門職として身分保障されたヘルパーのみが介助をおこなうことになり、「実質上の施設管理体制が在宅生活でもおこなわれること」(ibid: 36) に対する警戒が表明されている。

以上に見たような、資格を課すことによる「量」の減少という弊害とは別に、以下のような問題がある。

確かに、資格を得るために研修で学んだ技術と現場で求められる技術とは別物だ、といったことは介助を巡ることがらに限らずよく言われるし、しばしばそれは素朴な経験主義や精神論、下手をすれば根性論、といった趣を呈してしまう。そうしてもともとその人が言いたかったことはきっといろいろだったかもしれないにも関わらず、いつの間にかかけ離れ、そうか、研修で得た知識は無効なんだ、と字面だけが消費される。

だから単純に、もう少し違った言い方ができたらいいと思う。それとこれとはどう違っていて、そのことによってどんな問題が起こったり起こらなかったりするのだろうか。以下、少しずつゆっくり考えてみよう。

＊30　主に、介護保険制度における施設内生活高齢者のＡＤＬと介護量に基づく「要介護認定」をモデルにした認定基準にした「障害程度認定制度」。「応益負担」原則による一割の自己負担。そして、程度区分によるサービス内容の細分化および財源の分化によるサービス質量の低下など。

2 「技術」のある風景

2−1 世話事始

今からおよそ四年前、わたしが介助をはじめてすぐの頃の話をしよう。友人の（やや強引な）紹介で、とあるＣＩＬに電話をかけたのがすべてのはじまりだった。介助をやってみたい、といった旨を告げると、スタッフによる面接と実地の研修の必要があると言われ、とりあえず面接の日時を決めた。だが、その日から約束の日までの数日が不安で仕方のなかったわたしは、介助について基本的なことが書かれている初心者のための「ものの本」をできるだけ探し、めくり、読み、頭の中でシミュレーションすることでなんとか落ち着こうとしたのだった。案の定、それらの本はわたしにとってただただかえって不安を募らせるのに「役立った」だけだった。

こうした入門者用の「ものの本」、つまり介助を巡る技術論の背景にある基本的な考え方を、三井さよ（2004）の議論に依りながら、大まかに確認してみよう。

障害者の生は、身も蓋もなく「いろいろ」である。そうした「いろいろ」であることの前に身を置くことは不確実性を増大させるが、それゆえにこそ現場では指針が必要になる。介助者は、自らが何をなすべきか、何を対象とすべきか、何に関心を持つべきかといったことが事前に明確になっていないと落ち着かない。このとき求められるのは、対象に対する振る舞いの限定性である。ただし、今日用いられている技法や依拠している限定性には限界がある。ならば、技法をより拡大していくことで限定性の内容そのものを拡大していけばいい……。

こうした技法の拡大への志向は、なるほど理解することもできるが、拡大されたさまざまな技術を拡大するままに応じてすべて身につけることに努めれば、いつか「介助者になる」ことができるのであり、技術が欠如していれば介助は未熟なままであるということになる。介助者の成熟度は、「いろいろな生」に対応すべく、あらゆる場面を想定し、それに応じた多種多様な技法を言語化した上で段階的に身につけることができているかどうかに懸かっているのだ、ということになる。

では、実際に、介助者はどのようにしてその「介助技術」とやらを身につけ、用い、介助を可能にしているのだろうか。具体例を参照しつつ、次節から見ていくことにしよう。

2－2　手に職をつける？

さて、今まさに暗黒時代まっただ中の大学院生と話していて常に話題に上るのは、本当に自分が「食える」日が来るのか、という不安である。そうした会話の中で、ときについわたしの口に上るのは、自分は手に職がついているから大丈夫だ、という物言いだった。これまでも、そしてこれからも、他人の世話を必要とする人が絶えることはない。その意味で、介助は食いっぱぐれのないシゴトだ、といった次第だが、これは自ら鑑みるに、実に奇妙な物言いだと思える。

やや先走って言えば、「手についた職」としての介助技術という物言いにおいては、「介助技術」なるものが、ある囲い込まれた領域で用いられる持ち運び可能なユニットとして捉えられているのだと言える。しかし、「介助技術」はそのようなものでありえない。では、どのような意味においてか。順に考えてみよう。

まず、現実にどうやって介助技術を学ぶか。一つにはホームヘルパー講座や、それに類する介助者研修が考えられる。衣服の着脱、食事、車椅子への乗降・移動、入浴などなど、障害者の生活の中でしばしば必要とされるタスクをシミュレーション形式で学んでゆく。もう一つは――わたしの場合はこれだったのだが――「泳ぐためにはまず水に入れ」式に、介助者としての試用期間を設け、いきなり現場に派遣され、すべてのやりかた・やるべきことは介助を受ける者に聞き、学ぶという方法だ。

前者は、まず介助に臨む際の、ある一定の「型」を身につけることになる。だが、すでに前章で確認したとおり、型はあくまで型であるから、人それぞれの体の状態や、人それぞれの暮らしに、そのままその型ですべてに対応することができるわけではない。型は臨機応変にカスタマイズされる（ように開かれている必要がある）だろう。後者の場合は、逆から考えるとわかりやすいかもしれない。わたしの経験から言えば、いきなりの現場に面食らう。「人それぞれ」であることに右往左往しながら、やみくもに目の前のタスクをクリアしてゆく。そうしているうちに、それぞれのタスクに共通する、ある種の「型」を、結果的に身につけることになる。

入り口がどうあれ、これら二種類の方法に共通するのは、介助のタスクそれぞれの間にある「型」を身につけることと、身につけた「型」をその場その場に応じて作り変えているということだろう。いやむしろ、「型通り」で済む状況は存在しないといえる。そうした意味で、介助技術は「囲い込まれた領域で用いられる持ち運び可能なユニット」ではない。

では、その介助の「型」が作り変えられた状況というのは、どのようなものだろうか。以下、いくつかの場合に分類しながら見ていくことにしよう。

2−3　場が変える

ある人は手にあまり力が入らないので、家で食事をするときには、介助者が口に運び、食べさせることになる。もちろん外で食事をするときも例外ではない。

ある時、その彼とマクドナルドで昼食にチーズバーガーを食べた時のことだ。やはりその日も、いつもと同じようにわたしが彼の口元に運び、少しずつ齧るようにして食べていた。そんな時、チーズバーガーにはさまれたケチャップは厄介である。よくあることだが、どうしてもはみ出て、口の周りについてしまうということがある。とはいえ、いちいちそれを拭いていると、一口食べるごとに拭かねばならないことになるから、大体は一通り食べ終わった後、最後に拭き取る、ということになる。

だが、その日は違った。モグモグと噛んでいる彼を前に、「次の一口」を待っていると、「口、拭いて」と、やはりモグモグしながら言うのだった。わたしは、あれ、いつもと違うな、と思いながらも、正直なところメンドクサイという感覚の方が強かった。

よく考えてみると、「いつもと同じ食事介助」といっても、家と外ではやはり違う。当然のことである。少なくともわたしは、家と外では食べ方が違う。家では「お行儀」のことなど考えもしないし、ガツガツ食ってしまうし、口の中に入ったままウロウロすることもあるし、口の周りにつこうが、舌でなめるだけだ。この彼も同じであるに違いない。店で食べれば、周りに人がいるのである。食事の最中だから仕方ないとはいえ、食事が終わるまで口の周りにケチャップがついていては、みっともない、と考えたとしておかしくはない。

同じ人になされる同じ「食事介助」という技術が、食べる場所の違い——周りに人がいるかいないか——によってマイナー・チェンジを施されている。この時、食事という同じ介助にかかわる技術が、それが用いられる場によって組み替えられ、変化していると言っていい。

2―4　介助者が変える

また、介助の一連の流れの中でも、特に緊張が走る瞬間がある。介助される側の身体に危険がおよぶ恐れのあるとき、わたしの経験では、一つに、風呂から上がる時がそれに当てはまる。体全体を抱え上げる、という「重さ」に加えて、足下は濡れて滑りやすく、介助者の体力が試される瞬間だと言っていい。以下は、体力が決してあるとは言えず、時に足下がふらつきがちなわたしが、入浴介助を終えようとしていた時に交わされた会話である。

――フラフラしてたら、怖いっスか、やっぱり

「うん、まあ、怖いけど……」

――こけたこととか、あります?

「うん、一回だけある（笑）」

――どういう状況で?やっぱり風呂上がり

「うん、そうそう、滑って。初心者の人やったから」

――あー。でも、むしろ初心者のほうがこけへんかも、緊張感あるから
「あー（笑）なるほど」
――それで、こけてケガしなかったんですか？
「うん、まぁ、かすり傷程度で、大したケガではなかったけど……」

入浴介助の危険性。これをなるべく回避するために、風呂を改造したり、リフトを取りつけたりして、ハード面を改良することで対処することが、まず可能ではある。とはいえ、それがない場合、どうしても介助者個人の体力（筋力？）にゆだねられてしまう。「風呂から上がる」という行為の主体は、あくまでも介助される者にあると言えるが、その行為の成功／不成功は、介助者個人の力量に還元されてしまう。

2-5　介助者の日常が変える

介助現場を明確に囲い込まれたある領域と捉えた場合、介助者個人の体力のあるなしや料理の腕という問題は、正確に視野に入れることはできない。介助の技術というものに介助者の体力のあるなしや料理の腕が関わると考えるならば、介助者の介助現場以外での暮らし、敢えて言うなら個人史まで

が射程に入ってしまうのであり、この時、介助現場の領域は、介助者の日常のほうに一気にあふれ出してしまうだろう。

わたしは一人暮らしをはじめると同時に、それまで親元にいた時にはまったくしようともしなかった料理をはじめた。今では毎日、冷蔵庫の中を眺めながら頭をひねり、とくにこれという名前のない料理を作っては食べている。時にテレビで三分間クッキングを眺めては、あれはこうやって切るのか、これをこう味つけすれば旨くなるのか、などと想像する。これはわたし個人の日常にとって些細な変化ではある。だが、介助者として料理をするという場合、この変化は大きい。それまでわたしが料理のできない男であることを知っている人がわたしの入っている時間帯に食べるものは、「あたためるだけ」のものであったり、「炒めるだけ」のものであったり、コンビニの弁当であったりしたが、料理が多少はできるようになった今では、なにかしら作るよう言われたりするようになった。当時のわたしはまったくそれに気づくことはなかったが、わたしがいつも介助している、とある利用者は、わたしの危なっかしい包丁さばきを遠巻きに見ながら、常にハラハラしていたようだ。だがやはり、今ではその頃より、少しはましになっているらしい。

介助は確かに、基本線としては、指示されたことを指示されたとおりにやっていればほぼ間違いない。だが、料理のできない者に複雑な料理を作らせようとしてもどだい無理な話ではあり、やはりその場合、介助者にはある程度の料理の腕が必要とされるだろう。一人で暮らしはじめる前のわたしには複雑な料理はできなかったが、今のわたしなら、ある程度の指示や、レシピがあれば、多少は指示に沿うことができる。そうした、介助現場での「料理」という技術の変化を促したのは、わたしの日常の些細な変化自体なのであり、また、それは意図的になされたことではない。このように、介助技術は常に変容にさらされているが、その変容は、わたしの日常の変容が促したのだと言えるだろう。

さらに付け加えるならば、介助現場でえた技術が、わたしの日常を変容させることもありうる。料理に関しては、介助現場ではじめて作るよう言われ、相手と相談し、教えられながら試行錯誤して作った料理を、今度は自分の日常の中で「試してみる」ということがある。そうしてわたしの夕飯のレパートリーに一品加わるのである。こうして、介助現場と介助現場以外でのわたしの日常は、互いに影響しあいながらダイナミックに変容してゆく。

2-6 〝なんでもない〟仕事

このように、介助技術なるものは、むしろ介助現場の「そとがわ」とのつながりにおいてダイナミックに変容しており、介助現場そのものが介助者にとっての「非日常」のうちに閉じた領域なのではないということがわかる。一方で、「介助技術」はしばしばそれとは正反対に、スタティックなものとして語られがちなのだが、そうした語り口の根底にはいったいどのような文脈が働いているのか。さらに例を取りながら考えてみよう。

例えば、「待機していること」。あえて言うなら「ただそこにいること」が仕事の大半だということがある。

介護保険が想定している介護のスタイルのなかに、「巡回型訪問介護」がある。そこでは基本的に、一回三〇分以上一時間未満が見込まれている。しかし、介助が必要な「その時」は「巡回」がまわってきた「その時」であるとは限らない。往々にして「その時」は突然やって来るものだ。だから、常に誰かが来るべき「その時」に備えてただ待機している必要がある人もいるのだ。*31

そして、特に何もすることがないにもかかわらず「待機している」こと、「ただそこにいること」が、すでに介助という仕事の多くの部分を占めることがある。

ある「筋ジストロフィー」の利用者は、全身の筋肉が弱っているため、車椅子に座っている状態にあっても、体のバランスを保って座っていることが困難だ。そのために、車椅子に自らの身体をくく

＊31　この意味でも、わたしは介護保険との「統合」には反対の立場を採る。

りつけでもするかのように、腰と胸は車椅子と共にしっかりとベルトで巻かれている。それでもやはり、バランスが崩れ、車椅子から身体が投げ出されるようにしてくずおれてしまったり、あるいはテーブルの上に置かれた腕が落ちてしまったりすることもある。そうした時、もちろん介助者は大慌てで身体を支え、元に戻し、事なきをえる。このような事態はいつなんどき起きるかわからないのだが、そうしたことに注意しさえすれば、特に生活に困難はない人でもあり、介助者が常に何かをなすべき人でもない。

だが、興味深いことに、介助者がその場に待機していることによって、そもそもそうした事態が起こりにくくなるということがあるのだ。本人が述べるには、いつ身体のバランスが崩れ、車椅子から落ちそうになる事態を招いたとしても、介助者がいるから大丈夫だ、という安心感のようなものがあることによって、かえって身体の堅さが取れ、バランスを崩すことが少なくなるというのである。そう考えてみると、何も話さずとも、何も手を出さずとも、「ただそこにいて待機していること」それ自体がその人にとって介助であるということになる。

そこにいて、なにもしていない。けれど、それは介助なのだ。そこにいるだけで、なにかをしていることになっているからだ。

障害者自立支援法における「重度訪問介護」には、日常生活全般に常時の支援が必要な重度の肢体不自由者に対する身体介護、家事援助などとともに、「見守り」の支援が含まれている。見守り、という言葉がその営みに対してふさわしいかどうかは一考に値するかもしれないが、今は措く。しかしともかく、待機すること。具体的には、同じ部屋にいて傍らに座っていること。そんなことは、だれにでもできることではないか?

ソーシャルワークの援助技術は、社会生活全般に及ぶ広範な領域を射程に入れるものであると同時に、時代要請に応えることのできる可変性のあるものであることが要求される。そのために、援助技術を専門的なレベルにまで昇華させて、技術体系を構築しようとしても、そこに至るまでにはあまりにも煩雑かつ困難な道程を経由していかなければならない。

その反面、生活場面での対人関係の維持のために、一般の人びとが社会化の過程において習得、体得していく実生活上の知恵、処世術、あるいは日常的な生活術ともいうべきものとの類似性の高い部分をこの技術のなかに含んでいることに起因して、それらとの識別が難しい場合もある。そこで、その差異を明確にしようとして、援助技術における高度の専門性を希求するあまり、技術至上主義または専門職業主義ともいうべき、クライエントとの隔絶を生む方向にも走りかねない。また、その逆の動きとして、ソーシャルワークにおいては福祉サービスの充実やその供給に寄与すればよく、対人援助のための取り立ての専門的な技術は不要であるという認識から、対人援助場面においていわゆるカンと経験に依存して処理しようとする向きも出てくる。

　このような、技術にかんする相反する立場があることによって、ソーシャルワークの内部での凝集性を弱め、見解の相違からくる緊張状態をも招くこととなった。（奥田 1992: 188-9）

福祉専門職のなかには、援助技術が「日常的な生活術ともいうべきものとの類似性の高い部分」を含んでいることに気づいている者もいないわけではないし、まったく議論がなされていないわけではない。にもかかわらず、それを前提として踏まえたうえで「技術」の実際が記述されることはない。介助をするために必要とされる態度。たとえば先に見たように、淡々と利用者の道具に徹するとかいうことは、確かに現場で学び、身につけるものではあるだろう。だがそれは、一般にイメージされがちな、高度で、介助現場だけに特有の専門的な「技術」なるものとは、どこか異なって見える。主張せず、なるべく気配を殺し、誰かの後ろに控え居ること。たしかに、「元気」な人にとってはそのことが苦痛である場合もある。そうした人にとっては、控え居ることを学ぶということは、なにかしら馴染みのない身振りを身につけることのように感じられることもあるだろう。

　しかし、「介助技術」の少なからぬ部分は、広くわれわれがすでに日常的に身につけているものでもあるのだ。言い換えれば、日常の認知に用いられる暗黙知と、介助現場で「介助技術」として用いられる認知には重複する部分がある。「特に今必要なことはないからテレビでも見といて」などと言われてしまうことが、すでに介助であるとしたら？　持参した雑誌にボンヤリ眼をやりつつ座っているだけのことが、すでにかれらの手足の役目を果たしているとしたら？　そう考えてみると、介助技術が、現場でだけ求められる専門的で高度な技術であることの根拠は、容易に雲散霧消してしまう。にもかかわらず、というべきか、だからこそ、というべきか、暗黙知に基づいた日常的な身体技法と「介助技術」との境界を画定しようという動き――専門性への志向――がある。それは多分に恣意的であり、かつ政治的でもある。*32

では、なぜそのようなことが――一見自明のことであるように思えるにもかかわらず――これまで看過されてきたのか。そして、それを指摘した先にいったいどのような視界が開けるのか。次節から検証してみよう。

3　わかること・わからないこと・わからなくてもいいこと

3―1　介助者にはわからないこと

介助技術が、囲い込まれた領域で用いられる持ち運び可能なユニットであると見なされがちな原因の一つは、介助現場で必要とされる一つ一つのタスクが――振れ幅はあるにせよ、問題として顕在化しない程度に――ルーティン化されており、それが介助する側・される側双方に意識されることが少ないことに由来すると考えられる。だが、前節に見たさまざまな事例のほとんどは、むしろ安定しきったルーティンとして遂行されるタスクが危機に晒される瞬間をもとに描かれていると言っていい。というか、タスクが不成功に終わること・破綻することでしか、「技術」（およびその変容）を意識することができないという問題がある。

なぜなら、不成功には介助される側のリアクションがあるが、成功にはないからだ。不成功は「わかりやすい」。介助される者の不成功へのリアクションの内容は、気持ち悪い、やって欲しいその通りではない、などが考えられるし、しばしば言葉ではっきりと伝えられ、修正が求められる。たとえば、食事をする際、介助者にとって便利なのは、はしよりも、圧倒的にフォークやスプーンである。

介助者が「食べさせやすい」ということは、まったくイコールではないにせよ、利用者にとっても

＊32　また、同じ「ケア労働」としてくくられることのある医療現場においても、境界を巡る恣意性ないし政治性を指摘することができる。

医師／看護士／ケアワーカーなどが一種の「チーム」となって患者の治療をおこなう際、当然かれらのあいだでは、それぞれの職種に応じて分業がなされている。しかし、そうした職種間の分業ないし担当するタスクの境界化は、なかば恣意的なものだといえる要素が少なからずある。

福島真人は、看護士とケアワーカーとの仕事上の暗黙知には連続性があるどころか、「外科手術のように技術的な面での分業が明確な分野とは異なり、介護を主体としたセクションでは、現実のタスクの差はほとんどない」ことを指摘している（福島 2001: 129)。現場のタスクと、それに関連した暗黙知は連続的な性格をもつものの、実際の組織の形式的な分業体系のなかで、それらは恣意的に境界化されているのである（ibid: 130)。

筋ジスやALSなどの介助に必要とされる痰吸引をはじめとした「医療行為」を巡る政治は、この医師／ケアワーカーのタスクにおける暗黙知の連続性に根があるのではないだろうか。

介助者は、「結局やっていることは同じだから」わたしたちにやらせろ、と言う。それに対して、医療の側は、「同じであっても、その結果問題が発生すれば法的責任が生じるから」わたしたちがやるのだ、と切り返すだろう。つまり、タスクに重なりがあり、暗黙知に連続性があるというそのこと自体は、常に両義的でありうるが、だからこそ、それを指摘する主体の立場が常に反映されるとも言える。

「食べやすい」ことにしばしばつながる。しかし、利用者が「おはしで」というならば、はしを使わねばならない。

「食事がすんなり口に運ばれる」ということ＝「食べやすい」ということと、「おいしい」ということは、おそらく異なった位相にあることであり、それらは必ずしも重ならないのだ。つまり「食べさせやすさ」というのは時に、「介助者の都合」を優先させる論理になってしまう。

こういう人がいた。彼は食事をするのに、介助者を必要とする。ある晩、自宅での食事の際、彼はフォークでもスプーンでもなく、はしを使いたいと言う。もちろん、これに反対はしない。はじめ、わたしは食器棚にあった塗りのはしを用意していた。しかし彼は、いや、違う、わりばしだ、と言うのである。食器棚には塗りのはしが並んでいたので、わたしは当然のようにそれを用意したのだが、そうではなかった。「え？　なんでですか？」つい理由を尋ねてしまったのだが、曖昧なことを言うばかりで、要領をえない。結局よくわからなかった。本人にもはっきりした理由がない（少なくとも言語化できていない）ようだった。確かに、脳性マヒ者の場合、顎の力がうまくコントロールできず、意図せずはしを強く噛んでしまうので、塗りのはしだとボロボロになってしまうし、スプーンやフォークだと、歯が負けてしまうので、決して気持ちのよいものではないという。だから脳性マヒ者なら、わりばしを好んで用いる人が多いのだが、彼の障害は違ったので、そういう理由ではなさそうだ。わりばしより、塗りのはしを使うほうが洗って何度も使えるのだし、普段からわりばしばかり使うのは、なんとなくもったいないような気もする。しかし、介助者が見て「不合理なこと」であっても、本人がそうしたいのなら、それでよいということがある。言語化できているかどうかはさておき、おそらく彼にとってそれが気持ちよいことだったのだ。考えてみるとわれわれにも、はっきりとした理由があるわけではないが、なんとなくそうじゃないと気持ちの悪いこと、というのがあるのではないか。他人がどう言おうと、関係ない。自分にとってそれが気持ちよいのだから、仕方のないことである。それは障害者とて例外ではないのだ。第一にそれが尊重される。

とはいえ、彼の内には彼なりの論理がなにかしらあったのだろうが、わたしにはその論理を明確に「理解」できたわけではなかった。はっきりとわたしに伝えられたのだから、ひとまず問題はそこに顕在化し、食事介助の技術の修正は、なんとか無事になされたのだった。

だが逆に、うまく事が運び、成功した場合、そこにかれらからのリアクションはない。なぜか。おそらく介助される者にとって、介助の「成功」とは、少なくとも「不成功でない」状態という消極的なものだからだ。かれらの中では、なされた当の介助を「とても心地いい」と感じたとしても、「特に心地いいというわけではないが、別に不快なわけでもない」と感じたとしても、同じように、特になにも言わないのだ。

考えてみれば当たり前のことで、障害者にせよ健常者にせよ、日々の生活で誰もが至れり尽くせりを求めているわけではない（時にはそれがうれしいにせよ）からだ。日々食す料理が常に「うまい」わけではないし、すべてにおいて常に快適な暮らしであるわけではなく、しばしばそれは「可もなく不可もない」ものだったりする。そのことにいちいち苛立ったり改善を求めたりするわけではないのだ。だから、不成功はまだしも、成功は「可もなく不可もない」程度がその大半を占めるためにリアクションをえられることが少ないので、不成功へのリアクションを元に技術を修正したところで、はたしてそれが「正しく」修正できているのか、知るすべはない。当人に尋ねたとしても、当たり障りのない言葉が返ってくるだけなのだ。

このように、どれが「正しい」やりかたなのか、今まではっきりとわからないままにやってきており、それでなにか不都合のあったことは特にない。だから、わからないが、わからないままにやっており、そして、わかる必要のないものであるかもしれないことがあるのである。

3-2　本人にもわからないこと

また、リアクションするも何も、本人にもよくわからないことがある。例えば、「寝返り介助」というものがある。筋ジストロフィーという障害は、年月と共に筋肉が弱り衰えていく進行性の難病だが、そうした障害をもつ者は、眠るとき、自分で寝返りがうてない。だから、就寝中も時折目を覚ましては介助者を呼び、寝返りの介助を求める。

寝返りをうてないことのつらさ、ということがそもそもわたしにはわからない。なぜなら、寝返りは就寝中に無意識のままにおこなっていることだからだ。

——そういや、ずっと思っててんけどさ、今さらなんやけど、こう……寝返りうたれへんかったら、どこが痛くなるん？

「えーと……そうですねぇ……膝と……ああ、でも、膝は曲がってきてるからってのもありますけど、あと腰かな。腰ですね」

——腰か。あー、やっぱりそうなんか。うーん、でもオレそのへんがどうにもわからんくてさ

「まぁ、普通やと無意識に寝返りしたり位置ずらしたりしますもんね。コッチは動かへんから」

——うん。いっぺんやってみよかな。寝返りせんかったらどこがどう痛くなるか。ガマンしてみるとか

「やってみたらいいと思いますよ（笑）。でも寝てしもたら勝手に知らんうちにやってしまうんで」

——寝たらアカンな（笑）。今度やってみよ。それで、寝てて、時間が経つごとに痛くなっていくん？マシになっていくん？

「んっと……マシになっていく……いや、痛くなっていく……アレ？……わからん（笑）。あ、痛くなっていく。痛くなってるはずやけど、朝方は眠いから、痛さはあんまり感じなくなってるんでしょうね」

――そっかー。寝はじめて、一回目の寝返りまで、どれくらいやろ、三時間？　二時間？

「二時間くらいでしょうね」

――くらいやな。それから、どんどん間隔短くなっていく感じかな……いや、そうなんかな……

「どうやろ、時間の感覚わからん（笑）」


この会話から推し量る限り、本人にもどこがどう痛くなるからどういう介助が必要になる、などということが明確に意識されないながらも――少なくとも言語化されないままに――介助を受けているし、また同時に介助者であるわたしにも当然ながらそれはわからないが、わからないままにやっていて、それでどうやらうまくやれている。

介助技術を記述することの困難は、ここにも現れている。わからないままにやっているにもかかわらず、案外うまくやれてしまうから、ルーティンは滞ることがなく、問題として顕在化しない。問題として顕在化しないから、言語化する契機は立ち上がらない。そうして、わからないことはわからないまま、ブラック・ボックスに入れられる。

3-3　手足の淀みのために

だが、こうした、問題として立ち上がらないがゆえの記述の困難が否定的なものであるとは、一概に言えない。なぜなら、一つには、介助の目的が障害者の「できないこと」を補うことで「できる」ようにすることにあるならば、目的を達成できていれば、わからないままであって一向に構わないからである。さらに、最も重要なのは、そもそもわからないことをわかろうとし、もっともらしく「理解」することの危険性があるからである。

先に、介助者に資格を必要とすることは、単純に「量」を減らすと述べた。だが、介助をはじめにあたって資格が必要となることの問題は、なにも「量」に留まらない。後藤吉彦は、「〝素人〟介助者を承認しないという規則は、障害者と〝普通の〟人とのあいだの身体的接触を必要最小限に抑える効果をもつ。介助を通して障害者と接する機会をもつのは、ますます数の限られた特定の〝普通の〟人たちだけとなる」と指摘している（後藤 2005: 310）。そう、介助にはそもそもそういう側面があった。異なった身体をもつ「他者」と〝出会う〟こと、関係することである。

だが、こうした論理には細心の注意を払う必要があるようにも思われる。というのも、〝素人〟介助者や「一般の健常者」と対比されるところの「（玄人？）介助者」は、一体どのような者として想定されているのだろうか。障害者を「わかっている」者として？　それとも、「介助技術」を十全に身につけた者として？

ヤツラvsオレら、あるいはマスvsコア、なんでもいい。少なくとも、障害者と接する機会のない人びとを向こうにした思考。「わかっている／わかっていない」、技術を「身につけている／身につけていない」という線引きは困難であるし、社会学者がそれをなしうると考えられる根拠など、どこにもありはしない。また同時に、そうした線引きを「認定」する人が、当の「資格」を与える側の人たちだということも看過してはならない。

私は、決して障害のない人に私たちをわかってくださいとは言いたくない。わかりあえないのだということを、毎日自分に言い聞かせるしかないのだ。（小山内 1997: 175）

障害者と出会うことのない健常者と、介助者とではポジションのズレがある。とはいえ、介助を利用する障害者と介助者とを同じポジションに置くことはできない。〝普通の〟人たちと、そう簡単に相容れることができない。そうであると同時に、日々障害者と関係し続けている介助者もまた同様に、「わかる」ことなどできないのだということを再び確認すべきである。

車に乗せる時、私をあまりに手際よく乗せたので、少しだけ施設の職員の手を感じた。私は即座に、「あなたはケアがうますぎる。迷いがない。ダメよ」と注意した。その日から、私を車に乗せる時、彼の手が震えるようになった。「ケアがうますぎても怒られるのですか」と彼は言った。（小山内 1997: 221）

小山内は、このようなエピソードを紹介し、「ケチをつけようと思えばどんなことにだってケチをつけられるのが、私の悪い癖である」と付け加える。

障害者は、介助者を黒子にして、健常者を大向こうに据える。だが一方で同時に、黒子たる介助者とも——時に知らず知らず、時に意図的に——コンフリクトを起こし続ける。介助者は、技術を通して障害者を理解したと思った途端、スルリと即興的にズラされ、かわされてしまう。オフィシャルな、「本義」としての（「資格」化された）技術は、障害者によって実践を通じ、ズラされるだろう。なぜなら、介助者は障害者にとって、黒子であると同時に最も身近な「健常者」だからである。

例えば、「効率性」を優先してしまう感覚がある。そしてそれを是とするこの社会がある。一方は体の自由が利き、一方は、相当困難な状態にある。そこで介助者は、利用者よりも「動けてしまう」ばかりに、時に本人の意思を確認することなしに、自らの判断で「必要と思われる」ことを先回りしてやってしまう（石川 1986: 14）。確かに、そうすれば、いちいち指示する面倒も省けるし、時間も節約できるだろう。しかしかれらは、「効率」を多少犠牲にしてでも、主体性や「障害者ペース」をできるだけ守ろうとする。だから、「効率性だけを重んじる介助者は、自立ということの意味を強く確認している障害者とは行き違いを引き起こしやすい」（岡原 1990b: 125-6）。「機転を利かせた先回り」は、実は障害者自身にとっては「大きなお世話」だということになりかねないわけだが、結果的にそれが「適切な」場合があって、そうなると「問題」としてその場に顕在化しないままにスルーされてしまうから、なおさら始末の悪い問題ではある、ということだ。

だから、戦略的に手足の淀みを発生させること。時に図らずも手足の淀みが発生してしまうことに、注意深くあること。

そうした淀みは、少なくとも「研修」の場においては、あらかじめ排除されていることだろう。そこで教えられる技術は、健常者に安心感を与えるのために用意された、無害で、バーチャルな、範型としてのそれなのである。

3－4　非日常の再生産

一方障害者は、それはそれとして、あくまでも研修は研修であること、通行手形でしかないことを、とっくに承知している。

かつて、たった一泊二日の研修を終えたばかりのわたしは、介助者として登録するためにCILの事務所を訪れ、疲れ切って座っていると、そこにいる様々な人から口々に、「どう？　やれそう？」と尋ねられたのだった。わたしは正直にいって、その時どうにもうまくやっていけそうな気がせず、どうやら不安そうな顔をしていたのだろう、なぜかかれらにやたらと励まされたのを印象的に覚えている。研修の直後にかえって不安を募らせてしまうわたしのような者が珍しかったのか、あるいは初々しさが微笑ましかったのか、今では知るよしもないのだが、「大丈夫やろ？　大丈夫やって。余裕、余裕。な」とわたしの不安を取り除こうとするかれらの表情は、半ばおもしろがっているような、半ば呆れたような、そんな風にも見えた。

今からふり返ると、「やれそう」かと尋ねられるたびにぶつぶつと不安げなコメントを繰り返すわたしを説得するかのように、なぜかれらは「大丈夫」を繰り返していたのだろうか、と思う。場合によっては、「向いていないかもしれない」という判断が下されたとしてもおかしくはなかったはずだ。実際に研修を受けてみて、それでもうまくやれそうもないと思っているわたしを、そもそも説得するということ自体、よくよく考えればおかしな話ではある。

もちろん、すでに述べたことだが、とにかく「量」が足りないということがある。せっかくの介助者ワナビーをそう簡単にリクルートし損ねるわけにはいかないはずだ。また、介助ということでなくとも、そもそも仕事というのはなんでも最初からそうやすやすとこなせるものではなく、次第に慣れ、こなせるようになるものであるはずだから、研修の時点でできないと簡単に決めてくれるなという、当然の反応であったのかもしれない。

だが、それだけではないようにも思える。研修はあくまでも練習であり、そこでうまくできなかったことでも、実際の現場ではそうそう大変なことではないということを、あるいは言いたかったのではなかったか。それとこれとは別である、と。

研修と実際の現場は、また別。こうした論理は同時に、逆の場合にも用いることができる。すなわち、わたしのように研修を経ることによってかえって不安を感じる場合とは正反対に、これならやれそうだ、と自信をもつ者の場合——むしろこちらが多数派なのかもしれないのだが——である。かれらは研修を経ることで、なんとかやっていけそうだ、と自信を得、介助の世界へ入ってゆく。そうして障害者は介助者のリクルートに成功する。

このように、研修で教えられる技術の世界と実際の現場で用いられる技術の世界との断絶、という論理は、介助者ワナビーに安心感を与えることのできる論理でもあるのだ。

パターン化され、スタティックで、受動的な主体を想定した「よそ行き」の「介助技術」の世界。

それと平行するように、即興的／協同的／創発的／状況依存的なものとして営まれる「介助技術」の世界はたしかに存在している。これらの世界は互いに相容れず、断絶しているのだが、そうした断絶は、むしろ介助を利用する当事者によって巧妙に「都合良く」「使い分け」られることで維持され、再生産されているとも言える。

しかしこうした二つの世界の断絶は、以下のようなマイナス点を引き出してしまう。

まず第一に、さまざまな介助技術論が、複数の身体を「技術」の枠組みの内に押さえ込むことで監視の網の目に捉え、すっかり「理解」してしまおうという志向をもっている点だ。介助を「よくわかっている」者、障害者がしてほしいと思っていることを「よくわかっている」者は、先回りして、結果、障害者の主体性を時に奪うだろう。

さらに、介助供給量の「判定」を巡る問題がある。*33「ニーズ」を算定し、評価・査定し、「要介護認定」をおこなう「業界」は、査定し判定することを疑わない。そうした「査定」と、ある生活を基準として、他者の生活それ自体を査定し、介入し、制限することとの距離は近い（立岩 2000）。介助は、医療が薬や注射を処方するのと同じようには、用いられるべき固定的な技術を事前に限定し、想定することができないから、「処方」すべき技術を決定することはできない。

こうした、障害者の生活世界に対する「理解」への志向は、結果として、障害者の身体と生を、健常者にとっての固定的な「非日常」に仕立て上げ、囲い込む。その限りで健常者の「日常」は侵されることがない。これは、障害者の生を「アチラ側」へと切り離し、自らとは相容れない者として構築する暴力だといっていい。

4　世話の途上、素人の発見

ここまで、障害者の生は、身も蓋もなく「いろいろ」であると述べた。問題は、「いろいろ」であることを、なぜ「いろいろ」であるというままにしておけないのだろうか、ということだった。

もちろん、見聞きし、経験した生活世界を「書かれたもの」へと連絡しようとするとき、そこにはなにかしら現実の捨象がある。その意味では、こうして、介助という営みを記述すること自体がすでに「いろいろ」が「いろいろ」でいられないわけを孕んでいるわけだ。だから、介助というおこないを「書かれたもの」へと練り上げようとするわたし自身もひとまず、ああでもないこうでもないと言い続けることである。のらりくらりと言い逃れ続けることである。安易に「障害者の生」とはこういうものだと、必要とされる技術とはこういうものだと、言ってしまわないことである。

その意味でわたしは、ひとまず自らが「介助の素人」であることを何度も発見し続けることに賭け

＊33　障害者自立支援法においては、自立支援給付を受けようとする障害者（または障害児の保護者）は、居住地の市町村の支給決定を受けなければならない。その際、市町村は、障害程度区分の認定と支給要否決定をおこなう。決定までの流れは以下の通り。

・一次判定（マークシート方式・一〇六項目の調査）

最初に全国共通の一〇六項目からなる心身の状況に関するアセスメント調査をおこなう。調査の中身は、調理・食事の配膳・洗濯・掃除・交通手段の利用といった社会生活に関することがら、意思の伝達・指示への反応などのコミュニケーション能力、金銭管理・電話利用など身の回りの世話、マヒの状態・移動など身体状況、点滴管理や透析など特別な医療の必要性など。

この結果をもとに障害程度区分（区分一〜六ないし非該当に分類）が判定される。さらに、勘案事項調査（地域生活、就労、日中活動、介護者の状況、居住などの項目）、サービスの利用意向の聞き取り、訓練・就労に関する評価なども同時におこなわれる。

・二次判定（審査会）

市町村審査会で、介護給付を希望する利用者に対して実施される。一次判定の結果に関し、医師の意見書、特記事項などの参考資料をもとに審査し、最終的な障害程度区分を認定する。なお、認定の有効期間は原則三年。

・障害程度区分の認定と結果の通知

障害程度区分認定後、勘案事項調査とサービス利用の意向調査をおこない、認定結果とあわせ、最終的な判断のうえ支給決定がおこなわれる。

てみようと思う。

まず、「介助の仕方は利用者から直接学ぶことができる、特別な専門性を要するものではない」（立岩 1995: 287）ことは、障害をもつ当事者が言ってきたことでもある。

ひと口に障害者といっても、歩ける人は歩けない人の気持ちはわからない。手の使える障害者には、鼻水が恐怖であることはわからないであろう。肌でわかりなさいと言ってもわからない。わかりえないことはたくさんあるのだ。だからこそ手も足も言葉も使えない人が、多くの障害者の苦しみをかかえており、ケアを教える最高の教師なのだと思う。（小山内 1997: 94）

ここには、介助者は利用者から教わるのでなくてはならないということ、利用者が自分の身体で教える、教えることができる、そうでなくてはならないという自負がある。

またそのことは同時に、「介助の技術」――ここでは単に、介助者としてなすべきこと、介助者としての振る舞いかた、とでも言うほかないのだが――は、なにか時間的・空間的に限られた一定の領域で体得する類のものなのではなく、すでに現場で、労働として、あるいは「プロ」として介助をしているそのことが、常に研修でもあるということを意味するはずだ。同時に、われわれが日常的に暮らしている、そのことがすでに「介助の技術」を準備しているのである。だから、介助者に研修中／研修終了後という明確なフェーズがあるわけではない。われわれの暮らしは、常に／すでに、介助者研修の場である。そうして、重要なのは、手足の淀みを契機として聞くことへの志向を開き、介助者を「研修中の身」へと何度も何度も立ち返らせることであるということになる。

聞くことは部外者のすることとすることとなのだろうか。見、学び、体験するとき、聞くことはかえってさまたげになりかねないのだろうか。その場から自分を浮かせるだけなのだろうか。（鵜飼 1994: 65）

この「さまたげ」及び「場から浮く」ことが重要である。必要とされるのは、聞くことで、介助の場で必要とされることを、自らの日常的「常識」に対応させながら一つ一つ見、捉え返すことである。介助現場を、その「そとがわ」、つまり介助者の日常との連関において捉え、記述することは、文字通り「現場」として捉えることの不可能性を露呈してしまうかもしれない。だが、その記述の不可能性が重要であることはすでに述べた。障害者の生を「技術」の枠組みの内に押さえ込み、「理解」してしまう暴力に、その記述の不可能性をもってあるいは煙幕を張り、抗うことができるかもしれない。この意味で、これは肯定される。

また、「技術」に依拠した「理解」を禁欲することは、「健常者」であるわたしがその立場性を忘却したままに「障害者の生」を語ること。そうした誘惑への戒めでもあるだろう。

このように、問題はなによりまず、彼我のポジションの差異であり、非対称な関係性である。わたしにとって、介助労働をなすためにかれらの家を訪れることは、橋を渡りアチラ側へと赴くような身振りとしてあった。わたしにとっての日常と障害者の生活世界とは、完全に切り離され、互いに相容れることはなかった。その限りで、障害者によってせっかく引き起こされたわたしの手足の淀みは、わたしの、健常者の日常を、揺さぶることはない。

だが同時に、障害者の生活世界は健常者の世界と違うところはない、と言ってしまうこともまた、慎重に避けよう。ではそのとき、一体わたしに何が言えるだろうか。

結局、アチラとコチラの狭間——範型化された世界と創発的世界、日常と非日常——で、わたしがいかなる実践を生みだすかである。狭間に目をこらし続けること。期せずしてグラデーションに入り込んでしまった己を見逃さないことで、日常と非日常の狭間をできうる限り押し広げることである。そうした試みの一つが、介助という「生の技法」の営まれる創発的世界に、わたし自身の日常を見出すことなのだった。

第5章　「慣れ」への道

0 排泄介助に「慣れる」

わたしが小学一年生だったころ、授業中にある女の子が、突然わっと泣き出したことがある。それがあまりに突然で、なんの脈絡もないように思えたから、教室は騒然となった。一番後ろの席だったわたしが、なにごとかと立ち上がって前方を見ると、彼女の足下に水たまりができていて、それが、少しずつ彼女の席を中心にして同心円状にゆっくりと広がっていくのが見えた。すぐに、それが彼女のおしっこだったことに気づいた同級生たちは、言葉にならない声をあげはじめた。あたりまえと言えばあたりまえの「小学生のリアクション」だったと思う。一方、彼女は、両手で顔を覆い、ただただしゃくり上げるだけで、なにも言葉を発せず、その場を動こうとはしなかった。

今思えば少し不思議なことのように思えるのだが、なぜか教室の同級生たちは、彼女に対してはっきりと、汚い、などと囃し立てることはしなかったはずだ。彼女が、クラスでも一、二を争う「人気の女子」だったからかもしれない。容姿はかわいらしく、男子どもよりずっと背が高く、勉強もできておとなしく、といった、そういう女の子だった。どうやら彼女は、「トイレに行きたい」というのが恥ずかしくて言えなかったらしい。

そして次に記憶に残っているのは、その女の子のとなりの席に座っていた女の子のことだ。彼女は、騒然とした教室を、わたしたちの気づかぬ間にさっと抜けだし、廊下にかけてある牛乳臭いぞうきんをもってきて、すぐに床を拭きだしたのだ。

わたしはあっけにとられた。そして、その姿はむしろ当の「失敗した」彼女よりもなぜか強烈な印象をもって、わたしの記憶に残っている。そのとき担任の教師がどのような行動をとったのか、まったく覚えていないのにもかかわらず。

その姿を見たさすがのガキどもも、急に水を打ったように静かになり、彼女のテキパキと立ち働く姿を、キョトンとした顔でただ見ていた。もちろん、わたしもその一人だったのだが。

その後のホームルームで、担任の教師は彼女を絶賛することを忘れなかった。そして返す刀で、突然の出来事に呆然と立ちつくすしかなかったわたしたちのダメさ加減を切って捨てることも。

わたしは、彼女の行動がまったく理解できなかった。状況次第で人がそんな行動を取り得るということが想像の範囲外だった、と言ってもいい。しかも、そんなことをするべきだと思うことはできたとしても、なにより、汚いじゃないか。

ずっと後になって、彼女の行動を尊敬するようにはなった——担任のおかげで?——が、そのときのわたしは単純に、彼女に近寄りがたいものを感じたのだ。

介助という仕事をはじめるにあたって、当初わたし自身がもっとも恐れていたこと。うまくやってのけることができるかどうか、自信がもてなかったこと。それはなにより、排泄の介助だった。

これはもしかしたらわたしだけなのではなくて、一般的に、介助という行為がしばしば「大変そうだ」と思われる理由の大きな部分を占めているのかもしれない。障害者のセクシュアリティについて述べた箇所（第2章）でも指摘したことだが、性的なことがらほどではないにせよ、排泄行為について言及することは、少々緊張を要することがらであるらしい。一方で、「死／性と同時に、排泄行為にまつわることがらは、この社会においては常に不可視化されており、それらに言及することはタブーとされてきた」というしばしば散見される物言い自体に強い既視感を覚えるのも事実だ。しかし、実際には、タブーどころか――これはタブーである、という語り口も含めて――いくらでも語られてきたと言える。

医療の領域であれ、福祉の領域であれ、たとえば、排泄は食べることと並ぶ人間の基本的欲求であり、クライアントのＱＯＬあるいは尊厳を守るために、委ねる側の立場にたったよりよいケアが必要だ、とされる。そして同時に、排泄ケアに臨む際には、そうした「尊厳」を傷つけることのないよう、相手に気づかうことの重要性が付け加えられる。そのこと自体に、基本的に異論はないし、その通りなのだとは思う。しかし、相手に気づかう以前の問題として、それを担う側の人間の抵抗感なりためらいや逡巡なりといった機微は、すっかりなかったことにされてしまう。そもそも、抵抗感をいかにして「ない」とするかが「尊厳を守る」ことの条件とされている節もあったりするから、ことは厄介でもある。抵抗感がやはりある、ということを示すことはもとより、それが露呈してしまう気まずい場、などが具体的に記述されたものを読むことはめったにない。そうして、かえって「大変そうな感じ」だけが醸成されていく。

社会学者はやたらと「神聖化」を嫌う。そう揶揄されたら、そうだと言うほかないのかもしれないが、尊厳ある排泄ケアを、などと言われると、またふつふつと天の邪鬼の虫が騒ぎ出してしまうのを抑えることができないのだ。ただホンネを語れ、偽るな、というのではない。「現場」の神聖さを相対化し、「現場の日常性」を明らかにしようというのであれば、ひとまず避けては通れないことがらなのだと思う。

ある近しい人に、例のごとく「大変な仕事やね」と言われて、わたしはといえば、やはり例のごとく曖昧な表情をしているしかない。続けて、トイレのお世話をなんとも思わないなんて、スゴイね、と言われてしまう。これも、よくあることといえばよくあることだ。なんとも思わない、なんてことはないよ、やっぱりイヤだと言えばイヤだし、回数も、できれば少ないほうがいいと思ってしまうよ、と言うと、驚かれてしまうこともある。「そういうの、全然平気な人がやる仕事なんだと思ってた」

……。

答えは単純ではない。平気だといえば平気だし、イヤじゃないのか、と問われれば、どちらかといえばイヤなのだとは思う。「慣れてるから」。そう答えて終わりにしたい、終わりにするしかない、そんな曖昧さがある。本当にわたしは、排泄介助にうまく「慣れる」ことができているのだろうか。

1　ダーティーワークと生理的嫌悪

酸っぱい香りとアンモニアの刺激臭。
うずくまったような体は、緊張して固くなる。
「おわった」の一言で、戸を開ける。
いつものこと、尻が少しばかり浮いて、僕に向けられる。
いつもとちがった。
こみあげる酸っぱさ、気管が閉じる、のみこめない。
手にしたトイレットペーパーを、自分の口にあてる。
深呼吸、一瞬の沈黙と「平気?」というかけ声。

排泄の介助をしていて、それまで他の人の尻のウンコを拭き取っていて、なにも感じたことはなかった。「もっと、穴の中のほうまで、ちゃんと拭いて」と言われ、こともなげに僕はやれていた。それなのに、その日、いつものトイレで変わったこともないのに、なぜか吐き気がした。二日酔いでもないし、体調不良というわけでもなかった。その日の彼のウンコがとくに臭いわけでもなかった。

《生理的嫌悪》という言葉が脳裏をかすめた。(岡原 1998: 230-231)

岡原正幸はこのように、「生理的嫌悪」として経験された自分の感情を記す。こうした事態を、介助者の視点から率直に記述したものをわたしは他に知らない。岡原はさらに続けて、なにか自然であたりまえで変えようのないものとして「感情」を語り、それによって行動を正当化する根拠として持ち出されるような「感情の用法」を否定するためにこそ、「生理的嫌悪」を否定してきたにもかかわらず、つい誰かの具体的な「わたしの感情」という経験まで否定してしまっていた自分に気づく(ibid)。

身体接触にともなう性的な不快感情にせよ、排泄物それ自体への忌避や匂いからくる嫌悪感にせよ、それら「不快」として経験される感情を、社会が決定し、拡張している部分がたしかにある。あるにせよ、それらの個人的な経験を、まったくの虚偽だとして否定することはできないし、おそらくすべきでない。しかし同時に、それらがたとえば「障害者の介助を担わない自分」を正当化する「用法」として、容易につなげて語られてしまうことにも注意は必要だ。「障害者の介助？　ウンコ拭いたりするんでしょ？　生理的にムリ！」というわけだ。

杉田俊介は、介助者を「内なるチャリティ精神」へと拘束し、「ケア労働の非正規化」を「自発的に」推し進めてしまういくつかの理由の一つとして、介助が「本質的に他人の糞尿を扱うようなダーティーワーク（いやな仕事、汚い仕事、負担の大きい仕事）でもあること」を挙げる[34]（杉田 2008b: 75-76）。今や「ケアワーク」は、ワーキング・プアの代名詞として表象されるようになりつつある。「ダーティーワークに携わること」と「プア」であることが、あまりにしっくりくるではないか！

そして、ことは「現場の非日常性」にもかかわる。排泄介助を完全なるルーティンとしておこない、すっかり「慣れて」しまっている介助者は、一見「まるでなにごともないかのように」それを担っているように見えてしまうかもしれない。「ダーティーワーク」をシレッとやってのける姿は、容易に神聖化されうるし、だからこそ同時に、卑賤化されもする。そんなことは、今さら指摘するまでもないことかもしれないが、やはり表裏なのだ。

青い芝の横塚晃一が、「寝たっきりの重症者がオムツを替えて貰う時、腰をうかせようと一生懸命やることがその人にとって即ち重労働としてみられるべき」（横塚 2007: 56-57）だと喝破したことは、あまりにも有名だ。わたしたちにとって労働とはなにか、と考えるにあたって、これは想像力をかき立てる言葉ではあるし、「生きてること自体がこれすなわち労働だ」という言明として捉えれば、こ

＊34
他に挙げられている「理由」は以下の通り。
（1）目の前に困った人がいるから、どんなにつらい仕事でも、仕方ない。
（2）「やりがい」「生きがい」だから、低賃金でも構わない。（主婦型パート↓「家庭」以外の生きがい。若年フリーター層↓自分探し志向。）
（3）ケア労働が感情労働＝「〝気づき〟の労働」を期待されること。相手を喜ばせようとする気づかいには際限がなく、サービスがエスカレートしやすい。
（4）「誰でもできる仕事」「家事の延長でしかない」「お手伝いさん代わり」などの世間的スティグマを、自分たちで内面化してしまっている。
（5）倫理的自己矛盾。つまり、障害当事者の生活に比べたら、健全者である自分の生活は恵まれているから、文句を言うべきではない。
（6）ある種の疚しさ。社会的弱者をケアすることで自分のアイデンティティをひそかに保っていることへの疚しさ。その裏返しとしての、歪んだ愛。
（……）
（8）ボランタリーな組織に特有の、仲間うちでの燃え尽きのヒートアップ。自己犠牲のエスカレート合戦。（杉田 2008b: 75-6）

とはベーシック・インカムの肯定へとつながっていくかのようなポテンシャルをもった言葉でもある。*35

しかし、そのことに今は深入りしないでおこう。ここではただ、横塚が「健常者中心の社会における障害者の位置」を考える際の象徴的なタームとして、排泄行為や「オムツ」を用いていることに注目したい。


何を目的として生きるか、どういう姿勢をとり、何をしてこの社会に参加するか（……）特殊の才能に恵まれない者、また寝たきりで身動きも適わない者などはどうしたらよいのか、私にもよくわからない。しかし、ウンコをとって貰う（とらせてやる）のも一つの社会参加といえるのではないだろうか。

（横塚 2007: 88-89）


ウンコを「とらせてやる」とある。随分挑発的な言いかただ。そして同時に、「とらせてやる」ことが障害者の「社会参加」である、と言う。これはどういう意味だろう。

まず、排泄行為、および排泄物は、プライバシーにかかわるものであり、公共の場では忌避される。だから、公共空間で露骨に人目にさらしたり、言及したりしようものなら、社会的制裁をくだされることになる。排泄行為／物は、「市民的自己」にとっての脅威なのだ。しかし重度身体障害者は、排泄に介助を必要とする以上、排泄行為／物を人前に晒すことを避けることができない。完全なるプライバシーとして秘匿することはできないのだ。だからこそ、排泄介助を担う者は、その「普通ではありえないこと」を目の前にして、ときにおののき、ときに我慢しながら、自分とその人との身体の違いや、身につけた習慣の違いを見せつけられることになるだろう。つまり、排泄介助＝健常者にウンコをとらせてやることは、健常者にとっての「常識」および「習慣」を異化する効果をもたざるをえない。そうした効果に自覚的であることが、横塚の言葉に確認できるのではないだろうか。介助の場という権力の場における異化戦略を自覚せよ、というわけだ。[*36]

ある行為が一定の傾向性をもって繰り返しおこなうことができるようになること。ルーティン化とはひとまずそのようなものだと言える。しかし、排泄介助にすっかり慣れてしまい、ルーティン的な仕事となり、システマティックに処理されるようになることは、横塚の示したような「異化効果」にとって、よいことなのか。障害者と健常者の非対称性を、身体を用いてまるごと知る、という目的からすれば、排泄介助にすっかり慣れてしまい、なんの不快感も感じなくなった主体は、そこにあるは

＊35　青い芝の（というか、横塚の）主張とベーシック・インカムを「接続」した議論として、［山森 2009］。

ずの非対称性を感知するきっかけを失うことになりはしないだろうか。それは、異化効果がまったく失われることを意味するからだ。だから、排泄介助において経験される違和感や不快感を、洗い流すべきではない、とひとまず言える。

ただし、わたしの経験から述べれば、おそらく完全に「慣れてしまう」ことは決してない。そして、だから、洗い流されることも決してない、と思う。

もちろん、まったく慣れない、というのではない。だからといって、なにも感じることがないほどに、完全に慣れる、ということもない。この間《あわい》が重要なのだと思うが、わたしはこれを記述することができるだろうか。

＊36　青い芝の会を中心とした障害者解放運動は、健常者とあえて衝突し、軋轢を作り出すことによって健常者に気づきを促すかのような「異化戦略」を——常に、とは言えないまでも——志向する。そのことは、たとえば、以下のような事例に端的に見いだすことができる。

一九八一年三月、青い芝の会の広島の会員が、電動車椅子で踏切を横断中動けなくなって、電車にひかれ死亡するという事故がおこり、それをきっかけに兵庫・広島・福岡の青い芝の会が、「電動車椅子は本質的には介助者の手を抜く健常者の御都合主義だと主張して、電動車椅子を否定する方針」を八一年一二月の第五回全国代表者大会に議案書修正案として提案し、受け入れられるということがあった（立岩 1995: 212）。

広島で仲間が電動車椅子で踏切にはまって動けなくて、電車にはねられて亡くなったんですよね。そして、「電動車椅子を使わないようにしよう」という動きがあり、全国青い芝の会の行動綱領に「現代文明を否定する」ってのがあるでしょう。電動車椅子はダメだ、ワープロもだめだ、じゃあ、どうやって生活していくんだということで、常任委員会のなかでももめたんですよ。（白石 2001：165）

ここでポイントになるのは、電動車椅子によって、健常者の負担が減ることによって、障害者―健常者間の摩擦が低減することに対する危機感である。この危機感は、障害者にとって便利なモノ、という論理によって障害者との接触が最小限に抑えられようとする状況、端的には、後藤吉彦（2007）の言う「身体の統制」の実現可能性に対する危機感であろう。また、ＣＩＬ系と言われる運動が一定程度「成功」したことによって生まれる新たな危機感も、この「身体の統制」に関連した地点から発せられはじめている。

ＪＩＬの現役世代の人々は、自分達の運動の「失敗」をしばしば口にする。一九八〇年代以降、制度や交通環境はよくなった。行政とのパイプもできた。しかし当事者のパワーは弱くなった。若い人々に解放運動の意味を伝えきれなかった。自立生活はしやすくなったが、地域からは切り離され孤立は深まった。たとえばヘルパーが来ることで逆に近隣の人とはつながれなくなったり、トラブルや折衝を通した偶発的出遭いも減ったように思う。障害者は本当に社会の一員として認められているといえるのか。もちろん、制度や物理的環境が整ってサービスが増えること自体が否定されたのではない、と思う（それはたとえばバリアフリーを巡る繊細で重層的な評価にもあらわれる）。ただ、整うことで、原点にあるはずの肝心なものまでが洗い流されてしまえば、それはまずいだろう、と。ここには自立生活運動の困難の一つがある。（杉田 2008a: 230）

2　てぶくろを差異に

2–1　排泄介助とナイロン手袋

彼の家のゴミ箱には、いつも使い捨てのナイロン製の手袋が捨ててあった。前からその手袋の存在に気づいてはいたが、わたしはそれを使ったことがなかった。はて、なにに使うのだろう、と日頃から思っていた。

ほかの利用者のもとで使ったことはあった。たとえば摘便をするときに必要だし、座薬を入れるときにもやはり必要だ。直接に肛門に指をつっこみ、触れることになるのだから、腸の内壁を痛めてしまう恐れや、大腸菌のことを考えれば、当たり前のことなのだろう。だからその家でも、おそらく「下《しも》」関連に使われているのだろうことは間違いないが、彼には摘便も座薬も必要だったことはなかった。少なくともわたしが介助に入っているときには。

具体的にいつそれを使うのだろうか。いつもゴミ箱に入っているのを見かけるわけだから、かなりの頻度で用いられているにちがいない。いつも訊こうと思いながらもタイミングを失って訊けずじまいだったが、ふと機会あって、訊いてみたことがある。

――これ、手袋って、なにに使うん

「これ？　トイレのときやで。おむつ変えるときとか、差し込み便器使うときとか、やっぱり汚いやろ」

――あー、そうなんや。それは、男女問わず？

「うん。使わん人もおるけどな」

――オレ使わんしなぁ

「うん」

――そうなんや

「やっぱりイヤやろうし、雑菌とかつくからなぁ。まぁ、お互いにとってエエんやろなぁ」

――お互いに

「うん」

そう言われればそうなのかもしれない。彼は、排泄時にはトイレに行ってするのではなく、部屋で、「小」であれば尿瓶を、「大」であれば差し込み便器を使う。外出時にはおむつを着用することもある。当初わたしは、手袋を使うのは、便器やおむつを扱うときに、介助者が自身を「汚れ」や「不浄観」から守るためだとしか思っていなかった。しかし、雑菌のついた手で、そのあとの介助もおこなわなければならないとなると、自分の身から出た汚物であっても、それをさわった「その手で」介助されるのはいやなのかもしれない。男女問わず?、と訊いたのは、入浴介助におけるパンツと同じように、例の「セクシャルな不快感」を手袋で回避しようとしているのかもしれない、と想像したからだ。だからこそ、女性介助者が使っているのでは?と想像していた部分もある。そういうことではない、とは言い切れないが、基本的にはそういうことではない、と少なくとも彼は言う。

「利用者も、ちゃんと『使う?』ってこっちから訊いてあげんとあかんとは思うわ」

——あー、そうやなぁ。でも、オレ勧められたことないやん、そんなん

「言ったよー!」

——え、ほんまに?(笑)いや、覚えてないわー

「訊いたら、そんとき『めんどくさいからエエわー』って言ってたから、そうか、って」

——ほんまに? 全然覚えてないなぁ……

ほんとうに覚えていなかった。そのときの自分を今から(想像上で)振り返ってみよう。

まず、そのときわたしはほんとうに「めんどくさかった」のだろうか? いや、めんどくさい、と

いうことはないと思う。ただ、それが「小」であれば、そう感じたかもしれない。おそらくそうだったはずだ。彼の家に介助に訪れるのは、決まって夜のシフトだったから、「小」の介助を指示されることはあっても、「大」を言われることはなかった。というのも、彼は朝のうちに「大」をする習慣があったからで、彼のもとで「大」の介助を経験した——誰だって必ずしも決まった時間に「出る」わけではない——のは、彼の介助にすっかり慣れたころのことだ。

「小」の介助に手袋はいるか、と訊かれたら、いらない、とわたしは今でもそう答えるだろう。「おしっこくらいでいちいち手袋なんて」、とそう思う。しかし、利用者からの、手袋を使うか?という介助者への提案は、介助者への気づかいなのではなく、むしろ雑菌のついた手で介助されることになる自分への配慮なのだとすれば、「めんどくさい」としてそれを拒否したわたしの行為は、問題含みだったかもしれない。本人は手袋を使ってほしいのにもかかわらず、拒否した、ということになるからだ。

とはいえ、「小」のときに「いらない」と答えたからといって、「大」のときにも「いらない」とは限らないのだから、一応は訊いてほしいものだ、とも思う。それが最初の「大」の介助なのかどうかなど、利用者はいちいち覚えていないし判断できないだろう、と思うかもしれないが、まずそれはありえない。なぜなら、同じトイレの介助であっても、人それぞれに「やりかた」は違っているから、ルーティンとして覚えてしまうまでは、必ず利用者自身に「自分のやりかた」を尋ね、指示を仰ぐ必要があるからだ。それがはじめてのことならば、なおさら「すべてをイチから」訊くことになるはずで、だから「はじめてなのかどうかわからない」ということはありえない。

ともかくこうして、最初のトイレ介助＝「小」の時に「いらない」と答えたことが原因で、以降、彼の中では「マエダ＝トイレ介助では手袋のいらない／使わない人」ということで定着したのだろう。だから、彼のもとでのはじめてのトイレ介助が「大」だったなら、事情は違っていたとも思う。「いる」と答えていた可能性は高い。

2−2　ナースの手袋

先にも述べたように、そのときの記憶がわたしにはほとんどないから、「今」の時点から「あのとき」の自分を振り返るのは、ほとんど「他者」の行動をあれこれ忖度するのに近いのかもしれないのだが、「あのときの自分」の発言と行動に、もうひとつの理由を想像することができる。

あのときわたしが手袋を「いらない」と答えたのは、彼への「気づかい」だったのかもしれないということだ。

つまり、手袋を使うなんて、彼に対して「汚い」「気持ち悪い」と面と向かって言っているようで申し訳ない、だから、「いらない」と言って〝見せた〟のではなかったか。その可能性はある。しかもその日は、はじめて彼の介助に入った日だったから、なおさらだったろう。初日に、介助者としてのいい印象を与えたいと思っていたとしても、無理はないかもしれない。だから、「パフォーマンス」としての要素は少なからずある。

たとえば看護の領域では、「手袋装着をして援助することは、看護職者側に抵抗感等の感情的な反応があると指摘されてきた」という。もちろん、感染症などの予防のためを思えば、排泄介助にかぎらず、患者の血液や体液に触れるとき、あるいは触れる可能性のあるときには、着用されることが推奨されているようだが、日本国内においては、手袋使用が少ないという。その要因の一つとして、「手袋装着は『患者に失礼ではないか』という対象者に対する感情的配慮が医療者側にある」ことが指摘されている（城生・高橋 2002: 5）。たしかに、たとえば手袋装着をされて採血・注射をされた経験のある非感染者のなかには、「最初自分が感染していると思い、違和感があった」（ibid: 8）と感じる者もいるようだ。そういう意味では、自分は触れてはいけない／触れたくない人間なのではないか、という思いを、手袋というアイテムが掻き立ててしまうことはあるのかもしれない。しかし、同時に、ほとんどの患者は、「手袋はしていた方が良い」「医療者が手袋を着けるのは当然」など、「手袋を着けることを肯定的に捉え」ていることが多く、「看護者が考えているほど対象者は手袋装着に対して抵抗感を抱いていない」ようなのだ（ibid: 10）。

つまり、誤解を恐れずに言えば、ケアする側は自意識過剰になってしまい、ケアされる側はそんなことを気にしていない、少なくとも、雑菌がつくよりよっぽどマシだ、と思っている。そんなズレがある。たしかに、もしわたしが治療を受ける患者の立場であれば、「全然気にしないから今すぐ手袋を着けてくれ」と思うかもしれない。先の利用者の発言にもある通り、「雑菌」による感染症のことを考えれば、介助者のみならず、「お互いにとってエエ」ことなのだろう。

しかし、そうでない場合ももちろんある。ケアする者の手袋にはっきりと抵抗感をあらわにする者もいる。小山内美智子は、入院中に「おかしな看護師」に出くわした経験を以下のように語る。

朝、朝食が来て、またその看護師がやってきてゴム手袋をはめたままパンを食べさせようとした。私はまたかっときて（……）「この病院は手袋をはめ、パンを食べさせなければいけないんですか？」と聞いた。「ダメですか？　この方がいいでしょ？」と言った。「そういうマニュアルなんですか？」と聞くと、「いいえ」と言って、仕方なくはずした。病院は感染症が多いので、マニュアルが変わってきてご飯を食べさせるときには手袋をはめなければいけないという決まりが出来たのかと思ったが、前の看護師は素手で食べさせてくださったので違うと思った。（小山内　2008: 65-66）

どうなのだろう。これは「ケアを受けるプロ」を自認する小山内ならではの感性、つまり例外、なのだろうか。もちろん、これは食事の場合であって、排泄の介助とは状況が異なる。手袋を装着した手でパンをちぎって口に運ばれるよりは、よく洗った手で食べさせられるほうが「おいしい」のかもしれない。食事に関しては好みの問題としてしまうことも可能ではあり、「個別性の重視」という解がひとまずの正解なのだろう。

有り体に言えば、ここでは「実際に清潔なのかどうか」よりも、むしろパフォーマンスとして成功するか否かが重要になっていると言えよう。

2−3　見せる人

利用者のなかには、潔癖症とまではいかないまでも、清潔さに敏感な人もいる。障害によっては、たとえば筋ジストロフィーの人であれば、風邪や肺炎はときに「命取り」にもなりかねないから、ふだんから身の回りを清潔に保つことに神経を使って暮らしている人も少なくない。とはいえ、きれい好きな人／あまり気にしない人、という衛生観念の違いは、障害の種別や有無と、基本的には関係ないといえばないのかもしれないのだが。

ある日、ある利用者のもとで、食事の準備をしていたときのことだ。すべての献立ができあがって、そしていくつもの皿をお盆に載せてベッドまで運び、準備万端、いざ食べようという段になって、彼はなんでもないことのように「あ、マエダくん、手洗って」と言うのだ。この人はなにを言っているのだろう、と思った。「え、ちゃんと洗いましたよ」。すぐにそう答えたわたしに、なおも彼は「あ、じゃあ、もう一回」と言う。なんとなく自分が汚いと思われているようで、ちょっと複雑な気分になったことを隠すつもりはない。ただ、考えてみれば、つい先ほどまで、わたしは炊事をおこなっていた、つまり、水まわりにいたわけで、炊事をしながら水に触れない者などいるはずもない。というよりも、こまめに手を洗っていて当然なのではないだろうか。だからこそ、今さら改めて手を洗えだなんて、この人は一体なにを言っているのだろう、と思ってしまったのだ。

　しかし、考えてみれば、彼はわたしが食事の準備をしている間、ずっとそばでわたしの一挙手一投足をチェックしていたわけではない。事前に指示を出すだけ出して、あとは完全に、わたしに「おまかせ」だったのだ。

　もちろん、それが悪いというのではない。気持ち悪いのなら、手を洗っているのかどうか疑わしいのなら、常にチェックしていればいいのに、と言いたいわけでもない。洗え、洗った、と言い合うのも面倒だしバカバカしい。ただ、自分でもよくわからない違和感だけが残った。しかし、違和感はあれど、もう一度、手は洗うことにした。今度は、ちゃんと彼に見えるように。

それからというもの、わたしは彼に食事介助をおこなう直前には必ず、さもうっかりしていた、危うく忘れそうだったが今思い出した、とでも言わんばかりに「あ、ちょっとその前に、手洗いますね」と一言残して手を洗いに行くよう気をつけるようになった。実際、手を洗うのを忘れそうになることもあったから、結果的にこれでよかったのだと思う。

実際に手を洗っているかどうかは、ここでは関係ない、というのはさすがに言い過ぎかもしれないが、それ以上に、手を洗うという手続きを見せること。利用者の眼差しのなかでそれをおこなうこと。つまり、パフォーマンスこそが重視される場合がある。

翻って、排泄介助の場面に再び立ち戻って考えてみよう。手袋を着ける／着けないは、それが実際に衛生的なのかどうか、清潔なのかどうかとは、基本的に関係がないのかもしれない、という推論が成り立つ。介助者であるわたしの立場からすれば、なにも手袋を着けたところで、排泄介助がイヤだ、という感覚を拭い去ることはできない。においは消えないのだし、そもそも排泄行為／物を見てしまうこと自体を避けることはできないのだから。手に雑菌がつかないことは重要なことではあろうが、しかしそのことと、「イヤだ」ということとは基本的に関係がない。

より厳密に言えば、表情を含めた振る舞いのなかに「イヤだ」という介助者の感覚を露呈してしまわないこと、すなわちパフォーマンスを成功裡に終えることができることが、「イヤがらずにできる」ようになること、あるいは「慣れた」こと、なのだ。

　利用者の立場からはどうなのだろう。先に見たように、介助者に手袋を着けさせることによって、雑菌がつくことを避け、感染症予防になっているはずで、これは利用者だけでなく、介助者にとってもいいことなのだ、と考えていたことがわかった。さらに想像可能なことは、手袋を着けさせることで介助者に「汚いものを触らせてしまっている」という感覚——負い目、うしろめたさ、遠慮——を拭うことができているのかもしれないということだ。[*37] だとすれば、そのためにだけでも——パフォーマンスであっても——、手袋をつけるのはいいことなのかもしれない、とも思う。

3　ま、いっか、のココロ

　ともかく、こういった事情で、わたしはその後、手袋を着けて排泄介助を（「大」にかぎって）おこなうことになった。しかしだからといって、汚い／気持ち悪いとまったく感じない、ということはないと述べた。同時に——これははっきりと述べなければならないのだが——どうしてもイヤだというわけでもない。この曖昧な感覚をできるだけ具体的に述べるとすれば、どのような表現が最もしっくりくるだろうか。

もともとはたしかに「汚くてイヤだ」だった。しかし、次第に、「汚いけどあとで手を洗えばイイや」へと変わっていった。自分の変化を素直に記述するなら、このようになるだろう。わたしは別に「潔癖症」と呼べるほど繊細な人間ではまったくないし、特にキレイ好きだ、というわけでもない。その点はむしろ、人より雑なタイプなのだとは思う。しかし、排泄介助に関しては、きっとそれとは別なのだと思う。手に便がついてしまえば、今でも密かに、うわっ！ と思う。時には口に出てしまうことすらある。しかしそれも、その瞬間にはそう思いこそすれ、次の瞬間には「ま、いっか」となる。「すぐに手を洗えば済むこと」だからだ。こうしてわたしは排泄介助に、ある程度は慣れてしまうことができた。もちろん、においに関しては、いかんともしがたいところがありもす

＊37 介助者のパフォーマンスが、障害者自身がもっている「かもしれない」後ろめたさへの配慮からおこなわれる可能性を、以下の記述に垣間見ることができる。

「はじめて『ウンチする』っていったときは、『え、どうしよう』って思いましたね。でも、顔に出しちゃダメだー、って思って。そのときのウンチ、たまたま臭かったんですよ。『ウッ、くさー』って感じで、どうしようどうしようって思ったけど、私なんかより、シカノさん（＝筋ジストロフィーの障害者：引用者注）に抵抗ないのかなと思って……」（渡辺 2003: 130）

る。息を止めようとしても限界があるし、止めている最中には口数も減る。これはわたしにとっては、「慣れる」というよりもただ「我慢」の問題でしかなかったりする。我慢することには慣れている、ということなのかもしれない。

もちろん、例の「感情操作」はここでもある程度有効ではある。ここでイヤだ、気持ち悪いなどと思ってはいけない、と言い聞かせつつ、そのために「これは仕事なのだから」「お金のためには我慢しないと」あるいは「障害者のよりよい生活のためにがんばらないと」というフレームを用いながら、リアリティを主体にとってよりよい方向に変容させる。結果、自分の感情を操作していくことが、たしかに一定程度、可能にはなる。しかし、岡原の記述に見られるように、理由のよくわからないままに、なぜか今日はにおいがこたえる、と感じられることで、感情操作は失敗に終わる可能性を、まったく消し去ることはできない。つまり、オールマイティな方法ではないのだ。

三井さよによれば、看護の現場では、感情操作を一つの技能(skill)として捉え返し、感情操作を学ぶ場を作るべきだと主張されているという。三井はその主張に一定の評価をしつつも、しかし、「フォーマルな教育体系に感情管理を学習する機会を設けるといったときには、どうしてもある感情管理の手法が、それに依拠すれば良いというマニュアルとして通用してしまう可能性が高まるだろう」と予測し、それは「患者のため」という観点に立ったときに、本当に「望ましい」ことだろうか、と懸念を表明する（三井 2006: 16）。

まずは、感情管理にマニュアル化が可能なのかどうか、あるいは可能だったとして、感情管理の方法を教える、というのはいったいどういうことなのか、想像がつかないということがまずあるが、それ以上に、「望ましい状態」（「安心・安楽な状態」）として感情管理の成功をおくことがそもそも「よいこと」なのかどうかが疑問に思われる。

なにを言っているのか、汚い、臭い、という負担をなかったかのように振る舞うことができれば、それに越したことはないし、お互いにとっていいことに決まっているじゃないか、と言われるかもしれない。しかし、これは比較対象として必ずしも適切ではないかもしれないが、たとえばホスピスなどの終末期医療のなかで、ケアの担い手が感情操作を巧みにおこなって、「患者の死に慣れてしまう」ということがあったとしたら、そこになにか不穏な気配を感じ取ってしまう感覚を、取り除くべきではないと思う。

また、負担であることは変わらないのだから、それを忖度することに意味はない。たしかに、感染症を予防するための対策として手袋の装着を推奨することは必要なことでもあるし、それは介助者の労働環境をよくすることでもある。しかし、イヤだ、負担だということは、ホンネとして語られることに一定の意味はあったとしても、それを解消することなどできないし、意味はない。むしろ、場合によっては有害ですらある。単純に、専門職にとっての一スキルとして感情管理を位置づけたいのであれば、「パフォーマンス／演技」のうまさを目指せばよく、不快感情を「ほんとうに処理できているかどうか」、あるいは「ほんとうに何も感じずに働くことができているか」といったことは、どうでもよいことであろう。

しかし、そもそもわたしが編み出した「汚いし、気持ちは悪いけど、あとで手を洗えばイイや」という「慣れかた」は、「感情管理がうまくいっている状態」と同じなのだろうか。少しズレているように思うし、また、この曖昧さを記述することこそが重要なのだろうと思うのだ。

4　曖昧な慣れかた——慣れるのはよいことか

このわたしの曖昧な「慣れかた」は、健常者性の変容はいかにして可能か、という本書の主題にとって、決定的に重要だと思われる。

堀田義太郎は、ケアは「『せずに済めばよい』と感じられる負担である」と同時に、「『しなければならない』というある種の義務感との対立ないし葛藤がつねにつきまとう」ものだと述べる（堀田 2008）。また、立岩は、「人の生活を助けたり支えたりすることは、よいことであるとともに、いやなこと」、「介助することは、肯定されるべきもの、肯定的なものである一方で、それは負担であり、否定的なもの、いやなこと」だと述べる（立岩 2000: 232）。この両義性は、「負担可能な成員に負担の義務を課しておこなう社会的分配」の必要を根拠づけ、ひいては「福祉国家」の成立にかかわるという（ibid: 235）。

介助が「イヤなこと」などではなく、単にどこまでも「よいこと」であるのなら、放っておいても人はみずから担おうとするだろうし、おこなおうとする。逆に、単に「いやなこと」であるのなら、放っておけば、だれも担おうとはせず、おこなわれない。「よいこと」であることはわかっているが、同時に、それをおこなう主体にとっては「負担」だから、「よいこと」だとわかってはいてもできれば担いたくない。しかし、おこなわれずに放っておくわけにはいかない。ならば、強制的に担わせる必要が出てくる。

つまり、負担であることに耐え、負担であることを含み込んだうえで、それでも担う／担わざるをえないということ。それが介助なのだ。このことは同時に、介助がときに「介助者にとってイヤな仕事であること」を否定しないことでもある。

よいことであると同時に負担でもあるという「介助の両義性」。この両義性は、介助者という主体が、介助をおこなうなかでどうしても経験せざるをえないものとしてある。たとえば、セクシュアルな不快感として。たとえば、排泄行為／物に触れる、見る、嗅ぐことによる不快感として。

だが、こうした介助が「よいことである」という感覚と一連の不快感が同時にある、ということは、実は多くの人がなんとなく「知っている」ことでもある。わたしがこのように、介助がいかに負担であるかを記述し、言いつのったところで、「そうでしょうね」と言われるばかりなのかもしれない。そんなことは「知っている」。だからこそ、大変そうだ、だからこそ、できれば担いたくない、という表象があるはずなのだ。では、そうした、だれもがとっくに「知っている」ことと、わたしが現場で実際に介助を担うなかで経験し、記述することのできた負担は、同じものなのだろうか。

もちろん、やはり「ちがう」のだと思う。では、なにが「ちがう」か。有り体に言えば、「介助の両義性」という表象と、それを認識し、経験する主体とのあいだにある関係性に「ちがい」があると言わざるをえない。

多くの人々にとって、「介助の両義性」とは、対岸の火事／アチラ側のできごとである。「現場」という、特殊な人々のみが参与し、うごめく、大ジャンプの先。そうした距離感の保たれた関係性のなかで立ち現れる「介助の両義性」は常識の範疇でしかなく、かれらの健常者性を揺り動かしはしない。だからまず、この「慣れる」という問題を、単に「個人の問題」へ切り詰めるべきではない。つまり、「排泄介助に慣れていく」過程を、個人的／心理学的な、いわゆる「順応」の問題——刺激に対する反応が減少していく過程――に切り詰めるべきではない。「慣れること」が目指すのは、「なにも感じなくなること」、ないし「個人の内部で処理可能となること」ではない。たしかに、「なにも感じない」ことによって、介助という業務をスムーズにおこなうことができるようになるのかもしれない。しかし、そのようなスムーズさが覆い隠してしまうことがある。それは、すでに横塚晃一の言葉を引きつつ述べたように、障害者―健常者の非対称性への気づき、および健常者性の異化へと向かう契機だと思われる。

慣れとは、大方は、感覚の鈍磨という、障害者にとってはまた堪えがたい意味をもっているのであるが、しかし良い、悪いの意味をこめない尺度の移行は、慣れによって生じることは事実である。大事なことは、慣れとは、関係の取り結びだということであろう。障害者本人と、あるいは障害者とかけがえのない関係を結んでいる者との関係を、取り結べたとき、障害者に対する異和感は消失するし、想像、類推の力によって、ほかの障害者への異和感を軽減させることはできるのである。そして慣れの深さによっては、差異の事実はかえってはっきりと残され、ときにはそれをあげつらうこともできるようになる。(最首 1984: 234-235)

慣れることは、その人が「特殊」であることを減少させる。介助に慣れることは、障害者という他者の身体に触れることや、他者の排泄行為／物を見たり触れたりすることを「なんでもない」ことにしていくことだ。つまり、「慣れる」ことは彼我の差異を無化してゆくことでもあるかもしれない、ということだ。しかし、一方で、差異を無化してゆくことが、両者の非対称性を減じることもある。介助を担うことではじめて経験される「介助の両義性」は、ここにこそある。

たとえばわたしには、何年もの間、レギュラーの定期介助者として関わり続けている男性がいるが、彼に出会った当時、バカバカしいと思いながらも、ついつい頭に思い浮かべてしまうことがあった。それは、もし彼に障害がなかったら、今、彼は「本来は」どんな顔をしていて、どんな声で話して、どんな背格好だったのだろう、という想像だった。その人の「障害」はその人の不可分な一部であり、それを引き算できるわけではないし、当然ながら、引き算したあとの「本来の姿」など存在するわけがない。その人は「まるごとでその人」であり、それ以上でもそれ以下でもない。さすがにそんなバカな想像をすることは次第になくなっていったが、このわたしの変化は、きっとその人に「慣れていく」過程だったのではないか、と思うことがある。つまり、この「慣れ」は、身体接触が必要となる介助、排泄介助といったことだけでなく、そもそも、「障害者という他者に慣れる」ことでもあったのだ。*38

＊38　たとえば、生まれながらにして自分の親が、身辺の介助の必要な身体障害者であったとしたら、どのような議論が可能だろうか。かれらは成長の過程で、自然に介助の技法を身につけ、障害者を介助することに「慣れ」ているのかもしれない。だから、かれらはわたしという介助者の、いわば「先輩」でもある。

これまで何度も引用してきた小山内美智子の『あなたは私の手になれますか』には、時折、彼女の息子さんが顔を出す。

> 私のところにケアにくる人が「今日はおなかが痛いのです」と言うと、十歳の息子は「生理かい。ナプキンあそこにあるよ」と言う。息子がもし間違って介助者という職業を選んだ時、同性であろうと異性であろうとケアができる人になるのではないかと思う。親バカすぎるかな。（小山内 1997: 118）

小山内の家族に限らず、幼少の頃から重度障害者が身の回りにいて、他者に介助されるかれらを自然に目にし、ときには、自分自身がかれらの介助を担うことをしながら生まれ育った子どもたちは、介助に慣れる、ひいては介助の必要な障害者に慣れる、という、わたしが経験せざるをえなかった過程をショートカットできるのかもしれないという想像はたしかに成り立つ。もちろん、家族間の介護と、他人による有償の介助を並置することには慎重であらねばならない。家族による介護が、しばしば障害者本人にとって負担であることは何度確認しても足りないにせよ、そのうえで「障害者の親をもつ健常な子どもたち」に着目することは有意義であるかもしれない。

その一端を垣間見ることのできるコーダ（ＣＯＤＡ）という存在について、[Olsen & Clarke, 2003]。

しかし、「障害者という他者に慣れる」ことは、単に差異を感知しなくなること、およびできなくなることではない。むしろ、「慣れる」ことによってかえって差異が自覚されることがあるのかもしれないということだ。障害をもったその人から障害を差し引くことを想像することがナンセンスであったように、「排泄の介助を必要としないその人」を想像することもまたナンセンスである。だから、介助者として、介助を通してその人と付き合おうというのであれば、その人は、介助の必要と介助者への負担が常に「込み」になった存在としてわたしの前に立ち現れる。そのうえで、わたしはその人と、「そういう人」として関係を取り結びはじめる。

「慣れる」ことは、それがよい／わるいをひとまず脇に置いておいたとしても、その手前には必ず、「関係を取り結ぶこと」が前提にある。たとえ介助という仕事のうえでの関係であれ、障害者と「関係を取り結ぶこと」。いや、家族でもなく友人でもなく、あるいはボランティアという無償の関係でもなく、有償介助という関係であるがゆえの「関係の取り結びかた」と、それにともなう「慣れ」はあるのかもしれない。だから、このように、他者に排泄行為／物を晒すこと、反対に、触れ、嗅ぎ、見ねばならないことを通した「市民的自己」の解体の過程を記述することは、まさに「慣れる」を心理的／個人的問題から、「社会」へと開いてゆくことにほかならないのである。

第6章　出入りする／〈介助者〉になる

0　人いきれのなかで

介助に「慣れる」ことは、いわばそれをおこなう主体にとって、ルーティン化され、習慣化されていく過程のことであった。しかし、完全にルーティン化されてしまうということはないし、「慣れ」てしまった結果、なにも感じなくなる、ということはない。どうしても「慣れない」部分は残る。残った部分は介助者にとって、ときに負担でありうるが、それを完全に解消してしまおうというのではなく、むしろ負担が負担であるままに、「介助の両義性」は両義的であるままにおこなわれるということに介助の意義を見いだすことができるのだった。

「介助の両義性」を両義的であるままに引き受けていくことによって、健常者は、おのれの健常性に向き合いつつ、それまでの安定した立ち位置から、おのずとズレて、移動していかざるをえない。現実を透かし見るフィルター／現実を構成する複数のレイヤー、すなわちフレームの一つとして「介助」のフレームが入ってきてしまう時点で、すでにその主体は「健常者」とはズレはじめているはずだ。まるで、棒高跳びの選手が、信号機や陸橋に「バー」を重ね合わせて〝見てしまう〟ように……。

それはまさに、「介助者になる」過程のことだと言ってよいのではないか。

ただしこれは、健常者性に〝向き合う〟、と言ったときにイメージされる、どこか積極的で主体的な態度ではなく、どちらかといえばもう少し受動的な、〝向き合わされる〟、〝引っ張り込まれる〟、といった事態なのだと思う。たしかに、介助者は、介助をおこなうなかで、利用者によって一方向的に与えられた指示にただ応えているわけではなく、多分に主体性を発揮しながら、その場の状況に対応しつつ指示に応えていた。しかし、おこないそれ自体は主体的でありながら、引き受けた結果については、やはり受動的であると言わざるをえないのだ。介助者は、介助をおこなう時点での「意図」としては、「健常者性を自己省察するためにその介助をおこなっている」のではない。にもかかわらず、結果としてそうなる、そうならざるをえないのだ。

介助者が、障害者との関係において「介助者になりゆく」プロセス。それは、主体的であると同時に受動的でもあるのだった。

さて、本書が前章まで描いてきたのは、おもに一対一でなされる介助場面の様子であり、いわば最もミニマルな関係性に照準してきた、と言ってよいだろう。本章では、もう少し視野を広げてみよう。いや、一対一の定点から離れてしまおうというわけではない。しかし同時に、その一対一の関係を成り立たせ、下支えする組織への視座も同時に不可欠であると考える。

ここで注目するのは、ＣＩＬの存在である。

わたしが長い間、介助者として関わってきたCILの事務所には、基本的にデスクワークを主とするスタッフたちが常駐している。かれらは、ひっきりなしにかかってくる電話に対応していたり、書類の山に首を突っ込んでいたり、パソコンとにらめっこしていたり、という具合に、そこにはいかにも「事務所!」な光景がただ広がっている。それ以外には、たとえば、介助と介助の合間の空き時間を事務所で食事をしながら休憩していたり、換気扇の下でぼんやりとタバコをすっていたり、だれかと談笑していたり、といった健常者たちの姿ももちろんある。誤解を恐れずに言えば、大学のサークルなどのたまり場と、さして違わない光景だ。ただ、そこに車椅子さえなければ。

介助をやってみたい、と思い立ち、X会の門を叩いて、はじめてかれらの事務所を訪れたときにも、右に述べたような光景が広がっていたはずだ。しかし、このはじめての訪問と、わたしが今現在、この事務所を訪れる場合との違いは、まずは「わたしの居場所がそこにある」ことなのだろう。居場所、といっても、なにかわたしのための事務机が用意されていたり、私物を置くスペースが設けられていたりするわけではない。ただ少なくとも、そこに「いてかまわない」存在になっている、というそれだけのことだ。「おつかれー」のあいさつから始まって、誰々さんの介助の様子を聞かれたり、あるいは、いいところに来たとばかりに、何人かの利用者にできてしまった介助の「穴」を埋めるべく単発の介助をオファーされたり。手持ちぶさたのままに事務所を訪れても、誰からも相手をされず、ほったらかしにされることはない。

そんな風にしてこのＣＩＬで介助をおこなってきたわたし自身の変化とはどのようなものだったろう。そう考えることが、「介助者になりゆく」過程をひもとくうえで重要なことであることは言を俟たない。まず言えることは、前章で述べたように、わたしは介助というおこないを通して、少しずつ障害者という他者に「慣れ」ていったのだということだった。もちろん、この「慣れ」は、具体的に個々の障害者たちの介助を現場で担うことを通して可能になっていったことではある。しかし同時に、そこでおこなわれるそれぞれの介助は、やはりこのＣＩＬという組織を構成するさまざまな関係性の網の目のなかに埋め込まれており、わたし自身はといえば、そのただ中で介助を実践していることになるのだろう。これは疑いようのないことだ。

まずはとっかかりとして、ごく些細なエピソードから再びはじめてみよう。先述したように、事務所を訪れればそこには何人かの障害者が必ずいる。さらに、ＣＩＬが催す飲み会などのイベントごともなれば、決して広いとは言えないこの事務所に、何十台もの車椅子がギュウギュウ詰めになって、さらには、それぞれの障害者のほとんどには、当然介助者がついているわけだから、その空間はすぐに人いきれに満ちてしまうのだった。

大きな飲み会の場であれば、ほとんどの障害者にはそれぞれ個々に介助者がついている。その事実自体をわかってはいても、一旦飲み会が始まってしまえば、人はバラバラに移動しはじめてしまって、実際、誰が誰の介助者なのか、よくわからなくなってしまうこともしばしばだ。その場にいる健常者は、なにも全員が介助者というわけでもない――ただ「遊びに来ている」人もいる――から、余計にそうだ。また、遊びに来ている健常者たちも、X会に関わっているくらいだから、介助者としてその場にいるのでなくても、手が空けば介助の手助けぐらいはしてくれたりもする。そうして一層、よくわからなくなってくるのだ。また、介助者たちとて、ふだんはさまざまな利用者のもとで介助をおこなっている。だから、その日の担当は特定の障害者ではあっても、それ以外の日には、その場にいる多くの障害者たちの介助者でもあるのだ。

そんな飲み会が催されたある晩、まだ介助をはじめて間もないわたしの目の前で、突然ある障害者が車椅子からスッと立ち上がったことがあった。当然のように心底驚いたわたしの目はきっと「点」になっていたに違いない。しかし、直後、すぐにわかったことなのだが、彼は障害者なのではなく、だれも使用していない事務所備品の車椅子に、ただ普通の「椅子」代わりに座っていただけなのだった。なーんだ、それだけのことか、と思いはしたが、疑いはじめれば、一体だれが障害者でだれが健常者なのかわからないではないか、と思いはじめて、なお唖然とさせられた。こうなってくると、なにがなんだかわからない。そんな夜だった。

X会に関わるほとんどの者にとって、この程度の光景はすでにおなじみのものではあるのだが、傍から見ればたしかに異様な光景に映るのかもしれないし、実際、わたし自身はといえば、はじめてのときにはその場の空気に当てられてしまい、その光景を前にやっと口に出すことができた言葉は、「いろんな人がおるなぁー……」というあまりに間の抜けたものだった。

そもそもわたしは、介助を担いはじめて、そして、事務所を時折訪れるようになるまで、こんなにたくさんの障害者たちを「一緒くた」に見たことがなかった。街で見かける障害者たちは、それまでのわたしの眼には、この世界の悲劇を一身に背負った孤独な人間に見えていたのかもしれない。それも徐々に変わってゆく。このCILにいる障害者たちを目の前にして、同様のイメージを持ち続けていられるわけがないし、そうした変化をわたしに促したのは、一対一の関係のなかでの経験であると同時に、やはりCILという場所での経験なのだ。

以上を踏まえ、本章では、介助を巡るコミュニケーションがとりかわされる場という文脈を視野に入れるため、CILと個々の介助者との関係性に着目し、「介助者になりゆくプロセス」を改めて捉え直してみよう。

1　ＣＩＬというコミュニティ

1―1　インフォーマルな参加

序章ですでに述べたように、障害者たちは、まずはピア・カウンセリングや自立生活プログラムといった、制度化された公的なルートを通じてＣＩＬに参加することになるが、もちろん同時に、インフォーマルな参加のしかたがあるだろうことは疑うべくもない。たとえば、Ｘ会のメンバーたちはしばしば、Ｘ会の一つの特徴として「イベントが多い」ことを挙げる。忘年会や新年会はもちろんだが、ほかには、どこかから研修生がやってくる／還っていく、だれかが新たに自立生活をはじめる、新しいスタッフが増える、などなどといった機会に、ことあるごとになにかしらの「飲み会」が催されたり、年に一度「修学旅行」と称した国内旅行や、「慰安旅行」と称した海外旅行へ行ったりする。そうした「イベント」に積極的な参加を促すことによって「交流」を深めてゆく。しかし、やはりなかには、そうしたイベントになかなか顔を出さない障害者たちも少なくない。もちろんかれらはＣＩＬの一員ではあるのだろうが、それよりもむしろ一方向的な、文字通りの「サービス利用者」として位置づけられているように感じられる。

もちろん、「交流」の場は「イベント」という非日常的なことがらだけにかぎらない。事務所にどれだけ顔を出すか、事務所で日常的にどれだけの時間を過ごすか、といったことも重要な要素だろう。こうしたなかで、現状を報告しあったり、たわいない会話を繰り広げたり、というインフォーマルな関係のなかから、このＣＩＬへの参加の度合いを高めていくといった可能性には、だれしもが容易に気づくことではあろう。だがやはりここでも、さきほどの「イベントにあまり参加しない利用者」がいるのと同様に、なかなか事務所に日常的に顔を出さない利用者もいる。そうした一定の多様性も存在することには注意が必要だ。とはいえ、ＣＩＬというコミュニティが、暮らしのノウハウをはじめとした「生の技法」を伝達／共有するための場として障害者たちに必要とされていることは疑いようもない。

1―2　金の切れ目は縁の切れ目？

「ただの事業所ちゃうねん」

そんなセリフを耳にすることが増えたと感じはじめたのは、二〇〇七年頃だったろうか。Ｘ会の人びととの会話のなかで「自分たちは運動体なのだ」ということがしばしば強調されるようになってきたのだ。「単なる事業所」なのではなく、「運動体としてのＣＩＬ」というアイデンティティが再確認されはじめているようにわたしには感じられた。

たしかに、二〇〇五年一〇月に成立した「障害者自立支援法」は、日本全国の障害者を取り巻く状況を一変させようとしていたし、多くの事業所が危機に陥っていったのは事実だ。そのなかで、X会もまた大きな危機感を抱きつつ運営を図ってきたこともまた疑いようのない事実ではある。しかし、それ以前に、たとえば二〇〇三年四月にスタートした支援費制度や、それに伴って噴出した利用料上限問題や介護保険との統合問題といった危機および抗議行動があった。それらに比べれば――X会に関して言えば、という保留が必要ではあるが――まだマシな状況が続いている。一定の「経営努力」のおかげか、ひとまずは安定した活動を続けることができているのだ。

一方、今ある制度の範囲内でやりくりしていくと同時に、その範囲自体を拡げていくこと。たしかに前者はうまくやれている。しかし、後者がどこかで頭打ちになっていることへの苛立ちが述べられている、と捉えていいのかもしれない。そう考えれば、「危機」のさなかのアイデンティティの確認、という解釈もあながち的外れでもなかろう。

では、そうした空気が醸成されゆくなかで、CIL内の健常者/介助者たちはどのように位置づけられ、なにを期待されようとしているのだろうか。

たとえば、ある健常者スタッフはこんな風に語る。

「利用者はずっと（X会に）いるし、一生自立生活やけど、介助者はどんどん入れ替わっていくし、今みたいなある意味安定した時期に入ってきて、そのままやめていってしまう介助者なんかからしたら、自分らも運動してるんやっていう感覚ないままで通りすぎてしまうやろ。それはやっぱりよくないというか、マズイよなぁ、って思う」

重要なことが語られている。まずはここで語られている危機感がどのようなものか、一つずつ確認してみよう。

先に述べたように、X会による独自の「経営努力」の結果、「ある意味安定した時期」にあるとされる時期に介助者となり、順調に活動をおこなっていくことができ、場合によっては単に割のいいバイトのような感覚で続けていくこともできる。もちろん、カネが大事なことはよくわかっているし、カネをもらうことを後ろめたいと思っているのでもない。そもそも、元はといえば、カネがあるから人が集まったのでもある。しかし、カネだけじゃないとも言えるし言いたい、という思いは、「障害者のみならず介助者もまた運動の担い手である」という彼の認識からも見て取れる。これは、当たり前と言えば当たり前であるように見えがちだが、介助者もまた運動の担い手、あるいは当事者であるとする視点が、必ずしも「当たり前」のものではないことは、本書のこれまでの議論を踏まえれば、再び繰り返す必要もないだろう。介助の「カネだけでない部分」は、たとえば介助の「楽しさ」として語られることもあるし、場合によっては、障害者とともに社会に対して「挑戦的な態度」をとることが楽しいと語られることさえある。もちろん楽しいだけの仕事ではないし、むしろ楽しいことを期待することの危険性や暴力性を知ったうえでなお、楽しさも言う。そんな微妙さのなかで語られる楽しさではあるが、いずれにせよそうした「カネだけでない部分」を伝えることの困難さを通して、介助を巡る一々の割り切れなさが重ね合わされているといってよいだろう。

しかし、むしろわたしは、この語りの重要さは別のところにあると思う。それは端的に言えば、「ほとんどの介助者がいつかここを去っていくこと」を前提として語られている、ということだ。

市野川容孝は、ジンメルによる「売春婦」論を引きつつ、介助論への接合を試みる。ジンメルが言うには、「売春婦」にカネが支払われるのはカネで縁を切るためだという。そうした「手切れ金」としてのカネは「つなぐと同時に切り離す」機能をもつ。

> 介助の対価として支払われるお金は、やはり手切れ金という側面をもっていて、しかも双方にとってそうなのである。介助を受ける側は、自分とは合わない介助者に「辞めてくれ」というためにも、お金を払うのであり、介助をする側も、辞めたいときに辞めるために、お金を受け取っているのではないか。

しかし、それはお互いの自由のためなのである。（市野川 2008: 142）

カネを受け取ることは、受け取った時点ですでに「縁が切れる」ことを前提としているし、また、金を払うことは、受け取る者との「縁を切る」ことでもある。もちろん、元々カネが支払われない関係なのであれば、そもそも両者は出会うこともなければ、ＣＩＬに参加することもなかっただろう。しかし、カネが縁で出会った両者であっても、むしろそうであるがゆえに、常に「縁が切れている」とも言い得るのである。そしてそれは両者の自由のためでもあって、いわば両者が「端から望んだこと」でもあるのだ。介助が有償でおこなわれることには、こうした両価値／両義性が常につきまとうことになる。

だから、ＣＩＬという場でおこなわれる有償の介助は、障害者と介助者とのあいだの「縁を切る」ことが前提とされており、また、そのことは同時に、介助者がいつかそのＣＩＬを去っていくことが織り込み済みであることを示してもいよう。では、そうした「金の切れ目が縁の切れ目」とばかりに「いつか去っていくこと」を前提とした関わりという回路しかもたない有償の介助者たちは、ＣＩＬという場にとっての「外部」なのであろうか。そうではない、とわたしは考える。ＣＩＬという場は、障害者と介助者という「つなぐと同時に切り離された人びと」の関係性が織りなす、まさに「両義性の場」なのだ。

では、そうした両義性の場としてのCILを記述するために有益な視座とはいかなるものでありうるだろうか。

1−3　障害文化とコミュニティ

倉本智明（1997）が指摘するように、ろう者には「ろうコミュニティ」が、盲人には盲学校から三療業へつらなる「盲界」があるように、かれら独自の共同性を育む基盤が、一定の歴史的条件のもとに形成されてきた。ろう者や盲人は、集住やギルドの形成を通じて、近代以前からそうした共同性を培ってきた一方で、CP者をはじめとした身体障害者たちは独自のコミュニティらしきものをもたず、ようやくそれらしきものを獲得したのは青い芝の会発足以降のことだという。そうした意味で、「青い芝以降の運動」を、文化の基盤となる共同性を育む場の生成とみる視点は重要である。決して単線的ではなかった障害者運動の歴史ではあるが、CILもまた「青い芝以降の運動」の一部である以上、CILを身体障害者独自のコミュニティが生成される場として捉えることも可能なのではないだろうか。

では、仮にCILが、身体障害者たちの文化の基盤となる共同性を育む場でありうるとすれば、そこで成員たちに共有される「共同性」とは具体的にどのようなものでありうるだろうか。

横須賀俊司（1999a）は、「ＣＩＬには独自の『障害文化』があるのではないか」として、ＣＩＬでの参与観察とスタッフへのインタビューを試みた。「障害者は自分を生きやすくするために『障害という経験』を主体的に意味づけ、独自に解釈する枠組みを形成する。この解釈枠組みがある一定の成員に共有されると、それが『文化』としての位置を占めることになる」。つまり、ＣＩＬという組織のなかで「障害という経験」を解釈する枠組みが共有されるということ。それこそがＣＩＬの文化であり得る、というわけだ。「障害者はきわめて苛酷で困難な『障害という経験』を何とか生きやすく、できれば楽しめるような経験へと現実構成するために『障害という経験』を読み替えていく」（ibid: 24-5）。そうして、障害者と健常者との不平等な関係の解消と「支配的な価値体系の変革」のために「文化闘争を志向する」のがＣＩＬであると述べる（ibid: 21）。

横須賀は、ＣＩＬの「雰囲気」の中に、たとえば「困難な状況や屈辱的な状況をあえて面白がる」という意識と態度の共有をみて、それを「文化」と呼んだわけだが、そうした「面白がる」という態度は、かれらの日常的な「語り」のなかではじめて立ち上がってくるものだ。コミュニティの内部に一定の「語りかた」が蓄積され、「物語」として共有されることで、コミュニティへの参加の度合いを深め、アイデンティティの実感が促される。だから、「困難な状況や屈辱的な状況をあえて面白がるわたし」を物語り、その「文法」がメンバーによって共有されること。そのことが、家族を離れ、施設や病院を出て暮らすことを選んだ障害者たちが、ＣＩＬというコミュニティへの「参加」の度合いを促すきっかけとなってゆくのだ。

障害者にとって「差別的な社会」、「無力化させる社会」(disabling society) に対し、ＣＩＬ内に芽吹く障害者文化の自律性を——戦略的に？——言うことの一定の意義は認めよう。障害文化を育み、それをメンバーが身につけるための場／コミュニティとしてのＣＩＬ、という観点の重要さはいくら強調しても足りない。しかし、横須賀の描く「文化闘争を志向する」ＣＩＬには、不思議と健常者の姿がない。少なくとも、そこにあらわれる健常者たちは、あくまでも「障害文化」というポジを浮かび上がらせるためのネガ、といった位置づけに終始しているように思えるのだ。

Ｘ会は以前から、施設への訪問や講演と同時に、地域の普通高校などで、講演というかたちでの啓発活動を積極的におこなってきた。Ｘ会には、そうした啓発活動を通じて、障害者の自立生活という営みとＣＩＬの存在をはじめて知り、介助者としてかかわりはじめた者も少なくない。なかには、高校生の頃からかかわりはじめて、三〇歳を過ぎた現在も健常者スタッフとしてはたらいているという者も存在する。かれらの多くは一様に、そうして出会った実際の障害者たちの姿に衝撃を受けたと語る。物怖じせずに一人旅を試みたり、博打を打ったり、性風俗店で遊んだり、といったどこか無頼めいた実際の障害者たちの姿や、それらの経験を語る語り口。要は、物静かで控えめで、弱い、といった支配的な障害者像に反するかのような姿に心惹かれていったようだ。わたし自身も、その気持ちがわからないでもない。

きわめて苛酷で困難だとされる「障害という経験」。そして、それをさもおもしろがっているかのような、障害者たちの虚実入り交じった語り。では、実際にそれらがどのような場で語られ、上演されているのか、と考えてみよう。少なくとも、その場には必ず、語りに耳を傾ける者がいて、だからこそはじめて語られるものであるはずだ。「障害という経験」を同様に抱えた者同士で語り、聴く、という関係性ももちろんだが、その場に居合わせる健常者たちもまたおそらく、「よい聴き手」としてそこにいるのではないか。

「よい聴き手」がいるからこそ、「障害という経験」はおもしろおかしく語られ、上演され、それに健常者たちは心惹かれる。「よきオーディエンス」の前で何度も何度も上演された語りは、微妙に修正されてゆく。そうした語りに心惹かれ、参加を動機づけられるからこそ、参加し続けることができ、また、「障害という経験」はさらに語られてゆく。こうした、語りを巡る障害者と健常者との〝よきフィードバック〟が得られてはじめて、CIL特有の「語りかた」は反復され、蓄積されていくはずだ。この点だけ取ってみても、CILに芽吹く障害（者）文化なるものを、障害者の視点からのみ捉えるだけでは不十分であるといえよう。*39

また、重度身体障害者たちは、かれらにとって「差別的な社会」を、具体的にどこでどのように経験しているのか。ＣＩＬに参加することを通して自立生活を営む障害者たちの日常、という地点に立てば、それはほかでもない、「差別的な」健常者と相対する場であり、また、介助される日常のなかでこそ経験されているにちがいない。だからこそ、健常者はどのようにしてＣＩＬに「参加」してゆくのか、という問いは依然として残されていることになる。すなわち、ここで求められるのは、「健常（者）文化」への対抗的な側面からのみ「障害（者）文化」に注目することではなく、むしろ、「健常（者）文化」との妥協や協調、相互浸透などの側面を視野に入れることなのである。

たしかに介助者は「障害者のみならず、自分もまた運動の担い手である」ことを必ずしも自覚していない。その事実をひとまず認めつつ、しかし同時に「ただの事業所ちゃうねん」という言葉では言い足りていない部分をいかにして言語化していくか。問題は、介助者が介助者同士の「つながり」や、ＣＩＬというコミュニティへの「つながり」をうまく実感できないこと、あるいは自覚できないことにあるのだろう。

そのためにはやはり、ＣＩＬというコミュニティを身体障害者独自の文化の基盤として、障害者の実践のみに注目するのではなく、運営の中心を担う障害者はもとより、介助者／健常者とのを含めたさまざまな人びととの協力、対立、妥協、協調や折衝といった社会的実践の交錯を可能にする場として捉える必要があるはずなのだ。

2　障害者コミュニティのなかの介助者

2－1　実践コミュニティとCIL

では次に、CILというコミュニティを、障害者による視点のみならず、健常者との対立や妥協や

＊39　共同体として一定の凝集性があるとすれば、そこから排除される者も当然あらわれることになる。共同体と成員のアイデンティティの構築には、内部／外部、もしくは、わたしたち／かれらとの線引きが不可避だからだ。もちろんそれは、障害者／差別的な健常者という線引きにとどまらない。つまりここでは、「困難な状況や屈辱的な状況をあえて面白がる」ことができない者＝「おもしろくないやつ」「マイナス思考なやつ」を排除してしまうこと――障害者内部での分裂――もありうるということだ。そして、そうした排除は、CILという組織の性格上、個々の障害者の生存にもかかわることを忘れるべきでない。「特に危惧されるのは、〈健全者文明〉との対抗関係のなかで創造される〈障害者文化〉の規範が、支配的な規範に抗するために、より拘束的で、逸脱に対して不寛容なものとなる恐れがある点だ。そのような強力な規範のもとでは、障害者が再度の自己否定へと追い込まれる危険性はいっそう高くなる」（倉本 1997）。

相互浸透を含めた実践の網の目のなかから捉え直すことはいかにして可能か。その方法を考えていこう。ただし、ここでコミュニティなる古色蒼然とした言葉を用いることには若干の注意が必要かもしれない。

これまで、社会学や人類学が「コミュニティ」に投影してきたのは、モダニティが生み出す均質な「個人」とは異なる、「伝統的な」社会関係にある人間像だった。しかし、一九八〇年代後半に勃興したポストモダン人類学によって、そうした伝統的コミュニティ概念のもつ虚構性――帰属性や同一性を基準とした、伝統的で始原的なコミュニティ像――は徹底的に批判されることになった。こうした一連の議論を踏まえたうえでなお、田邊繁治（2008）は、日常的実践の繰り広げられる場を再考するにあたって再び取り上げられるべきものはやはり「コミュニティ」であるとする。コミュニティは「社会構造とまったく理論的素性のちがう概念」であり、「具体的な人びとの生と社会関係がかれらの現実の実践によって築きあげられる場」である。つまりコミュニティとは、「農村、都市、地域、工場、組合、学校、病院、刑務所などを問わず、さまざまなレベルの権力関係と人びとの社会的実践が交錯した所に形成されている場、あるいは『状況』である」（ibid: 7）。

このような「コミュニティ」のとらえ方の前提となる議論として、J・レイヴとE・ウェンガーによる「実践コミュニティ」（communities of practice）論がある。実践コミュニティ論は、「学習」という社会的過程を中世の徒弟制をモデルとして分析し、いわば封建遺制として忌み嫌われてきた観のある徒弟制を、「教育」という文脈から再評価した。実践コミュニティとは、従来の「共同体」という用語から連想されるようなある実体ではなく、いわば個人的／心理的な側面から捉えられる傾向にあった「学習」という概念に「社会」という文脈を挿入する＝社会学化するための抽象概念だと考えたほうがよい。つまり、徒弟制的な教授関係を歴史的な「遺制」とみなすのではなく、また、個人間のコミュニケーションのありようにのみ焦点化するのでもなく、教授を巡るコミュニケーションがとりかわされる「場」という文脈を視野に納めたことに大きな意義があろう（Lave & Wenger 1991）。これらのことから、実践コミュニティの概念は、「個人のうえにおおいかぶさり、個人の行為、認知や思考に方向を与えていくような、従来の人類学が規定してきた社会制度的な枠組みから解放されている」（田邊 2008: 60）と言えよう。

実践コミュニティにおける学習は、学習者が特定のコミュニティに「徒弟」として参加することではじまる。まずはそのコミュニティにとっての新参者として参加し、一見ムダで周辺的な雑用にしか思えないような仕事を任されることからスタートして、しだいにコミュニティへの参加の度合いを深めていく。たとえば、伝統芸能の初学者が、熟練者である師匠の元に住み込み、家弟子のようなかたちで芸事の学習をスタートした場合、その家の掃除や炊事といった下働きからはじめさせられることが多かろう。それは一見、学習しようとする「芸」それ自体とはなんの関係もなさそうに思える。しかし、そうした周辺的ではありながらも正統なメンバーとして認められることで、師の芸を間近に見ることができ、みずから「わざを盗む」機会をえることができる。さらには、芸によって結ばれたコミュニティに徐々に参加の度合いを深めていく。こうした全人格的なかかわりかたを通して、結果、熟練者としてのアイデンティティと身体技法を同時に獲得し、コミュニティへの「十全な参加者」になっていくのだ。この学習のプロセスを「正統的周辺参加」(Legitimate Peripheral Participation) とよぶ。以上のような徒弟制による正統的周辺参加は、学習の場と現場とが未分化であり、現代の学習／労働環境を相対化するものとして捉えることができよう。*40

　こうした実践コミュニティ論のうち、本書にとって特に重要な論点は、実践コミュニティにおいては、仕事を覚えることとコミュニティへの参加が並行しておこなわれる、という点である。つまり、「介助者になる」ことは、単に「介助技術を身につける」ことなのではなく、それと同時に、それらの技術を可能にする、またはそれらが必要とされる場への参与の度合いを深めてゆくことなのだ、という視点を提供してくれることである。

　石田健太郎 (2006) は、ホームヘルプ労働の教育制度を考察するなかで、ホームヘルパーの学習過程に「正統的周辺参加」の視点の援用を試みた。従来、ホームヘルパーに対する教育訓練は、一般的にOff－ＪＴとＯＪＴ（on-the-job-training）という二つの方法によっておこなわれてきたと整理する。Off－ＪＴとは、通常の業務とは離れた教室的／学校的な空間において、教える者から教わる者へと知識が教授されるという形式のことだが、一方、ＯＪＴは、仕事に実際に従事しながらおこなわれる教育訓練であり、時間的にも空間的にも仕事と分かちがたく結びついたものだとされる（ibid: 112-3）。しかし、ホームヘルプ労働は「管理者のいない個人の家庭・居宅という密室の私的空間において活動しなければ、サービスを提供できないという空間的な特殊性を有している。そのため、通常の労働の場で可能なＯＪＴをおこなうことができない。そうした状況において、職場におけるやりとりの中で、実践を言語化するという教育訓練の手法は、ホームヘルパーによる実践をモニタリングするうえでも重要である」（ibid: 115）。これらを解決する方法として提案されるのが、デュアルシステムである。つまり、「課題に直面する・評価を受ける↓振り返る・考える↓学習する・言語化する↓やってみる・伝える・発信する」という学習過程を制度化することが目指される（ibid: 119）。

＊40　この実践共同体、および正統的周辺参加の議論に依拠したエスノグラフィには、すでに一定の蓄積がある。特に、伝統芸能への熟練に関して、［生田 1987］、［福島編 1995］など。

すでに述べたように、暗黙知は基本的に「言語化できない」ものであるから、熟練者が初学者に対して言語で説明して教授することには限界がある。だから、熟練者に徒弟として全人格的にかかわり、「わざ」をまねて、「実際にやってみる」ことのなかから暗黙知を身体化していくしかないわけだ。このように、暗黙知を教える／教わるというコミュニケーションの過程を捉える際、実践コミュニティ論はたしかに有用な視点を提供してくれると言えよう。

では、ＣＩＬという場を、仮に実践コミュニティであると捉えることは、介助者がＣＩＬへ「参加」してゆく過程や、そのコミュニティ内部でおこなわれうる成員間の相互折衝といった実践を記述するために有用な道具立てだと言えるだろうか。次に、より具体的な事例に依りながら考えてみよう。

2－2 直行直帰の不安

石田（ibid.）が指摘するように、また、すでに第3章で述べたように、たしかに介助の技法は、教室的／学校的教授方法にそぐわない。それゆえ、わたし自身が経験してきた「介助の学習法」は、ＯＪＴ的な、言わば「泳げるようになりたければ水に飛び込め」式の方法でもあった。そもそも、介助の労働形態は、個人の家庭・居宅という「密室」において、一対一でおこなわれるものであるのに加え、いわゆる「直行直帰型」であるがゆえに、介助の最中におこるさまざまな問題状況を言語化し、それらを他の介助者同士、ひいてはＣＩＬ内部で共有することが難しい。だから、そのような労働形態に起因して、個々の介助者がＣＩＬの成員としてのアイデンティティを獲得することは比較的難しいとも言える。*41

介助が、「直行直帰型」の労働形態をともなうことに起因して、「利用者」には定期的に会うことができる反面、そうでない他の障害者たちや他の介助者たちと顔を合わせることはたしかにそう多くはない。また、事務所を訪れて雑談に興じるといった機会がそうあるわけでもない。わたし自身も、ＣＩＬのスタッフたちの「たまには事務所にも顔出してよ」といった台詞を耳にすることはしばしばあるが、ＣＩＬへの参加という側面からみれば、このような介助者への声かけの重要さは理解できる。先に、ＣＩＬの介助利用者でありながら、「イベント」にも事務所にもめったに顔を出さない利用者

＊41　ここで注意が必要なのは、レイヴらのいう実践共同体内では、基本的に熟練の度合いとコミュニティ内での地位階梯が一致するということ。つまり、熟練すればするほど、彼が所属するコミュニティ内での地位もそれに比例して高くなっていくという対応関係が見られる。その意味では、介助の熟練度とＣＩＬ内での職業的地位とは関係がない。というか、熟練度をはかる尺度がないわけで、少なくとも、地位が高いということから逆算するかたちで、その介助者の熟練度を推し量るしかない。

は少なくない、と述べた。これも実は、介助者にもあてはまることなのだ。

また、自分以外の介助者が実際にどのように介助をおこなっているか。その姿を目にすることも多くはない。いわゆる「介助者研修」のようなもの、特に技術実習のようなものは年に一度ほどしかないし、それとて、参加が義務づけられているわけではない。だから、先輩介助者のやりかたを模倣することで学ぶ、といったことができる機会が少ないことにもなる。そうした意味でも、事務所を訪れたり、「イベント」に参加するなかで、他の介助者の仕事ぶりを見るのは、たしかに貴重な経験でもある。

思えば、かれらの居宅は、実に不思議な空間だ。たくさんの他人たちが、毎日ひっきりなしにやってきては去ってゆく。その家に毎週のように何年も通っていたとしても、やってくる人びと同士が知り合い同士であるわけでもない。それほどに介助者同士のつながりは、大抵は希薄なものだ。その事実からして、個々の介助者自身が「このＣＩＬの正統なメンバーなのだ」という明確なアイデンティティをもつことは難しいとも言える。個々の利用者との関係を意識することはできても、「ヨコのつながり」を意識することはなかなか難しいからだ。*42

しかし、こうした「ヨコのつながり」を意識することは、たしかに難しくはあっても、実はまったくない、というわけでもない。なぜなら、日々の介助活動のなかで、具体的には、障害者たちの居宅において、自分以外の介助者たちの「気配」を感じることはいくらでもあるからだ。言い換えれば、かれら他の介助者たちの「足あと」を、そこかしこに見つけることができるからだ。

2-3 たぐり寄せた「足あと」

介助のために障害者の居宅を訪れると、ときどき、あれ、いつもと違う、と感じることがある。わたしの直前に介助に訪れていた人のせいなのか、あるいは前日の夜に入っていた人のせいなのか（わたしが介助に入るのは多くの場合夜であることが多いから）、いつもとやりかたが違っている、と感じることがあるのだ。洗濯物の干し方が違う、フライパンの収納場所が違う……。介助者は、しばしば個人プレイであることが多いうえに「直行直帰型」の労働形態ゆえに、他の介助者との接点がそう多くあるわけではない。たしかに、生活の中で隙間なく介助者が必要で、間断なく介助者がやって来るような利用者宅の場合なら、自分の前後の介助者とすれ違うようにして交代することはある。しかし、

＊42　杉田俊介の報告によれば、脳性マヒ者の障害者の横山晃久は、（障害者の団結も必要だが）介助者も今横のつながりがなくあまりに孤立している。介助者の全国組織を五年くらいかけて作ってほしい、と言っていたという（杉田 2008a: 230）。

それ以外、となると、定期研修や勉強会を含めたＣＩＬ主催の「イベント」のときぐらいだろうか。けれども、わたしは日常の介助のなかで、それが基本的に個人プレイではあっても、多かれ少なかれ、ほかの介助者の存在を感じているのだと思う。

なぜなら、利用者宅には、そこかしこに介助者たちの「足あと」が残っているからだ。ただ残念ながら、「足あと」に気づく、といったとき、それが必ずしもいい機会ではない場合もある。三角コーナーに生ゴミが溜まってクサい、とか、食器の拭きかたや洗濯物の干しかたが気に入らない、とか、ついつい欠点が目立ってしまうし、そんな部分ばかりに気づいてしまう――もちろん、わたし自身の「足あと」も、他の介助者はみていることになるわけで、きっと「ひとのことは言えない」のかもしれないのだが。というのも、「よさ」は大抵さりげないものだし、日常生活のなかの「よいこと」というのは多かれ少なかれ、「よい」というよりも、「わるくない」といった「消極的なよさ」であることのほうが多いから、目に立たない、なかなか気づかれない、そんな場合が多いのだろう。

利用者はみな、身の回りのことを細かに介助者に指示しているわけではない、と述べた。たとえば、衣服のたたみかたや、それらをタンスやクローゼットに収納する方法について、介助者が事細かに指示されることはあまりない。端的に言えば、わたしは、タンスの中にすでに収納されたものの様子や衣服のたたみかた――つまり、他の介助者の仕事ぶり――を見て、その方法を引き継ぎ、「脱線」

してしまわないように、それらをただなぞり、「まねている」のだ。ベランダから取り込んだ洗濯物は、タンスの引き出しにただやみくもに突っ込んでしまえばよいというものではないし、ちゃんとたたんだとしても、たたみかたによっては必要以上にかさばってしまって、たくさんの衣服を決まったスペースに要領よく収納することが難しくなってしまうことがある。逆に、たたみかたを工夫しさえすれば、見た目以上にたくさんの衣服を、決まったスペースに納めることも可能だったりする。だから、すでにタンスのなかに収まっている時点でそれは一応成功しているのだから、その方法を引き継ぎ、まねてさえいれば間違うことはない。もちろん、すべてがまるでコピーされたかのようにつながっていくわけではない。あくまでも人間がおこなっていることではあるし、介助者それぞれの得手不得手や手癖などもあるはずだ。だれかが「おかしな方向」へ進み出せば、後続の者たちがそれを追従しないともかぎらないのだが、少なくとも、さまざまな介助者たちのやりかたの最大公約数として、「たたまれた衣服」は、なんとかそこにあるのだ。

こうして、仕事の「結果」として残された他の介助者の「足あと」――ここでは、「たたまれた衣服」――から、わたしは介助のやりかたを学んでいると言えるのだろうし、そうした意味で介助者同士は「つながっている」のだと考えることができる。わたしは、ほとんど出会うことのないその介助者のことをよく「知っている」のだ。

こんな風に、個人プレイの介助者たちも、常につながってはいる。利用者の生活のなかで、「足あと」を相互にチェックし合いながら、常にバトンを渡し続けているのだ。たしかに、直接目の前で他の介助者の働きぶりを見て、まねてみることで学習するということが、できる機会がそうあるわけではない。しかし、かれらの「足あと」からそれぞれのやりかたを「発掘」し、たぐり寄せ、まねることはできるということだ。

ただ、この「つながり」が必ずしもよいことだとは限らない場合もあるだろう。たとえば、自分の前の介助者がゴミを捨てないでいれば、次も「これでかまわないのだ」と思ってしまう。そして、次も、そのまた次も……こうして、しばしばゴミは溜まっていく。どこかでこの鎖を断つことをせねばならないのだろう。もちろん、そういうことがないよう、利用者自身が常にチェックしておくべきではあり、それが大前提ではあるのだが、いずれにせよ、そうした利用者の「油断」は「ふだんは無事につながっている」からこそもたらされるものでもある。

たしかに、特定の利用者を共通項にして、複数の介助者が寄り合う場を設け、それぞれの仕事内容や、利用者の様子などを報告し合ったり、そうして出し合った情報をもとに今後の介助方法にフィードバックするというシステムを構築することは、よいことではあるのかもしれない。それはおそらく、利用者にとってよいことである、と同時に、介助者にとってもよいことでもあるのだろう。個人プレイが基本ゆえ、孤立感を感じてしまう介助者が、それを拭うことができるのはよいことであろうし、それがよい仕事につながるのであれば、結局は利用者にとってよいことでもあろう。

このように考えてみれば、複数の介助者たちが「足あと」を相互にチェックし合いながら「つながる」という、この円環のなかに障害者はいると言える。逆に、介助者は、障害者の必要を中心として形作られた「つながり」の円環の一部として、そこにいるのだ。

もちろん、この介助者のつながり／円環のなかには、実際に会ったことのない介助者や、イベントなどにもめったに顔を出すことのない介助者も含まれているのだが、右に述べたような途切れることのないつながり／円環のなかに彼がいる以上、わたしは彼のことを「知っている」のだし、また同時に、彼もわたしのことを「知っている」のだ。その意味で、わたしはまだ見ぬ彼の仕事ぶりや「足あと」から、介助のやりかたを学んでいるのだと言える。

もっとも、ここで「直接／間接」という次元を持ち出すことに、大した意味はないはずだ。何度も述べるように、おのれがふだん何気なくおこなっていることを他者に言葉で伝える、教えることには常に一定の困難が含まれていたのだし、目の前でやってみせることで「わざを盗ませる」にしても、結局は盗む側の主体性ないし積極性に学習の実現可能性が委ねられてしまうという意味では、それらが「足あとから学ぶ」ことに比して容易な方法である、と言い切ることはできまい。

また、介助者たちは、なにも特定の利用者のもとでのみ介助活動をおこなっているのではない。だから、複数の利用者のもとで介助をおこなう介助者たちは、ある利用者のもとで身につけた介助のやりかたを、他の利用者のもとでもしばしば用いることになる。介助者はミツバチのように、利用者と利用者のあいだを行き来しながら、同時に、介助のやりかたを運び、つないでいくのだ。その意味で、介助者の目線からすれば、「イベント」などに積極的に顔を見せる利用者とそうでない利用者のあいだに差はない。少なくとも、かれらもまたCILの一員であることを知っている。なぜなら、CILとその利用者をつないでいるのは、他でもない、「ミツバチ」としての介助者なのだから。

介助の「技術」を伝えるために、というだけならば、介助者同士が必ずしも「直接的につながっている」必要はない。間接的にではあっても、介助者たちは、まだ見ぬ介助者たちの「足あと」をたどることによって「つながっている」からだ。そうして、実際にうまくやれている。そうした意味において、介助者たちは、実はちゃんと「つながっている」のだし、その「つながり」を支えているのは、言うまでもなくCILという場なのである。同時に、この介助者たちの「つながり」こそが、CILという場を作り上げている。そしてこれらの円環の中心にあるのが障害者の「必要」なのである。

たしかに、労働形態に起因した、いわば「介助者のアトム化」とでも呼ぶべき現実はある。しかし、事実として「ヨコのつながり」がない、つながらないのではないことは、以上で確認できた。厳密には、つながっているにもかかわらず、つながっていることを自覚することができない。自覚する契機が失われがちだということなのだ。

2―4　いつか去っていく人、として

では、この「つながり」という事実が、ＣＩＬというコミュニティのメンバーとしての「正統性」とどのようなかかわりをもち、ひいては、ＣＩＬという場の成り立ちにとってどのような意味をもち得るのだろうか。

横田恵子（2007）は、実践コミュニティを巡る議論を引きつつ、ヒューマン・サービス、特にソーシャルワーク実践における基本的な実践行為にかかわる技法／わざの習得が、学校教育モデルには馴染まないという問題を提起した。

ヒューマン・サービス実践の場で状況に応じて適切に振る舞うということを、心理学（社会学）に基づいた学問知と見なし、現場に加わる初学者を「学校から派遣されてきたヨソ者」と見なすかぎり、初学者・指導者・実践現場の熟練者が三者三様に抱えている語られない不全感はなくならない。唯一の打開策は、初学者を最初の一歩から「ヒューマン・サービス実践組織の正統なメンバー」として扱うこと

なのである。それは、単に「ヨソ者扱いでは守秘義務のかかった中心的な情報にアクセスできないから、援助の実態が学びにくい」などというような、通常、福祉実習などで問題にされる皮相的なレベルの話ではない。初学者が「学校システムからの実習生として単位取得のために短期間組織に参加し、いなくなる人物」と見なされるかぎり、組織に埋め込まれた文化やそこで働く熟練実践者が実践している対処のワザ・技法の真髄は体得できない。すべての出来事は、「ソトからの訪問者に説明する」という文脈に置かれ続けるからである。（横田 2007: 15-6）

社会福祉専門職を目指す学生たちが、「実習」と称して現場に派遣されたにもかかわらず、任せられるのはデスクワークばかりでおもしろくない、という初学者の不満も、自らが「ヨソ者」としてではなく、組織内の正統なメンバーとして遇され、「参加」することによって氷解するかもしれない。なぜなら、「参加」を認められることで、組織全体を客観的にながめ、そのなかで自らが今ここで従事している「周辺的」な労働が、組織全体の布置のなかでどのような位置を占めているかを見通す「透明性」（岸 1996: 49）を獲得できるようになるからだ。たしかに、「介助（技術）をいかにして学習／習得するか」という観点からすれば、一定の妥当性を有する指摘だと言えよう。

しかし、ＣＩＬにおける介助は、ベテランだろうが初心者だろうが、やるべきことに大きな違いはない。もちろん得手不得手の個人差はあるだろうが、初心者だからやれないこと、やってはいけないこと、やらせてはいけないこと、というのは、基本的にはそう多くはないと言ってよい。その意味では、すべての介助者は、すでに「はじめの一歩」から正統な（legitimate）介助者として期待されていると言える。だが一方で、退出可能性＝「いつかいなくなる／去っていく」ことも織り込み済みなのだ。

たしかに、介助する者とされる者との間には、「退出可能性をめぐる非対称性」（斎藤 2003）が常に横たわっている。介助者は個別的な介助関係を退出することができるが、障害者は、その身体があるかぎり、「介助される生活」から逃れることができない。介助の有償化は、この非対称性を完全に解消するわけではないにせよ、解消する可能性を高めはする。なぜなら、介助者との関係が、金銭を介した雇用／契約関係にあるならば、障害者の側には介助者を馘首する権利があることになり、「介助される生活」それ自体から逃れることはできないにせよ、個別の介助関係を解消することはできるからだ。「介助されること」一般から逃れる、のではなく、「この介助者から介助されること」からは逃れることができる、というわけだ。

しかし一方で、わたしたちの社会は、〈働いて金をえなければ生きていけない＝労働しないという選択肢が一般的に存在しない〉という制約を前提にした社会である。介助者の立場から考えれば、そうした社会では、介助者が介助関係から退出することを、事実上困難にもする。介助関係から退出したい、辞めたい、としても、食うためにはそう簡単には辞められないのが現実ではある。つまり介助の有償化は、介助者を「辞められない」ようにする制度でもありうるのだ（堀田 2008: 194-195）。

障害者は、特定の介助関係からの退出可能性を保証するために介助の有償化を求めた。しかしそれは、（辞めたくなっても）「食っていくために」介助を続けざるをえない介助者の退出可能性を否定することにもなりえた。要は、介助者の「退路を断つ」ことによって複数の介助者を確保し、「退出可能性」を巡る非対称性を均衡させることにもなってしまう（堀田 ibid）。介助の有償化は、「介助される生活から一生逃れることができない」という障害者にとっての退出不可能性に対して、（それとはまた別の対称軸である）「辞めたら食えなくなる」という介助者にとっての退出不可能性をもって、非対称性を相殺／均衡する試みであるとまとめることができよう。介助者が、食うにやまれず介助関係から去ることができないという事態は、介助者にとってよいことではないのみならず、なにより障害者にとってよいことではなかろう。だから求められるのは、退出可能性を担保したまま、それでもなお退出せずにいられる回路なのであり、それゆえ、「退出可能性」は肯定される。

以上のような意味において、介助者が「短期間組織に参加し、いなくなる人物」であることは前提として織り込み済みなのであり、それは初心者でもベテランでも同じことなのだ。だから、横田（ibid）の言うように、すべての出来事が「ソトからの訪問者に説明する」という文脈に置かれ続けるがゆえに、「組織に埋め込まれた文化やそこで働く熟練実践者が実践している対処のワザ・技法の真髄」を介助者が体得できない、ということはないのだ。少なくとも、「退出可能性」と「正統性」とは関係がない。つまり、「退出可能性」がコミュニティのメンバーとしての「正統性」を減じたり否定したりするわけではない。介助者はいずれにせよ「ソトからの訪問者」なのであり、遅かれ早かれいつか去っていくのだとしても、今ここにいるかぎりは「正統な」介助者として遇されるからである。

2-5 「出入り自在」の場

以上の議論から導き出されるのは、そもそも「正統性」とはなにか、という問いであろう。

多くの健常者は、介助者としてCILにかかわる。しかし、健常者が〈介助者〉になりゆく過程＝介助を学ぶ過程はそのまま、CILへの「参加」とパラレルであるわけではなく、介助に長年従事することが、そのまま「CILの正統的な成員」というアイデンティティを獲得することにつながるとはかぎらない。なぜなら、介助者は「いつかはここを去っていく」ことを一定程度前提としてCILに参加するからであり、同時に、「去ること」を含み込んだうえでなお「正統な」メンバーとして遇されるからだ。

この一見「奇妙」な「正統さ」は、仕事に従事すると同時に学習をスタートさせ、コミュニティのメンバーとなりゆくことでアイデンティティの核となるような、多くの実践コミュニティ論で想定されてきた単線的な参加の過程とは相容れない。少なくとも、「退出不可能性」を前提として介助に従事することは、ＣＩＬのメンバーであることの「正当さ」にとって必要条件ではないのだ。

小田亮（2004）は、これまでの社会科学は、同質性が保たれ、外部に対して閉じた共同体像を前提としてきたが、それに対して、「自在な出入り」を前提としたローカルで小規模な「非同一性による共同体」もまた別の形で維持されてきたと述べる。それらは、資本主義化やグローバル化（脱領土化）によって完全に消滅したのではなく、現在においても、新たに作られていく「出入り自在」なネットワークが既存の場へと節合されることで生活の場に再領土化され、まとまりのある共同体として維持されていると指摘する。つまり、「出入り自在」であること＝いつか去っていくことを含み込んだうえで維持されるコミュニティのありかたが一見「奇妙」に見えてしまうのは、ＣＩＬのメンバーに対して、同質的で帰属性の強い西欧近代的な主体を期待しているからでもある。

また、ダイアン・ホッジズは、幼児教育の教員養成カリキュラムに参加することを通して、レイヴらの「正統的周辺参加」論を再検討した。しかしそのカリキュラムは、子どものケアは女性が担うべし、といったヘゲモニックなシステムを自明として実践するコミュニティだったため、自身レズビアンだというホッジズは、自己の身体との決定的な矛盾を経験することになった。だから彼女にとって、コミュニティへの「参加」のプロセスは、それまでの「個人史」によって形成された自己と身体との摩擦を必然的に産み出すプロセスでもあったのだ。結果彼女は、当初の動機づけとは正反対に、教師になることへの決定的な「非参加」(non-participation)を確信するにいたったのだという(Hodges 1998)。

さらに高木光太郎が示すように、たいてい人は、特定かつ唯一の実践コミュニティにのみ属す、ということはありえない。職人であれば職人の実践コミュニティのみに、ホームヘルパーならホームヘルパーの実践コミュニティのみに参加し、所属し、「単層的なアイデンティティ」を形成するなどということはありえないのだ(高木 1999)。

ここでの批判のポイントは、正統的周辺参加を通してコミュニティへアイデンティファイしてゆくという、一種「単線的な」熟練のあり方と、そこへ参加するよう動機づけられた個々人の埋め込まれた歴史/時間、および、メンバー間の差異や権力関係との交差をいかに捉えるか、という点にあるといえよう。実践コミュニティへの(OJTを徒弟制の現代版と捉える視座を含めた)正統的周辺参加は、当のコミュニティへの全人的なアイデンティファイを志向する。しかしその内部では、必ずしも一貫した同質性が確保されているわけではない。かれらのアイデンティティは多分に不安定であり、多元的であろう。参加を試みるメンバーの置かれた社会的文脈、およびメンバー間の権力関係を視野に入れず、排除してしまうことは、参加と非参加を巡る多元的な可能性を捨象してしまうことになりうるだろう。[43]

ＣＩＬは「逃げられなさ」を引き受けさせるのではなく、むしろ「逃げられる関係」であることを前面に出し、そうすることによって逆説的に安定した介助の供給を可能にしたという側面がある（深田 2007）。それゆえ、むしろ「出入り自在」であるからこそコミュニティとして成り立ちえたのだとも言える。ＣＩＬにおける障害者と介助者の関係は、まずはカネでつながっている以上、ＣＩＬはつながると同時に切り離された人びとの集う両義性の場であり、最終的には切る／つながるといった両義性を解消することはできない。また、離脱可能性こそが、介助者たちをやっと支えているということもありうる。つまり、「いつかここを去っていくつもりでいるからこそ、今、ここでは踏ん張っていられる」のだとすれば、逆に離脱不可能性を自覚してしまうことが、かえって離脱を促してしまうことさえありうるからである。

介助者と障害者の間に横たわるとされる非対称性は、介助という営みにとって避けることのできない「型」であり、少なくとも、それを完全に解消することは基本的に不可能であった。しかしそれは、他者に指示してやらせることによって、「自分でできない」ことを「自分でできる」ようにするという「能力」を巡る生の技法そのものがもつ困難である以上、障害者たちはその非対称性のただ中で生きざるをえず、それを選び取る以外に方法はない。

だから、介助を有償化すること、カネを介在させることによって両者の敵対性が捨象される、というのは、端的に誤りでもある。むしろ、なお残るのであり、両義的であるまま、そのただなかで実践し、思考することが重要であろう。障害（者）文化の基盤として捉えうるＣＩＬというコミュニティの姿を、障害者の実践のみに注目するのではなく、介助者／健常者を含めたさまざまな人びとが織りなす社会的実践を可能にする場として捉えることの意義は、まさにここにあると言えよう。

＊43　また、単線的な熟練と、その結果えることが期待される単層的で静態的なアイデンティティは、コミュニティへのアイデンティファイの度合いが強すぎるため、その「ツブシの利かなさ」から、経済的変化や時間的変化といった外的な圧力に対して脆いとも言える。とかく「フレキシビリティ」が求められるとされるポスト・フォーディズムの状況下においては、文脈の変化にフレキシブルに対応できないということにもなろう。特に、介助を含めたケア労働ないしヒューマン・サービス／ホスピタリティ産業は、現代の非物質的労働の典型であり、リキッドでフレキシブルな「適応」が常に求められる部門でもある。そうした点から考え合わせれば、仮に介助の熟練に実践コミュニティへの正統的周辺参加が必要なのだとすれば、ケア労働とはもっとも相性の悪い組み合わせだとも言える。

3　参加する／そとへつなぐ

わたしは、X会の介助者として八年間活動してきた。その期間が一般的に長いのか短いのか、わたしには知るよしもない。しかしたしかに、正スタッフを除いた登録介助者のなかではすでに「ベテラン」の部類に入ってしまったようだ。では、わたしはこのCILのなかでどのような位置づけを与えられているのだろうか。事務所を訪れればだれかしら必ず話しかけてはくれるし、人によっては、「ジゲン」という愛称——あごひげを生やしていて、ひょろっと背が高くて、帽子を被っていることが多いから、そう名づけられたらしい——で呼ぶ人もいたりするが、かれらからときおり言われるのは、「なんだかんだでマエダくん長いよねー」とか「なんとなく、常にいるよなぁ」といったようなことで、つまりは、〝気づけばなんとなくいつもそこにいる気がする人〟、といったところなのだろう。

数年前の一時期、CILのスタッフに誘われて、たびたび合コンへ繰り出していたこともあった。今となってはそういう機会もすっかりなくなってしまったが、顔を合わせるたびに今でもその頃の思い出ばなしは定番のネタとして披露されてしまい、わたしはといえば、それに相づちを打ちながらただただ苦笑するばかりだ。

かつて民俗学者のあいだで、「夜這いと密造酒のはなしを聞き出せたら、調査地に〝入り込んだ〟証拠」などという、それ自体がすでにフォークロアめいた話がまことしやかにささやかれていたと聞いたことがある。一緒になって夜這いをかけることができればなおベター、といったところだろうか。その伝で言えば、一緒になって合コンへ行ったりキャバクラで遊んだり、といったことができたわたしは、CILに「うまく」参加できたことになるのだろうか。おめでたい、あまりにおめでたいはなしだと思う。

「マエダくん謎やわぁ。普段なにしてんの？」そんな風に直接的に尋ねられることもしばしばある。そんなことを説明するのは案外難しかったりするのも事実で、介助をしているとき以外は、大学での授業やその準備、それから論文を書いたりと、パソコンの前に座ってることが多い、などなどと話しはするが、たいていの場合、いまいち要領を得ない、といった様子。大学院生や非常勤講師の暮らし、というものが、そもそも身近に感じられない人びとにとってはそんなものなのかもしれない。

たしかにわたしは、研究のため、と称して「調査」のためにこの介助という仕事をはじめた。それは疑いようのない事実だし、X会にいるほぼすべての人びとにとっても周知の事実だ。研究者としての立場に片足を置きつつ、同時に介助の世界にも片足を突っ込んだ状態のわたしは、しかし見る人から見ればいかにも「謎」な人物に見えるようだ。

このＣＩＬのなかで、当然ながら、いち介助者のわたしが集まりの中心になることはない。だからといって排除されたり、完全に無視されたりするわけでもない。ときに、承認され、歓待されている、という感覚を覚えることもあるが、このコミュニティに「強く抱きとめられている」という感覚とは少し違う。表現として強すぎる気がしてしまう。どことなく、いつのまにか、そこにいることがただ「許されている」ような感覚。常に注目され、イジられるわけでもない――そういう瞬間もなくはない――が、かといって、手持ちぶさたで、時間が宙に浮いてしまうのでもない。それはきっと、わたしに、〝あくまでも介助者である〟という「役割」がふられているからなのだろうと思うし、得体の知れない（研究者としての）わたしが一定の期間を過ごすことが自然に「許されていた」のは、わたしが熟練した介助者だったからでもなければ、「調査対象者との関係性にラポールを形成できた」からでもないし、ましてや「人柄」なのでもない。もともと、ＣＩＬが非同質的で雑多な人びとの出入りする場だったからであり、それは突き詰めれば、「有償化」がもたらした「来る者拒まず去る者追わず」というコミュニティの性格がそうせしめたと言えるはずなのである。そこは、「調査するわたし」ですら「正統」なメンバーとして扱うことのできる空間なのだ。

本章では、介助者という主体がいかにしてＣＩＬに参与し、また、介助者同士の「ヨコのつながり」をいかにして作り出しているか、実践コミュニティ論を引きつつ検討してきた。X会というCILを、従来の同質的で固定的なアイデンティティを伴うコミュニティ像とは異なる、「出入り自在」で非同質的な場として捉えたとき、介助を必要とする障害者を介した介助者同士の「つながり」に、別の角度から光を当てることが可能になる。

まず、実践コミュニティとしてのCILに参与してゆくプロセスとは、「〈介助者〉になりゆくプロセス」のことであり、単に「介助技術を学習するプロセス」なのではなかった。本書の立場を再度確認すれば、健常者が「〈介助者〉になりゆくプロセス」はそのまま、障害者との距離をはかる営みであり、そして、介助は、身体を通じて障害者という他者とのかかわりかたを「まるごと」体得する営みである。

ただし、「なりゆく」と表現したことからわかるように、〈介助者〉は、その場その場で行為遂行的に構成される主体なのであり、決して固定的な存在ではない。その意味で〈介助者〉は、まず関係的概念であって、実体概念ではありえない。障害者の自立生活とは、介助を利用すること〈によって〉ではなく、介助者と関係を取り結ぶこと〈において〉暮らすことなのであった。逆に介助者は、障害者の介助をすること〈によって〉介助者になるのではなく、障害者と関係を取り結ぶこと〈において〉介助者になるのでもある。

もちろん、それが必ずしもポジティブなことだとはかぎらない。個別的な介助関係においては、不透明なメディアとしての介助者が、障害者の行為目的実現のための「手段」のレベルにおいて不作為のままに介入してしまっていた。そうして実現された介助という相互作用の内に生起する行為は、両者の意思や判断が不可分に重なり合って、一つの織物のようにしてできあがったものだ。そうして「できあがったもの」は、本来利用者と介助者という個々人が担うものであるにせよ、両者それぞれの個人の性質に還元できるものではなかった。こうした個別的な介助関係における、両者の意志や判断の「混ざり合い」と同様のことが、集団のレベルにおいても言えるのではないだろうか。すなわち、CILというコミュニティを基盤として育まれうる障害（者）文化もまた、介助者たちとの関係性〈において〉立ち現れるだろう、ということだ。障害者と介助者との関係を成立させうるCILのありかたもまた、固定的なものではありえず、同様に関係的であらざるをえない。つまり、介助者たちとの「つながり」のありかたがCILという場の成り立ちを決定づけるのである。

CILというコミュニティは、障害者たちにとって必ずしもアジールではない。なぜなら、介助者は障害者たちの前に最も身近な「健常者」――障害者たちの「できない」ことを「できる」ほうへ接続しつつ生を支える存在であると同時に、かれらの生に介入する両義的な他者――として立ち現れるからである。しかし、そうであるからこそ、介助者は、障害（者）文化を「健常者社会」へと接続する結節点であり回路でもありうるのである。

「出入り自在」であることは、ＣＩＬにかかわることを通して〈介助者〉となった者たちが、いつかＣＩＬを「去っていく」ことを保証し、すなわち〈介助者〉を「社会」に輩出することをも保証する。そして、それこそがまさにかれらの「運動」であり、われわれ介助者にとっての「運動」でもあるのかもしれない。「出入り自在な場」で〈介助者〉を作り出すことは、ひいてはＣＩＬという場を「社会」に拡散させていくことでもあり、同時に、〈介助者〉になりゆく過程を記述することは、ＣＩＬという場を社会学化する試みであったと言えよう。

たとえ介助を辞めて／逃げてしまい、障害者や介助というおこないとは縁のない世間で生きることになったとしても、「介助者になる」という過程を一度でもくぐったことのある者は、好むと好まざると、それ以前の主体とは異なった主体――〈介助者〉――となりうる。だから、一人でも多くの介助経験者、すなわち〈介助者〉たちを世に送り出すことがＣＩＬの一つの意義なのであり、少なくともそのこと自体がすでに「運動」なのでもある。ほとんどの介助者たちが、いつかはこの仕事を去り、通過していくというのなら、それはそれでかまわず、むしろいつか去っていくからこそなお一層、「介助者になる」という経験をしておくべきだし、必要なことだとも言える。こうした、介助すること、介助を担うことそれ自体がすでに「運動への参加」であったのかもしれない。

おわりに――「社会の介助性」にむけて

介助というおこないは、よいことであると同時に負担であること、つなぐと同時に切り離すこと、そして、支援すると同時に介入することといった両義性を常に孕んでいる。こうした両義性に、ときに戸惑い、ときに拒絶し、ときに引き受け、そしてときに諦めながら、しかしそのただなかでなんとかやり続けていくこと。本書ではそうした、介助者とよばれる人びとの実践――どのような社会で、どのようにおこなわれているか――を経験的に記述することに努めてきた。再度全体の議論を振り返り、然るべきところに強調点を打ったうえで稿を閉じることにしよう。

1　介助の両義性を位置づける

介助を担う、わたしを含めた多くの人びとは、それまでの人生において、障害者と接する機会をまったくか、もしくはそれほど多くもたずに生きてきた人びとである。逆に言えば、もし介助を担うことがなければ、障害者と決して出会うこともなく生きていったかもしれない人びとでもある。たしかに、養護学校から施設や病院、あるいは家族介護へ、といった障害者たちのライフコースがいまだ大勢を占める現状において、健常者たちがかれらに出会う「隙」――「出会いの場」が社会的にセッティングされたところで「出会い」が必ずしも保証されるわけではない、にしても――はそう多くはない。だからこそ「介助を担う／担わせることによって出会う」ことは、青い芝以降の障害者運動にとって大きなモチーフであり続けてきたとも言える。しかし裏を返せば、日常における出会いの欠如という根幹は、残念ながら、今も昔もさして変わりがないことを示してもいるだろう。

介助というおこないには、だから「出会う」こと、「つなぐ」ことに意義が見いだされる。まずはその意味において、介助の有償化は肯定される。有償化によって確保できる介助者の量は「出会い」の機会を確保することと同義であるとも言えるからだ。

しかし一方で、この有償性にも、やはり常に両義性はつきまとう。

障害者運動のなかでも、ときに「ＣＩＬ系」と称されることもあるバークレー由来の事業スタイルは、介助を「サービス」と捉え、同時に、それら「介助サービス」を利用する障害者たちを「消費者」と捉える。そうしたシンプルかつドライな部分にこそ、これまでＣＩＬが一定の成功をおさめてきた理由の一部があったと評価できる。ＣＩＬが依って立つとされる介助システム論は、貨幣という透明なメディアを介した「社会」全体の「負担」――具体的には税の再分配――を求めてきた。人びとは、直接的に担わない代わりにカネで担っている、というわけだ。

このようなＣＩＬに典型的な介助システム論を最大限に評価しつつ、しかし、そうした貨幣による負担と直接的に介助を担うことによる負担は、たしかに同じ「負担」ではあれど、同時にやはりはっきりと異なった「負担」でもあることを看過すべきではない。なぜなら、本書の議論を踏まえるならば、貨幣によって負担する〈だけの〉健常者は、〈介助者〉ではありえないからである。貨幣という透明なメディアを介した負担によっては「健常者性」の動揺を促すことはできないのだ。しかし、やはり一方で、直接的に担うことを素朴かつ無前提に称揚すべきでもない。だれもが直接的に介助を担えるわけでもないし、そうする必要もない。さらに、直接性を称揚することは、再び「現場」を美化することと同じでもありうる。

こうした両義性をどう考えるかは、なお残された大きな課題であると言えよう。

とはいえ、ヒントはわたしたちの前に残されている。というよりも、ヒントになりうるかもしれない事実を記述するなかで、いずれどっちつかずであらざるをえない「両義的な場」のありようを捉えてゆくしかないのだ。

ともかくこうして、介助者の側はあくまで「仕事」として出会いはじめるのだが、ときに介助者の口から介助の「楽しさ」が言われることがある。たとえば、車椅子に乗った障害者とともに街の喧噪のなかへ繰り出していくことで起こりうる周囲との軋轢、「儀礼的（市民的）無関心」とは正反対の不躾な目線などを、あえておもしろがること。「自分たちvs支配的な社会」という構図を楽しもうとする態度がありうる。確かに、こうした「楽しさ」ゆえに介助にのめり込んでいく介助者は少なくない。わたし自身もこうした魅力を、自分の経験上、否定しない。しかし、「楽しさ」は次第に逓減するものでもあるし、その逓減した「楽しさ」の向こうにある「退屈さ」に帰着していくのが、文字通りの「日常支援」であろうから（第3章、第4章）、その意味において「仕事」にしておく必要があるとも言える。もう楽しくなくなったからさようなら、ではたまらない。だから、楽しいだけでなく、あくまで「仕事」として出会っているのだというドライさもここで必要とされる。介助が有償で供されることは、つなぐと同時に切り離すという両義性をもつというのは、一つに、このためだった。

つぎに、そうした両義的な「出会い」のなかで経験される介助者の当惑、たとえば障害者の裸体に触れること、あるいはかれらの排泄物／行為を見たり嗅いだり触れたりすることによって生じる「市民的自己」の動揺は、介助する主体にとって負担のかかる、できれば回避したいものである（第2章、第5章）。と同時に、介助を担う／担わせることを通じて「健常者性」を問いなおすという企てにとって、なくてはならない経験でもある。ここにも、負担であると同時によいことであるという介助の両義性をみることができよう。

ただ、「健常者性」といったとき、それを身につけた主体はなにも健常者のみにとどまらない。横塚晃一が、ほかでもなく障害者である自分自身に根深く入り込んだ「内なる健全者幻想」を見たように、障害者もまた「健常者性」を身につけた主体でありうることには注意が必要である。

健常者中心の「できなくさせる」社会と、そうした社会が規定する人びとの価値・規範および行動様式の総体としての「健常者性」は、なにも健常者のみによって支えられているわけではない。「内なる健全者幻想」を介して、障害者もまたそこに加担しており、しかも、社会のいたる場所にしかけられた装置を通じて、この「内なる健全者幻想」は絶えることなく再生産されていく（倉本 1997）。たしかに、「支配的価値観を内面化したマイノリティ」像それ自体は、特段珍しくもない。しかし、この「健常者性」もまた決して所与のものではなく、関係性のレベル〈において〉はじめて立ち現れるものであるという視点を加えることが重要である。

わたしたちの多くは、己の身体に健常者性が深く根づいていることを知らない。そしてなにより、そうした事実を自覚する必要がなく、また自覚させられる契機に遭遇しないこと自体が健常者の特権性でもあった。しかし、介助者は必ずしもそうではない（第1章）。たとえば、介助者が障害者の指示にしたがって、日々のタスクを反復するなかで徐々にルーティン化していく過程において経験する、避けることのできない行為の淀みやつまづき（第3章）。結果的に経験せざるをえない「遅れ」を介してはじめて、自身の身体に根深く染みついた習慣のありように気づかされることになるだろう。同時に、介助される側とて、介助者を手段とすることで「健常者ができるようにできる」ことをつい目指してしまう。このように、「健常者性」は、しばしば介助というおこないと、そこで取り結ばれる関係性のただなか〈において〉こそ姿を現すだろう。

たしかに、「健常者性」は、障害者と健常者が具体的に出会う場だからこそ立ち現れる。そして、だからこそ「健常者性」を問い直すためにも介助というおこないを介した「出会い」は必要なことではある。と同時に、自身の「健常者性」に直面させられることは、介助する・される両者にとって負担でもある。ここにもまた、介助のもつ両義性を見いだすことができる。

こうして、介助という両義的なおこないのなかで剥き出しになる「市民的自己」ないし「健常者性」の動揺という経験は、日常的かつドメスティックな経験に見えながら、やはり障害者と健常者の関係性を規定する制度の問題にほかならない。

しかし一方で、たとえば他者の性器に触れねばならない状況（第2章）や、糞尿を扱わざるをえない状況（第6章）などで感じてしまう不快感は、感情管理によって一定程度の低減がたしかに可能ではあるし、ルーティン化の過程のなかで「慣れる」こともできる。そもそもこれらの状況に出会うことなく生きていくことができること自体が健常者の特権性ではあり、「不慣れ」であること自体が、障害者を非日常の存在としてきたこの社会のありかたを示しているのだ、という説明ですべてを終わらせるには無理があるようにも思える。

ざわめく自身の身体を通じて「社会」を再発見すること。たしかに、健常者中心の社会が規定する個人の経験、という説明に一定の妥当性があることは認めよう。しかし同時に、「イヤじゃないわけじゃない」とでも表現するしかないような、曖昧で、どうしても「残ってしまう」部分に帰着せざるをえないのも事実であり、すべてを社会モデルに回収してしまうには無理がある。

だから、両義性のただなかで出会う／出会わざるをえない両者の関係性を規定する社会、という把握が一方であり、そこからこぼれ落ちざるをえない関係性のありようが一方である。これらを、「社会」の側からは捉えきれない「残余」として捨て置くのではなく、再度別の回路から「社会」のなかに位置づけ直すことが求められるはずである。その意味で、両義性のただなかで葛藤し、揺れ動く介助者たちのさまには、いまだ言葉を与えられていない部分があり、それゆえいまだ新しい問題であると言えよう。

2　偏在する「介助」

直接的に介助を担うことを通して「健常者性」を自覚せよ、と言う。しかし、きちんと自覚できているか否か、きちんと認識できているか否か、あるいはそうしたことに意識的に介助がおこなえているか否か、といったことは、言ってしまえば証明のしようがないことである。問題は、それを事後的に振り返り、いかに記述し、語ることができるか、なのだ。しかし、「事実」のほうはそこかしこにある。だから少なくとも、一見つまらない些細な「事実」を言葉にし、位置づけを与えて、積み上げてゆく作業が必要なのである。

「介助を学ぶ」こと、そしてそのうえで「介助者になりゆく」こととは、一つに「技術」を身につけることではあった。たしかに、技術がまったく必要ないというわけではない。たとえば洗髪であれ、歯磨きであれ、車椅子の操作であれ、痰吸引であれ、それらをうまくやり遂げるには一定の「コツ」が——それがどのようなものであるかを言語化するには限界があるにせよ——必要なのは事実である。

しかし同時に、「介助を学ぶ」こと、および介助を実践することはそのまま、介助者が自身の「健常者性」を知る過程でもあった。いわば、「介助を学ぶ」ことには二重のフレームが存在し、これらを同時に達成することが必要とされる。身体ごと現場に参与し、技術を身につけてゆくことは、この社会における障害者という他なる存在のありかたを、その身体を使って「まるごと」知ることなのだ。

つまり、介助という実践〈によって〉知る、というよりも、介助という実践は、すでにそのまま、他者とのつきあいかたそのもの＝「まるごとの経験」なのでもある。言い換えれば、介助は、障害者という他者を知るという目的のための「手段」なのではなく、そのなかでおこなわれていることが、もうすでに他者との付き合い方そのものとならざるをえないのである。介助を支障なく行えている時点で、障害者という他者との距離感の理解は、おそらく、すでに終えているはずである。

たしかに、有償介助というシステムと、そのなかで取り結ばれる関係性がオールマイティであるわけではない。退出不可能性を巡る非対称性という課題において、両義性はなお残る。しかし、そのことは、必ずしも有償の「仕事」であることのよさまでを否定するわけではない。介助が「仕事」としておこなわれることは、基本的に「出入り自在」であること、つまり介助者の退出可能性を担保するが、退出可能性が担保されるからよくない、のではない。退出可能性が担保されるからこそよい、というのが本書の立場であった。

もちろん急いで付け加えねばならないのは、〈介助者〉はいつか去っていくべきだ、と言いたいわけではないということだ。介助の場にとどまり続ける人を否定するわけではない。むしろとどまり続ける人びとがいるからこそ去ることができるのでもあり、かれらを支える義務が社会にあることは大前提ではある。しかし、同時に、すでに述べた意味において、一定の新陳代謝／流動性はあってよく、また、あるべきなのである。

「出入り自在」であることは、CILにかかわることを通して〈介助者〉となった者たちが、いつかCILを「去っていく」ことを保証し、肯定する。介助というおこないのただなかで取り結ばれる関係性〈において〉立ち現れる「健常者性」に遭遇し、当惑し、その当惑をなんとか解消しようとした結果、それまでの主体のありかたとはズレていく、あるいはズレざるをえない、そんなプロセスを経た〈介助者〉たち。かれらは「現場」と「日常」を往還することを通して両岸の敷居を下げ、アチラとコチラをつないだ跡にヤスリをかけ、グラデーションがかった境界をうやむやにする——少なくとも、そうしたことが求められている。そんな彼や彼女や、そして筆者であるわたし自身が、たとえ介助を辞めてしまい、障害者や介助というおこないとは縁のない世間で生きることになったとしても、介助者になりゆく過程という経験を経た〈介助者〉は、すでにかつての「健常者」——自らの立場やアイデンティティを取り立てて意識する必要がなく、どのような立場やアイデンティティでも自由に選べる——とは別の主体なのではなかったか。「出入り自在な場」で〈介助者〉を作り出すことは、ひいては「介助現場」を「社会」に拡散させていくことである。「セックス」が社会に偏在していたように、それが反転してゆくかたちで、「介助」もまた社会にあまねく偏在していく。わたしたちのあらゆる行為が、「介助」とのマテリアルな相同性を帯びはじめるのだ。あらゆるマテリアルに「介助」を見いだすフレーム。介助者の退出可能性を肯定することは、一人でも多くの〈介助者〉を「社会」に輩出することをも保証し、肯定することなのだ。

そしてそれは、つなぐと同時に切り離す、あいまいでどっちつかずな、引き裂かれた関係性の間隙をくぐった介助者たちの経験を、この「社会」のなかに再び位置づけることに静かにつながってゆくはずなのである。

あとがき

本書は、わたしにとってはじめての単著です。これまでのわたしの研究を支え、導いてくださったみなさまに、この場を借りて感謝申し上げたいと思います。

大学院に進学し、「研究」をはじめて丸八年。この八年という歳月は、ＣＩＬに「参与」しはじめてから現在にいたるまでの歳月とほぼ同じ長さです。つまりわたしにとって、「研究」と介助者としての活動は、表裏一体のものでした。そのことは、本書を読んでいただければわかっていただけると思います。

とはいえ、わたしはもともと、「障害」や「ケア」をめぐる諸問題に早くから関心をもっていたわけではありませんでしたし、また、家族や親しい友人のなかに障害者がいたわけでもありませんでした。そんなわたしが、「障害」や「ケア」に思いをめぐらせるようになったのは、大学院に入るとほぼ同時のことです。

わたしが学部を卒業したのは、二〇〇一年。ちょうど就職氷河期とも超氷河期ともよばれていた頃でした。大学を出ても就職しない、というありかたが、案外すんなりと受け入れられた、そんな空気が――少なくともわたしのまわりには――たしかにありました。当時がそんな時代だったことが関係していたのかどうかは自分でもわからないのですが、わたしはいまいち就職する気にも、就職活動に乗り出す気にもなれず、「なんとなく大学院」だったことを隠すつもりはありません。

そんな風にして大学院に進んだところで、やはり「その先の自分」のありかたになにか目算があるわけでもなく、にもかかわらず、根拠のない妙な自信だけをみなぎらせている。わたしはそんな、ある意味では典型的な「大学院生」だったにちがいありません。

まずは、そんなわたしを受け入れ、「研究」に導いてくださった二人の先生に感謝を。

大村英昭先生（関西学院大学大学院社会学研究科）は、わたしを「研究」の入り口に立たせてくださいました。ふわふわと焦点の定まらない眼をした青白い顔でときおり研究室を訪れては、愚にもつかない「研究計画」を口にするわたしに、「臨床」的であること、あるいは「現場」と「研究室」を往還することの重要さとおもしろさとを説き、「自分で現場を見つけてこい」と発破をかけてくれたのは、大村先生でした。そうした「指導」がなければいまのわたしがなかったことは言うまでもありません。いつも、先生の「お説教」を楽しみに研究室に伺っていました。ありがとうございました。

三浦耕吉郎先生（関西学院大学大学院社会学研究科）には、わたしが学部のゼミの頃からいまに至るまで、ずっとお世話をしていただきました。いざ「研究」のまねごとを始めてはみたものの、さて、なにをどこから書いたらいいものやら、と思いあぐねているわたしに、「きれいなもの」を意識せずにとにかく書いてみることの重要さを教えてくださり、同時に、そうしてわたしの「書いたもの」をはじめておもしろがってくださったのもまた、三浦先生でした。わたしにとってはじめての「読者」であると同時に、最も「こわい」読み手でもありました。先生とお酒を飲み、笑い、一緒に調査をした経験こそが、わたしのいまを形作っているはずです。

さて、本書は、二〇〇九年三月、関西学院大学大学院社会学研究科に提出した博士学位論文「介助現場の社会学」をもとに加筆・修正したものです。高坂健次先生（関西学院大学大学院社会学研究科）、石川准先生（静岡県立大学大学院国際関係学研究科）には、この博士学位論文の審査を担当していただきました。ありがとうございました。

また、この本ができあがるまでに、多くの研究者とさまざまなかたちで対話を重ねてきました。そのすべての研究者のお名前を挙げることは当然できませんが、好井裕明先生、本田由紀先生、阿部真大さんに感謝を申し上げます。

わたしが介助者として関わってきたX会のみなさまには、もちろん、いくら感謝しても足りません。X会の門を叩いた当初、わたしはいかにも「うさんくさい」人物だったはずですし、介助者としても決して優秀だったとは言えないはずです。にもかかわらず、わたしが「そこにいること」を受け入れてくださいました。ここにひとりひとりのお名前を挙げることはできませんが、CILにかかわるすべての人びとに、この場を借りて感謝申し上げます。

関西学院大学大学院社会学研究科で「院生室」を共にしたみなさんと、「三浦ゼミ」のみなさん、そして、山北輝裕さんに、感謝を申し上げます。

障害学会、障害学研究会関西部会、障害学質的調査法研究会のみなさん。なかでも、倉本智明さん、横須賀俊司さんは、わたしを障害学の世界に引き入れてくださったと同時に、いつも的確なコメントと楽しい議論の場を提供してくださいました。感謝申し上げます。

最後に、家族に感謝を。

母、まち子と、弟、和彦に。

そしてだれより、妻、昌子に感謝を。あなたの支えと励ましと、ふたりで過ごすなにげない日常がなければ、この本がこうして世に出ることは決してなかった。ありがとう。

生活書院の高橋淳さんには、この本の出版のお話をいただいてから、失礼にも、随分長い間お待たせしてしまいました。わたしのような駆け出しの研究者に辛抱強くおつきあいくださったことを心より感謝いたします。ありがとうございました。

二〇〇九年八月

前田拓也

参考文献

[A]

阿部真大, 2007,『働きすぎる若者たち――「自分探し」の果てに』NHK生活人新書.

足立眞理子, 2007a,「ケアのグローバル化――ケア労働の国際的移転と日本的状況」足立眞理子・伊田久美子・木村涼子・熊安喜美江編『フェミニスト・ポリティクスの新展開――労働・ケア・グローバリゼーション』明石書店: 159-176.

――――, 2007b,「グローバル資本主義と再生産領域」『現代思想』35 (8): 138-147.

Agamben, Giorgio, 1995, Homo Sacer: Il potere sovrano e la nuda vita., Torino: Giulio Einaudi Editore S.p.A., = 2003, 高桑和巳訳『ホモ・サケル――主権権力と剥き出しの生』以文社.

秋風千恵, 2008,「軽度障害者の意味世界」『ソシオロジ』161, 52-3: 53-69.

天田城介, 2003,『〈老い衰えゆくこと〉の社会学』多賀出版.

――――, 2004,『老い衰えゆく自己の／と自由』ハーベスト社.

雨宮処凜, 2007,『生きさせろ！――難民化する若者たち』太田出版.

――――, 2007,『プレカリアート――デジタル日雇い世代の不安な生き方』洋泉社.

蘭由岐子, 2004,『「病いの経験」を聞き取る――ハンセン病者のライフヒストリー』皓星社.

朝霧裕・秋山由紀・市野川容孝, 2007,「〈鼎談〉介助って何だろう？」市野川容孝編『身体をめぐるレッスン4　交錯する身体』岩波書店: 109-142.

安積純子・岡原正幸・尾中文哉・立岩真也編, 1995,『生の技法――家と施設を出て暮らす障害者の社会学（増補改訂版）』藤原書店.

安積遊歩, 1993,『癒しのセクシートリップ――わたしは車イスの私が好き』太郎次郎社.

――――, 1999,『車イスからの宣戦布告――わたしがしあわせであるために、わたしは政治的になる』太郎次郎社.

安積遊歩・野上温子, 1999,『ピア・カウンセリングという名の戦略』青英舎.

東浩紀, 2002-2003,「情報自由論」[東 2007b: 9-205]

————, 2007a,『ゲーム的リアリズムの誕生——動物化するポストモダン 2』講談社現代新書 .
————, 2007b,『情報環境論集（東浩紀コレクション S)』講談社 .
東浩紀・大澤真幸 , 2003,『自由を考える—— 9.11 以降の現代思想』日本放送出版協会 .

[B]

Baccus, M.D., 1986, 'Multipiece Truck Wheel Accidents and their Regulations', Garfinkel, Harold ed., Ethnomethodological Studies of Work, Routledge: 20-59.
Bateson, Gregory, 1972, Steps to an Ecology of Mind, Brockman, Inc., New York., = 1999, 佐藤良明訳 ,『精神の生態学（改定第 2 版)』新思索社 .
Bauman, Zygmunt, 1998, Work, Consumerism and the New Poor, Open University Press.
————, 2000, Liquid Modernity, Polity Press Limited., = 2001, 森田典正訳『リキッド・モダニティ——液状化する社会』大月書店 .
————, 2004, Wasted Lives: Modernity and its Outcasts, Polity Press., = 2007, 中島道男訳 ,『廃棄された生——モダニティとその追放者』昭和堂 .
Becker, H.S., 1972, 'A School is a Lousy Place to Learn Anything in', Geer, B. ed., Learning to Work, Sage Publication.
Bourdieu, P., 1977, "Remarques Provisoires sur la Perception sociale du corps" , Actes de la recherche en sciencessociales, no. 14., Avril. = 1986, 桑田禮彰訳 ,「身体の社会的知覚」[栗原ほか編] .
————, 1979, La Distinction: Critique Sociale du Jugement, Editions de Minuit., = 1990, 石井洋二郎訳 ,『ディスタンクシオン——社会的判断力批判 I・II』藤原書店 .
Bourdieu, P., 1979, La Distinction. Paris: Edition de Minuit = 1990, 石井洋二郎訳『ディスタンクシオン I・II』藤原書店 .
————, 1980 , Le Sens Pratique. Paris: Edition de Minuit = 1988,1990, 今村仁司・湊道隆他訳『実践感覚 1・2』みすず書房 .
Branfield, Fran, 1998, "What Are You Doing Here?: 'Non-disabled' people and the Disability Movement: a response to Robert F. Drake.", Disability & Society, 13-1: 143-144.
（社）部落解放・人権研究所編, 2005,『排除される若者たち——フリーターと不平等の再生産』解放出版社 .

Braverman, H., 1974, Labor and Monopoly Capital: The Degradation of Work in the Twenty Century, Monthly Review Press.

Bricher, G., 2000, "Disabled People, Health Professionals and the Social Model of Disability: can there be a research relationship?" , Disability & Society, Vol. 15, No.5, : 781-793.

[C]

Castel, Robert, 1991, 'From Dangerousness to Risk', Burchell, G., Gordon, C., Miller, P. ed., The Foucault Effect: Studies in Govermentality, The University of Chicago Press: 281-298.

de Certeau, M., 1980, Art de Faire, Union Generale d' Editions. = 1987, 山田登世子訳『日常的実践のポイエティーク』国文社 .

近田洋一 , 1985,『駅と車椅子』晩聲社 .

Crossley, Nick, 1995a, 'Merleau-Ponty, the Elusive Body and Carnal Sociology', Body & Society,: 1: 43-63.

————, 1995b, 'Body Techniques, Agency and Intercorporeality: On Goffman's Relations in Public', Sociology, 29-1: 133-149.

————, 2005, 'Mapping Reflexive Body Techniques: On Body Modification and Maintenance', Body & Society, vol.11（1）: 1-35.

————, 2006, 'The Networked Body and the Question of Reflexivity', Waskul, Dennis & Vannini, Phillip ed., Body/Embodiment: Symbolic Interaction and the Sociology of the Body, Ashgate: 21-33.

Crow, L., 1996, "Including All of Our lives: Renewing the Social Model of Disability" , Morris, J. ed. 1996.

[D]

ドッグレッグス , 1998,「自立とプロレスの両立」『現代思想』vol.26-2: 64-73.

Deleuze, Gil, 1990, Pourparlers, Editions de Minuit. = 2007, 宮林寛訳『記号と事件』河出文庫 .

Drake, Robert F., 1997, "What Am I Doing Here?: 'Non-disabled people and the Disability Movement.", Disability & Society, 12-4: 643-645.

Duckett, Paul S., 1998, "What Are You Doing Here?: 'Non-disabled' people and the Disability Movement: a response to Robert Fran Branfield.", Disability & Society, 13-4: 625-628.

[F]

Finkelstein, V. 1975, "To Deny or Not to Deny Disability" Magic Carpet,

xxvii, No.1: 31-8. =2000,
長瀬修訳「障害を否定すべきか、否定すべきでないか（ヴィク・フィンケルシュタイン）——世界から・17」『季刊福祉労働』86: 90-3.
Fitzpatrick, Tony, 1999, Freedom and Security: An Introduction to the Basic Income Debate, Macmillan Press., = 2005, 武川正吾・菊地英明訳『自由と保障——ベーシック・インカム論争』勁草書房 .
Foucault, Michel, 1963, Naissance de la clinique . Une archeologie du regard medical, P.U.F., = 1969, 神谷美恵子訳 ,『臨床医学の誕生』みすず書房 .
————, 1975, Surveiller et punir: Naissance de la prison, Gallimard. = 1977, 田村俶訳『監獄の誕生——監視と処罰』新潮社 .
————, 1977-1978, Securite, Territoire, Population : cours au College de France. = 2007, 高桑和巳訳 ,『安全・領土・人口 : コレージュ・ド・フランス講義 1977-78 年度（ミシェル・フーコー講義集成 7)』筑摩書房 .
————, 1984a, L' usage des Plaisirs: Histoire de la sexualite Vol.2, Gallimard. = 1986, 田村俶訳『性の歴史 II　快楽の活用』新潮社 .
————, 1984b, Le souci de soi: Histoire de la sexualite Vol.3, Gallimard. = 1987, 田村俶訳『性の歴史 III　自己への配慮』新潮社 .
————,1987, 'The Ethic of Care for the Self as a Practice of Freedom,' Philosophy and Social Criticism, Vol.12: 112-131. =1990, 山本学訳「自由のプラチックとしての自己への配慮の倫理」, J. バーナウアー・D. ラズミュッセン編『最後のフーコー』三交社 .
福島真人 , 1995,「身体を社会的に構築する」福島真人編『身体の構築学——社会的学習過程としての身体技法』ひつじ書房 .
————, 2000,「未分化として見る——人類学的方法の視座」西山賢一編『生命の知恵・ビジネスの知恵』丸善ライブラリー : 207-229.
————, 2001a,「状況・行為・内省」, 茂呂雄二編 , 2001,『実践のエスノグラフィ』金子書房 : 129-178.
————, 2001b,『暗黙知の解剖——認知と社会のインターフェイス』金子書房 .
————, 2005,「アメリカン・アサイラム——精神病院民族誌と科学社会学の起源」『超域文化科学紀要（東京大学大学院総合文化研究科・超域文化科学専攻)』10: 7-34.
福田貴成 , 2007,「『二つの耳で聴くこと』の来歴——聴診器の形態的・機

能的変遷にみる『聴取の技法』」『超域文化科学紀要（東京大学大学院総合文化研究科・超域文化科学専攻）』12: 215-235.
Fraser, Nancy, 1997, Justice Interruptus Critical Reflections on the "Postsocialist" Condition, Routledge., = 2003, 仲正昌樹訳『中断された正義』御茶の水書房 .
古井正代 , 2001,「CP として生きるっておもしろい！」全国自立生活センター協議会編『自立生活運動と障害文化――当事者からの福祉論』現代書館 : 364-370.
古井透 , 2003,「リハビリテーションの誤算」『現代思想』vol.31-13: 136-48.
伏見憲明 , 2003,『変態（クィア）入門』ちくま文庫 .
[G]
現代風俗研究会編 , 2007,『応援・サポート・人助けの風俗』新宿書房 .
Girton, George D., 1986, 'Kung Fu: toward a praxiological hermeneutic of the martial arts',
Garfinkel, Harold ed., Ethnomethodological Studies of Work, Routledge: 60-91.
Glissant, edouard, 1990, Poetique de la Relation, Gallimard, Paris., = 2000, 管啓次郎訳 ,『〈関係〉の詩学』インスクリプト .
Goffman, Erving, 1959, The Presentation Of Self In Everyday Life, Doubleday & Company Inc. = 1974, 石黒毅訳『行為と演技』誠信書房 .
――――, 1961, Asylums: Essays on the Social Situation of Mental Patientsand Other Inmates,Doubleday. = 1984, 石黒毅訳『アサイラム――施設収容者の日常世界』誠信書房 .
――――, 1963a, Behavior in Public Places: Notes on the Social Organization of Gatherings, Free Press. = 1980, 丸木恵祐・本名信行訳『集まりの構造――新しい日常行動論を求めて』誠信書房 .
――――, 1963b, Stigma: Notes on the Management of Spoiled Identity, Prentice-Hall. = 1970, 石黒毅訳『スティグマの社会学――烙印を押されたアイデンティティ』せりか書房 .
――――, 1967, Interaction Ritual: Essays on Face- to- Face Behaviour, Anchor Books, Double-day and Company Inc, New York. = 2002, 浅野敏夫訳『儀礼としての相互行為――対面行動の社会学』法政大学出版局 .
――――, 1974, Frame Analysis: An Essay on the Organization of Experi-

ence, Northeastern University Press, Boston.
Goodin, R., 2001, "Work and Welfare", British Journal of Political Science, vol.31, no.1:
後藤吉彦, 2005,「障害者とポスト近代社会のバイオ・ポリティクス」大野道邦・油井清光・竹中克久編『身体の社会学——フロンティアと応用』世界思想社 : 295-316.
————, 2007,『身体の社会学のブレークスルー』生活書院.
[H]
Haas, J., 1972, 'Binging: Educational Control among High Steel Ironworkers', Geer, B. ed., Learning to Work, Sage Publication.
Haraway, Donna J., 1991, Simians, Cyborgs and Women: The Reinvention of Nature, London: Free Association Books and New York: Routledge., = 2000, 高橋さきの訳『猿と女とサイボーグ——自然の再発明』青土社.
Hardt, Michael, 1998, "Affective Labor" = 1999, 三輪聡訳「情動にかかわる労働」『思想』896（2）: 16-27.
Hardt, Michael and Negri, Antonio, 2004, Multitude: War and Democracy in the Age of Empire, Penguin Press. = 2006, 幾島幸子訳『マルチチュード』NHK ブックス.
Harper, D., 1987, Working Knowledge: Skills and Community in a Small Shop, University of California Press.
橋本みさお, 2004,「脳生と呼ばれてなお」『現代思想』vol.32-14: 78-84.
橋本治, 2001,『「わからない」という方法』集英社新書.
畑本裕介, 2008,『再帰性と社会福祉・社会保障——〈生〉と福祉国家の空白化』生活書院.
樋口恵子, 1998,『エンジョイ自立生活　障害を最高の恵みとして』現代書館.
————, 2001,「日本の自立生活運動史」[全国自立生活センター協議会編 2001].
Himmelweit, S., 1999, "Caring Labor", Steinberg, R.J. & Figart, D.M. eds. The Annuals of the American Academy of Political and Social Science: Emotional Labor in the Service Economy, Sage: 27-38.
平地一郎, 2004,『労働過程の構造分析——鉄鋼業の管理・労働・賃金』御茶の水書房.
広井良典, 1997,『ケアを問いなおす——〈深層の時間〉と高齢化社会』

ちくま新書.
廣野俊輔, 2007,「『青い芝の会』における知的障害者に関する言説の検討——会報『青い芝』を手がかりに」障害学会第4回大会報告原稿, http://www.arsvi.com/2000/0709hs01.htm
Hochschild, A. R. 1979, "Emotion Work, feeling rules and social structure", American Journal of Sociology 85: 551-575.
————, 1983, The Managed Heart: Commercialization of Human Feeling, University of California Press. = 2000, 石川准・室伏亜希訳『管理される心——感情が商品になるとき』世界思想社.
Hodges, D.C., 1998, "Participation as Dis-Identification With/in a Community of Practice", Mind, Culture, and Activity, Vol.5-4: 272-90.
本田康生, 2005,「支援ボランティアの生活世界——ハンセン病問題の支援をめぐって」『ソシオロゴス』29: 72-89.
本田由紀, 2005,『多元化する『能力』と日本社会——ハイパー・メリトクラシー化のなかで』NTT出版.
本田由紀編, 2007,『若者の労働と生活世界』大月書店.
堀越由紀子, 2000,「資格取得後ないし現任者となってからの継続研修——その意義と今日的課題」『社会福祉研究』77: 36-43.
星加良司, 2001,「自立と自己決定——障害者の自立生活運動における「自己決定」の排他性」『ソシオロゴス』No.25: 160-175.
————,2002,「「障害」の意味付けと障害者のアイデンティティ——「障害」の否定・肯定をめぐって」『ソシオロゴス』No.26, : 26.
————, 2007,『障害とは何か——ディスアビリティの社会理論に向けて』生活書院.
堀田義太郎, 2006,「決定不可能なものへの倫理——『死の自己決定』をめぐって」『現代思想』vol.34-14: 171-87.
————, 2008,「ケアと市場」『現代思想』36-3: 192-210.
深田耕一郎, 2006,「自己決定と配慮の交わるところ——全身性障害者の自立生活における介助する／されることをめぐって」『立教大学社会学研究科年報』13: 141-53.
————, 2007,『「逃げられなさ」の位置をめぐって——全国公的介護保障要求者組合が訴えるもの』障害学会第4回大会報告原稿（http://www.arsvi.com/2000/0709fk.htm）.
————, 2008,「見守りという希望」新田勲『足文字は叫ぶ！』全国公的介護保障要求者組合・自立生活情報センター: 350-61.

ヒューマンケア協会編 , 1992,『自立生活への鍵――ピア・カウンセリングの研究』ヒューマンケア協会 .
[I]
市村弘正 , 1994,『小さなものの諸形態――精神史覚え書』筑摩書房 .
市野川容孝 , 2000,「ケアの社会化をめぐって」『現代思想』Vol. 28-04: 114-125.
――――, 2001,「『障害者』差別に関する断想――介助者としての経験から」[坪井編 2001]
――――, 2006,『社会』岩波書店 .
――――, 2007,「生 - 権力再論――餓死という殺害」『現代思想』vol.35 -11: 78-99.
――――, 2008,「介助するとはどういうことか――脱・家族化と有償化の中で」上野千鶴子・大熊由紀子・大沢真理・神野直彦・副田義也編『ケアという思想（ケア その思想と実践 1)』岩波書店 : 135-50.
市野川容孝・立岩真也 , 1998,「障害者運動から見えてくるもの」『現代思想』Vol. 26-2, : 258-285（再録：[立岩 2000]）.
市野澤潤平 , 2005,「ホスピタリティ産業への経営人類学的アプローチ」山下晋司・福島真人編『現代人類学のプラクシス』有斐閣 : 181-193.
井口高志 , 2002,「家族介護における『無限定性』――介護者 . 要介護者の個別的な関係性に注目して」『ソシオロゴス』No. 26, : 87-104.
池田光穂 , 2002,「外科医のユートピア――技術の修練を通してのモラリティの探求」[田辺・松田 2002, 168-90].
生田久美子 , 1987,『「わざ」から知る』東京大学出版会 .
――――, 1992,「『知っていても出来ない』とは何か」『教育哲学研究』65: 30-35.
――――, 2001,「職人の『わざ』の伝承過程における『教える』と『学ぶ』――独自の『知識観』『教育観』をめぐって」茂呂雄二編『実践のエスノグラフィ』金子書房 : 230-246.
――――, 2005,「『知』の一様式としての『ケア』――ジェンダーの視座に立つ教育哲学からの提言」生田久美子編『ジェンダーと教育――理念・歴史の検討から政策の実現に向けて』東北大学出版会 : 5-23.
生田武志 , 2007,「フリーター≒ニート≒ホームレス――ポスト工業化日本社会の若年労働・家族・ジェンダー」『フリーターズフリー』vol.1: 202-281.
伊奈正人・中村好孝 , 2007,『社会学的想像力のために――歴史的特殊性

の視点から』世界思想社.
稲葉振一郎, 2005,『「資本」論——取引する身体／取引される身体』ちくま新書.
————, 2006,『モダンのクールダウン——片隅の啓蒙』NTT 出版.
稲葉振一郎・立岩真也, 2006,『所有と国家のゆくえ』日本放送出版協会.
稲沢公一, 2002,「援助者は『友人』たりえるのか——援助関係の非対称性」古川孝順・岩崎晋也・稲沢公一・児島亜紀子『援助するということ——社会福祉実践を支える価値規範を問う』有斐閣: 135-208.
猪瀬浩平, 2005,「空白を埋める——普通学級就学運動における『障害』をめぐる生き方の生成」『文化人類学』Vol.70, No.3: 309-326.
井上俊・上野千鶴子・大澤真幸・見田宗介・吉見俊哉編, 1996,『差別と共生の社会学（岩波講座現代社会学 15)』岩波書店
井上達夫, 1998,「講義の七日間——自由の秩序」井上達夫編『自由･権力･ユートピア（岩波新哲学講座 7)』岩波書店: 1-72.
入江公康, 2005,「第二組合／スト破り／フレキシビリティ——『裏切り』の系譜学」『現代思想』vol. 33-1: 170-81.
————, 2008,『眠られぬ労働者たち——新しきサンディカの思考』青土社.
石田健太郎, 2006,「ホームヘルプ労働の教育制度と相互作用場面についての考察——実践の中で『熟練者』になることを学習する」『福祉社会学研究』3: 105-127.
石井政之, 2001,『迷いの体——ボディイメージの揺らぎと生きる』三輪書房.
————, 2003,『肉体不平等——ひとはなぜ美しくなりたいのか？』平凡社新書.
石川准, 1986,「自立生活運動のフレーム分析に向けて」『ソシオロゴス』10: 12-23.
————, 1992,『アイデンティティ・ゲーム——存在証明の社会学』新評論.
————, 1995,「障害児の親と新しい『親性』の誕生」井上眞理子・大村英昭編『ファミリズムの再発見』世界思想社: 25-59.
————, 1996,「アイデンティティの政治学」[井上他編 1996]
————, 2000a,「感情管理社会の感情言説——作為的でも自然でもないもの」『思想』2000-1: 岩波書店.
————, 2000b,「平等派でもなく差異派でもなく」倉本智明・石川准編

『障害学を語る』エンパワメント研究所 : 28-42.
————, 2000c,「ディスアビリティの政治学」『社会学評論』vol.50-4: 154-602.
————, 2002,「ディスアビリティの削減、インペアメントの変換」[石川・倉本編 2002: 17-46].
————, 2004,『見えないものと見えるもの——社交とアシストの障害学』医学書院.
————, 2007,「身体の位置——歩く、感じる、考える」石川准編『身体をめぐるレッスン　3——脈打つ身体』岩波書店 : 103-126.
石川准・倉本智明編, 2002,『障害学の主張』明石書店.
石川准・長瀬修編, 1999,『障害学への招待——社会、文化、ディスアビリティ』明石書店.
石川准・岡原正幸・好井裕明, 1985,「スティグマと相互作用の安定化——「自立生活」を営む障害者の聞き取りから」『第58回日本社会学会大会報告要旨』:267-278.
伊藤佳世子, 2008,「筋ジストロフィー患者の医療的世界」『現代思想』36-3: 156-170.
岩崎晋也, 2002,「なぜ『自立』社会は援助を必要とするのか——援助機能の正当性」, 古川孝順・岩崎晋也・稲沢公一・児島亜紀子『援助するということ——社会福祉実践を支える価値規範を問う』有斐閣 : 69-133.
[J]
James, Nicky, 1992, "Care=Organization+Physical Labour+Emotional Labour", Sociology of Health & Illness. Vol.14, No.4: 488-509.
城生弘美・高橋千尋, 2002,「看護職者の手袋装着に関する対象者の認識」『東京保健科学学会誌』vol.5, no.1: 5-11.
[K]
神崎繁, 2006,『フーコー——他のように考え、そして生きるために』NHK出版.
柏木博, 1989,『道具とメディアの政治学』未来社.
春日直樹, 2007,『〈遅れ〉の思考——ポスト近代を生きる』東京大学出版会.
堅田香緒里, 2005,「アンダークラス言説再考——再分配のための『承認』に向けて」『社会福祉学』46-1: 16-28.
堅田香緒里・山森亮, 2006,「分類の拒否—— 『自立支援』ではなくベー

シック・インカムを」『現代思想』vol.34-14: 86-99.
川口有美子, 2004a,「ロックトインした母との日常」『難病と在宅ケア』10-3: 17-21.
————, 2004b,「人工呼吸器の人間的な利用」『現代思想』vol.32-14: 57-77.
————, 2005,「あなたの存在の重みに介護は制限なくあたえられる」『DPI　われら自身の声』vol.21-3: 19-20.
川本隆史, 1993,「介護・世話・配慮——〈ケア〉を可視化するために」『現代思想』vol. 21-12: 152-162.
川野秀忠, 2007,『障害者市民ものがたり——もうひとつの現代史』生活人新書.
川内美彦, 2001,『ユニバーサル・デザイン——バリアフリーへの問いかけ』学芸出版社.
萱野稔人, 2006,『カネと暴力の系譜学』河出書房新社.
————, 2007,『権力の読みかた——状況と理論』青土社.
キース・ヴィンセント・風間孝・河口和也, 1997,『ゲイ・スタディーズ』青土社.
金満里, 1996,『生きることのはじまり』筑摩書房.
————, 2008,「ケアされる身体」上野千鶴子・大熊由紀子・大沢真理・神野直彦・副田義也編『ケアされること（ケア その思想と実践 3)』岩波書店 : 71-82.
Kimura Yamaki, Chikako & Yamazaki, Yoshihiko, 2004, 'Instruments', 'employees', 'companions', 'social assets': understanding relationships between persons with disabilities and their assistants in Japan., Disablity & Society, Vol. 19, No. 1, Januuary: 31-46.
岸政彦, 1996,「建築労働者になる——正統的周辺参加とラベリング」『ソシオロジ』41（2）: 37-53.
岸田美智子・金満里編, 1984（1995）『私は女』長征社.
北田暁大, 2004,『〈意味〉への抗い——メディエーションの文化政治学』せりか書房.
————, 2005,『嗤う日本の「ナショナリズム」』日本放送出版協会.
北島行徳, 1997,『無敵のハンディキャップ——障害者が「プロレスラー」になった日』文芸春秋.
————, 2000,『ラブ&フリーク——ハンディキャップに心惹かれて』文芸春秋.

北野誠一, 1993,「自立生活支援の思想と介助――援助者の役割とインパワーメント」定藤丈弘・岡本栄一・北野誠一編『自立生活の思想と展望――福祉のまちづくりと新しい地域福祉の創造を目指して』ミネルヴァ書房 : 42-70.

北野誠一他編, 1999,『障害者の機会平等と自立生活』明石書店.

小泉義之, 2005,「ゾーエー、ビオス、匿名性」松原洋子・小泉義之編『生命の臨界――争点としての生命』人文書院 : 233-254.

小林良二, 2005,「生活時間と介護の社会化」『東京都立大学人文学報』361（社会福祉学 21）: 1-22.

小林敏昭, 2007,「一人歩きする『健全者手足論』――青い芝運動における障害者と健全者の関係をめぐって」『そよ風のように街へ出よう』74: 52-57.

児島亜紀子, 2000,「自己決定／自己責任――あるいは、未だ到来しない〈近代〉を編みなおすこと」『社会問題研究（大阪府立大学社会福祉学部紀要)』50- 1 : 17-36.

――――, 2002,「誰が『自己決定』するのか――援助者の責任と迷い」古川孝順・岩崎晋也・稲沢公一・児島亜紀子『援助するということ――社会福祉実践を支える価値規範を問う』有斐閣 : 209-256.

小原一馬, 1997,「ブルデュー資本概念における『秘密』と『隠蔽』――ブルデューモデルによる『公然の秘密』とそのゴフマンモデルとの相補性」『ソシオロジ』42（2）: 3-24.

近藤雅樹, 1999,「はたらく者のみなりと身体の分節」[野村・市川編 1999].

厚生労働省社会・援護局障害保健福祉部, 2002,「支援費制度 Q&A 集」（http://www.mhlw.go.jp/general/seido/syakai/sienhi/qa.html, 2002. 3. 6.）

倉本智明, 1997,「未完の〈障害者文化〉――横塚晃一の思想と身体」『社会問題研究』第 47 巻 1 号 : 67-86.

――――, 1998a,「盲人男性は「美人」に欲情するか？――晴眼社会を生きる盲人男性のセクシュアリティ」『視覚障害リハビリテーション』48 号 : 69-76, 日本ライトハウス.

――――, 1998b,「障害者文化と障害者身体――盲文化を中心に」『解放社会学研究』vol.12: 31-42.

――――, 1999a,「異形のパラドックス」[石川・長瀬編 1999: 219-255].

――――, 1999b,「ピアの政治学」, 北野誠一・石田易司・大熊由紀子・

里見賢治編『障害者の機会平等と自立生活――定藤丈弘　その福祉の世界』明石書店 : 222-236.
――――, 2000a,「さらば、『障害者』ブランド」『ノーマライゼーション』2000 年 11 月、日本障害者リハビリテーション協会
――――, 2000b,「障害学と文化の視点」[倉本・長瀬編 2000]
――――, 2002a,「身体というジレンマ . 障害者問題の政治化はいかにして可能か」好井裕明・山田富秋編『実践のフィールドワーク』せりか書房 : 189-205.
――――, 2002b,「欲望する、〈男〉になる」石川准・倉本智明編『障害学の主張』明石書店 : 119-144.
倉本智明編 , 2005,『セクシュアリティの障害学』明石書店 .
倉本智明・石川准編 , 2000,『障害学を語る』エンパワメント研究所 .
倉島哲 , 2007,『身体技法と社会学的認識』世界思想社 .
黒田隆之 , 1999,「障害者の自己決定と介助」北野誠一他編『障害者の機会平等と自立生活――定藤丈弘、その福祉の世界』明石書店 : 206-21.
草山太郎 , 2001,「障害者のマスターベーション介助をめぐる「語り」――介助者への聞き取り調査から」『大阪ソーシャルサービス研究紀要』創刊号 : 75-83.
――――, 2003,「『語りたいこと』と『語らせたいこと』――インタビューにおける言語障害者との相互行為について」『大阪体育大学短期大学部研究紀要』Vol.4: 27-39.
楠敏雄 , 1982,『「障害者」解放とは何か――「障害者」として生きることと解放運動』柘植書房 .
――――, 2001,「私の障害者解放運動史」全国自立生活センター協議会編『自立生活運動と障害文化』現代書館 : 313-321.
――――, 2005,「障害者介助システムを考える」『DPI　われら自身の声』vol.21-3: 5-6.
究極Ｑ太郎 , 1998,「介助者とは何か？」『現代思想』26-2: 176-83.
――――, 2004,「なぜか、そこに。」『現代思想』32-6: 162-70.
[L]
Lave, Jean and Wenger, Etienne, 1991, Situated Learning Legitimate Peripheral Participation, Cambridge: Cambridge University Press. =1992, 佐伯胖訳『状況に埋め込まれた学習』産業図書 .
Lessig, Lawrence, 1999, Code: and other laws of Cyberspace, Basic Books. =2001, 山形浩生・鈴木亮二訳『CODE ――インターネットの合法・

違法・プライバシー』翔泳社 .
Linton, S., 1997, Claiming Disability, New York University Press.
[M]
前田拓也 , 2005,「パンツ一枚の攻防――介助現場における身体距離とセクシュアリティ」倉本智明編『セクシュアリティの障害学』明石書店: 160-200.
――――, 2006a,「アチラとコチラのグラデーション――障害者介助の技術と介助者の日常」三浦耕吉郎編『構造的差別のソシオグラフィ――社会を書く/差別を解く』世界思想社 : 63-99.
――――, 2006b,「介助者のリアリティへ――障害者の自己決定/介入する他者」『社会学評論』57-3, 456-475.
前田拓也・阿部真大 , 2007,「ケアワーク――ケアの仕事に『気づき』は必要か?」本田由紀編『若者の労働と生活世界――かれらはどんな現実を生きているか』大月書店 , 113-48.
丸岡稔典 , 2006,「障害者介助の社会化と介助関係」『障害学研究』2: 70-98.
松永真純 , 2001,「兵庫県『不幸な子どもの生まれない運動』と障害者の生」『大阪人権博物館紀要』5:109-126.
松岡克尚 , 2007,「『障害者ソーシャルワーク』構築に向けた『社会資源調整』の考察―― 『共生』概念を中心にして」横須賀俊司・松岡克尚編『支援の障害学に向けて』現代書館 : 22-47.
Mauss, M., 1968, Sociologie et anthropologie., Presses Universitaire de France. = 1976, 有地亨・山口俊夫訳『社会学と人類学 II』弘文堂 .
Merleau-Ponty, Maurice, 1945, Phenomenologie de la Perception., Gallimard, Paris = 1967, 竹内芳郎・小木貞孝訳『知覚の現象学 1』みすず書房 .
Mills, C. Wright, 1959, The Sociological Imagination, New York: Oxford University Press., = 1965, 鈴木広訳『社会学的想像力』紀伊国屋書店 .
美馬達哉 , 2003,「身体のテクノロジーとリスク管理」山之内靖・酒井直樹編『総力戦体制からグローバリゼーションへ(グローバリゼーション・スタディーズ 1)』平凡社 : 168-201.
民間病院問題研究所 , 2000,『介護現場の医療行為――その実態と方策を探る』日本医療企画 .
三島亜紀子 , 2005,『児童虐待と動物虐待』青弓社 .
――――, 2007,『社会福祉学の〈科学〉性――ソーシャルワーカーは専

門職か？』勁草書房 .
三橋弘次 , 2006,「感情労働の再考察――介護職を一例として」『ソシオロジ』156, 51-1: 35-51.
――――, 2008,「感情労働で燃え尽きたのか？――感情労働とバーンアウトの連関を経験的に検証する」『社会学評論』58（4）: 576-592.
三井さよ , 2004,『ケアの社会学――臨床現場との対話』勁草書房 .
――――, 2006,「看護職における感情労働」『大原社会問題研究所雑誌』No.567: 14-26.
三ツ木任一 , 1991,「障害者の自立と社会参加」『月刊福祉』74-04:024-029.
三浦健 , 2006,「熟練労働としてのソーシャルワーク実践――中岡哲郎のモノグラフを手がかりとして」『ソーシャルワーク研究』vol.32, No.2: 53-60.
宮内洋 , 2000,「あなたがセックス・ケアをしない理由」[好井・山田編 2000].
森真一 , 2000,『自己コントロールの檻――感情マネジメント社会の現実』講談社 .
森川美絵 , 2004,「高齢者介護政策における家族介護の『費用化』と『代替性』」, 大沢真理編『福祉国家とジェンダー』明石書店 : 131-158.
森村進 , 1989,『権利と人格――超個人主義の規範理論』創文社 .
茂呂雄二編 , 2001,『実践のエスノグラフィ』金子書房 .
Morris, J., 1991, Pride Against Prejudice: Transforming Attitudes to Disability, Women's Press.
Morris, J. ed., 1996, Encounters with Strangers: Feminism and Disability, The Woman' s Press.
麦倉哲 , 2003,「障害者からみた都市の環境」桜井厚・好井裕明編『差別と環境問題の社会学』新曜社 : 93-114.
麦倉泰子 , 2006,「身体障害者療護施設におけるケアの質とディレンマ――利用者と職員へのインタビュー調査から」『関東学院大学文学部紀要』109: 101-131.
Murphy, R. F., 1987, The Body Silent, W. W. Norton, New York- London. ＝ 1992, 辻信一訳『ボディ・サイレント――病と障害の人類学』新宿書房 .
[N]
長瀬修 , 1996a,「障害（者）の定義――英国の例・上／下」『ノーマライゼーション　障害者の福祉』166（1996-6）, 16-7（1996-7）.

――――, 1996b,「障害の世界で：障害者・非障害者の関係――世界から・2」『季刊福祉労働』72.
――――, 1998a,「障害の文化、障害のコミュニティ」『現代思想』Vol. 26-2: 204-15.
――――, 1998b,「英語圏の『障害者』表現」『福祉労働』N0,79.
ナンシー関, 1994,『信仰の現場――すっとこどっこいにヨロシク』角川文庫.
中河伸俊, 2001,「方法論のジャングルを越えて――構築主義的な質的探求の可能性」『理論と方法』16（1）: 31-46.
中根成寿, 2006,『知的障害者家族の臨床社会学――社会と家族でケアを分有するために』明石書店.
中西正司, 1998,「消費者コントロールの介助制度の提案――新しい障害者介護保障に向けてのセルフマネジドケア（試案）」『季刊 福祉労働』81: 138-143.
――――, 2001,「自立生活センターの誕生」［全国自立生活センター協議会編 2001］.
中西正司・上野千鶴子, 2003,『当事者主権』岩波新書.
中野麻美, 2008,「労働法から介護労働者の現状をみる」『季刊福祉労働』119: 85-92.
中野敏男, 1999,「ボランティア動員型市民社会論の陥穽」『現代思想』vol.27-5: 72-93.
中野善達・藤田和弘・田島裕編, 1991,『障害をもつアメリカ人に関する法律――翻訳・原文・資料』湘南出版社.
中岡哲郎, 1971,『工場の哲学――組織と人間』平凡社.
――――, 1979,『科学文明の曲がりかど』朝日新聞社.
中山淳雄, 2007,『ボランティア社会の誕生――欺瞞を感じるからくり』三重大学出版会.
生瀬克己, 1991,『障害者問題入門』解放出版社.
仁平典宏, 2005,「ボランティア活動とネオリベラリズムの共振問題を再考する」『社会学評論』56-2: 485-499.
西浜優子, 2002,『しょうがい者・親・介助者――自立の周辺』現代書館.
西村ユミ, 2001,『語りかける身体――看護ケアの現象学』ゆみる出版.
――――, 2007,「〈動くこと〉としての〈見ること〉――身体化された看護実践の知」石川准編『身体をめぐるレッスン　3――脈打つ身体』岩波書店: 127-152.

――――, 2007,『交流する身体――〈ケア〉を捉えなおす』日本放送出版協会.
西澤晃彦, 1996,「『地域』という神話――都市社会学者は何を見ないのか？」『社会学評論』47-1: 47-62.
新田勲, 2001,「障害者に生まれて幸福だったと自分を偽るな。本気で生きろ！」全国自立生活センター協議会編『自立生活運動と障害文化』現代書館: 205-214.
――――, 2008,『足文字は叫ぶ！』全国公的介護保障要求者組合・自立生活情報センター.
野口俊彦, 2005,「障害者自立支援法――介護の質は確保できるのか」『季刊福祉労働』109, 05-06:Winter: 29-37.
野村雅一・市川雅編, 1999,『技術としての身体（叢書・身体と文化 1)』大修館書店.
野矢茂樹, 1999,『哲学・航海日誌』春秋社.
野崎泰伸, 2007,「生活保護とベーシック・インカム」『フリーターズフリー』vol.1: 282-292.
[O]
大林道子, 1989,『助産婦の戦後』勁草書房.
小田兼三・宮川数君編, 2005,『社会福祉援助技術論』勁草書房.
小田亮, 2004,「共同体という概念の脱／再構築」『文化人類学』69-2: 236-246.
荻野昌弘, 2005,『零度の社会――詐欺と贈与の社会学』世界思想社.
小倉虫太郎, 1998,「私は、如何にして〈介助者〉となったか？」『現代思想』Vol. 26-2: 184-191.
小倉利丸, 1990a,『搾取される身体性――労働神話からの離脱』青弓社.
――――, 1990b,「労働対象としての人間をめぐって」『現代思想』18-4: 98-109.
小倉利丸・大橋由香子編, 1991,『働く／働かない／フェミニズム――家事労働と賃労働の呪縛?!』青弓社.
岡原正幸, 1993,「介助者との人間関係――そのルールとスキル」『障害者の福祉』147: 8-11.
――――, 1995a,「制度としての愛情――脱家族とは」[安積他編 1990: 75-100].
――――, 1995b,「コンフリクトへの自由――介助関係の模索」[安積他編 1990, 121-46].

――――, 1995c,「家族と感情の自伝――喘息児としての『私』」井上眞理子・大村英昭編『ファミリズムの再発見』世界思想社 : 60-95.
――――, 1997,「感情社会学の成立と展開」岡原正幸・山田昌弘・安川一・石川准『感情の社会学――エモーション・コンシャスな時代』世界思想社 : 1-42.
――――, 1998,『ホモ・アフェクトス――感情社会学的に自己表現する』世界思想社 .
岡原正幸・石川准・好井裕明 , 1986,「障害者・介助者・オーディエンス」『解放社会学研究』01: 025-041.
岡原正幸・立岩真也 , 1995,「自立の技法」[安積他編 1990: 147-164] .
岡原正幸・山田昌弘・安川一・石川准 , 1997,『感情の社会学――エモーション・コンシャスな時代』世界思想社 .
岡部耕典 , 2006a,『障害者自立支援法とケアの自律――パーソナルアシスタンスとダイレクトペイメント』明石書店 .
――――, 2006b,「いうまでもないことをいわねばならない『この国』の不幸」『現代思想』vol.34-14: 78-85.
――――, 2006c,「福祉サービスのための給付制度を『受給者本位』とすることについての考察――支援費制度と介護保険制度の検討を中心として」『障害学研究』2: 48-69.
岡田慎一郎 , 2006,『古武術介護入門――古の身体技法をヒントに新しい身体介助法を提案する』医学書院 .
岡本民夫・小田兼三 , 1990,『社会福祉援助技術総論』ミネルヴァ書房 .
岡村青 , 1988,『脳性マヒ者と生きる――大仏空の生涯』三一書房 .
奥田いさよ , 1992,『社会福祉専門職性の研究――ソーシャルワーク史からのアプローチ : わが国での定着化をめざして』川島書店 .
奥村隆 , 1994,「『思いやり』と『かげぐち』の体系としての社会――存在証明の形式社会学」『社会学評論』45-1: 77-93.
――――, 1998,『他者といる技法――コミュニケーションの社会学』日本評論社 .
Oliver, M., 1983, Social Work with Disabled People, London: Macmillan.
――――, 1990, The Politics of Disablement, London: Macmillan. = 2006, 三島亜紀子・山岸倫子・山森亮・横須賀俊司訳『障害の政治――イギリス障害学の原点』明石書店 .
――――, 1996, Understanding Disability: from Theory to Practice, St. Martin's Press.

Olsen, Richard and Clarke, Harriet, 2003, Parenting and Disability: Disabled Parents' Experiences of Raising Children, Bristol: The Policy Press.
尾中文哉 , 1995,「施設の外で生きる―福祉の空間からの脱出」[安積・岡原・尾中・立岩 1990: 101-120].
小野晶子 , 2005,「『有償ボランティア』という働き方――その考え方と実態」『労働政策レポート』vol.3
大野道邦・油井清光・竹中克久編 , 2005,『身体の社会学――フロンティアと応用』世界思想社 .
大澤真幸 , 1999a,「積極的/消極的自由(〈自由〉の条件 6)」『群像』: 314-325.
――――, 1999b,「積極的/消極的自由(承前)(〈自由〉の条件 7)」『群像』: 304-316.
――――, 1999c,「蓋然性について(〈自由〉の条件 8)」『群像』: 346-357.
大澤真幸 , 2008,『〈自由〉の条件』講談社 .
大田仁史・三好春樹 , 2003,『完全図解　新しい介護』講談社 .
太田修平 , 2005,「今一度"自立生活"の視点で介助をとらえる」,『DPI われら自身の声』vol.21-3: 9-10.
大月隆寛 , 2001,『独立書評愚連隊(天の巻)』図書刊行会 .
――――, 2004,「『下宿』の思想」『全身民俗学者』夏目書房 : 15-36.
小山内美智子 , 1995,『車椅子で夜明けのコーヒ―――障害者の性』文芸春秋 .
――――, 1997,『あなたは私の手になれますか――心地よいケアを受けるために』中央法規 .
――――, 2008,「"ケアされるプロ"として半世紀――日本のケアは変わったか」上野千鶴子・大熊由紀子・大沢真理・神野直彦・副田義也編『ケアされること(ケア その思想と実践 3)』岩波書店 : 57-69.
小佐野彰 , 1998,「「『障害者』にとって『自立』とは、何か?」『現代思想』Vol. 26-2: 74-83.
大屋雄裕 , 2004,「情報化社会における自由の命運」,『思想』vol. 9: 212-230.
――――, 2006,「他者は我々の暴力的な配慮によって存在する――自由・主体・他者をめぐる問題系」『RATIO 01(別冊「本」)』講談社 : 240-260.
――――, 2007,『自由とは何か――監視社会と「個人」の消滅』ちくま

新書 .
小沢修司 , 2002,『福祉社会と社会保障改革――ベーシック・インカム構想の新地平』高菅出版 .

[P]

Parsons, T., 1951, The Social System, New York: Free Press. = 1974, 佐藤勉訳『社会体系論』青木書店 .
Pettit, Philip, 1999, Republicanism: A Theory of Freedom and Government., Oxford University Press.
Polanyi, M., 1966, The Tacit dimension., Routledge & Kegan Paul., = 1980, 佐藤敬三訳 ,『暗黙知の次元――言語から非言語へ』紀伊国屋書店 .
Preston, Paul, 1994, Mother Father Deaf: Living between Sound and Silence, Cambridge, Massachusetts / London, England: Harvard University Press. = 2003, 澁谷智子・井上朝日訳『聞こえない親をもつ聞こえる子どもたち』現代書館.
Preston, Paul, 2003a, 'Parents with Disabilities and their Children without Disabilities', 2003 年 10 月 11 日障害学会設立総会記念講演原稿 = 2003, 長瀬修訳『障害の親と、非障害の子ども』障害学会ホームページ（http://www.jsds.org/dstalk_jp.html）.

[R]

Ritzer, G., 1993, The McDonalization of Society, Pine Force Press. = 1999, 正岡寛司監訳『マクドナルド化する社会』早稲田大学出版部 .

[S]

定藤丈弘 , 1993,「障害者福祉の基本的思想としての自立生活理念」定藤丈弘・岡本栄一・北野誠一編『自立生活の思想と展望――福祉のまちづくりと新しい地域福祉の創造を目指して』ミネルヴァ書房 : 1-21.
定藤丈弘 , 1995,「日本的自立生活センターの機能と課題」定藤丈弘他編『障害者の自立生活センター』朝日新聞厚生文化事業団 : 67.
最首悟 , 1984,『生あるものは皆この海に染まり』新曜社 .
斉藤光 , 1996,「並んで歩く技術」, 菅原和孝・野村雅一編『コミュニケーションとしての身体（叢書　身体と文化２）』大修館書店 , 94-135.
齋藤純一 , 2001,「社会の分断とセキュリティの再編」『思想』925: 27-48.
――――, 2003a,「親密圏と安全性の政治」斎藤純一編『親密圏のポリティクス』ナカニシヤ出版 : 211-237.
――――, 2003b,「依存する他者へのケアをめぐって――非対称性における自由と責任」『年報政治学』2003: 179-196.

――――, 2004,「社会的連帯の理由をめぐって――自由を支えるセキュリティ」斎藤純一編『福祉国家／社会的連帯の理由』ミネルヴァ書房 : 271-308.
――――, 2005,『自由』岩波書店 .
酒井隆史 , 2001,『自由論――現在性の系譜学』青土社 .
崎山治男 , 2005,『「心の時代」と自己――感情社会学の視座』勁草書房 .
迫共 , 2006,「高嶺格『木村さん』によせて――マスターベーション介助の可能性」『障害学研究』2:236-45.
佐倉智美 , 2006,『性同一性障害の社会学』現代書館 .
佐藤久夫 , 1992,『障害構造論』青木書店 .
佐藤久夫・小澤温 , 2006,『障害者福祉の世界［第3版］』有斐閣 .
佐藤郁哉 , 1992,『フィールドワーク――書を持って街へ出よう』新曜社 .
佐藤きみよ , 2001,「自立センターさっぽろのあゆみとこれから」全国自立生活センター協議会編『自立生活運動と障害文化』現代書館 : 74-80.
Scott, Robert A., 1969, The Making of Blind Men: A Study of Adult Socialization, Russell Sage Foundation., = 1992, 三橋修・金治憲訳『盲人はつくられる――大人の社会化の一研究』東信堂 .
Sedgwick, Eve Kosofsky, 1999, Epistemology of the Closet, The University of the California Press. = 1999, 外岡直美訳『クローゼットの認識論――セクシュアリティの 20 世紀』青土社 .
瀬山紀子 , 2001,「日本に於ける女性障害者運動の展開（1）――70 年代から 80 年代後半まで」『女性学』8:30-47.
――――, 2002,「声を生み出すこと」[石川・倉本編 2002: 145-173].
Shapiro, J. P., 1993, No Pity: Forgetting a New Civil Rights Movement. = 1999, 秋山愛子訳『哀れみはいらない――全米障害者運動の軌跡』現代書館 .
渋谷望 , 2003a,「排除空間の生政治――親密圏の危機の政治化のために」斎藤純一編『親密圏のポリティクス』ナカニシヤ出版 : 107-129.
――――, 2003b,『魂の労働――ネオリベラリズムの権力論』青土社 .
Shon, D., 1983, The Reflexive Practitioner: How Professionals Think in Action, Basic Books. = 2007, 柳沢昌一・三輪建二訳『省察的実践とは何か――プロフェッショナルの行為と思考』鳳書房 .
Sim, A.J., Milner, J., Love, J. and Lishman J., 1998, "Definition of Need: can disabled people and care professionals agree?" Disability & Society,

Vol. 13, No.1: 53-74.
Simmel, G., 1909, Brucke und Tur., Der Tag, 15, September., = 1999, 北川東子・鈴木直訳 ,「橋と扉」『ジンメル・コレクション』ちくま学芸文庫 : 89-100.
進藤雄三 , 2006,「健康と医療と福祉における専門家支配論」, 市野川容孝・金泰昌『健康・医療から考える公共性（公共哲学 19)』
Smith, Pam, 1992, The Emotional Labour of Nursing: How Nurses Care, The Macmillan Press Ltd. = 2000, 武井麻子・前田泰樹訳『感情労働としての看護』ゆみる出版 .
副田義也 , 1995,『生活保護制度の社会史』東京大学出版会 .
――――, 2008,「青い芝のケア思想」上野千鶴子・大熊由紀子・大沢真理・神野直彦・副田義也編『ケアという思想（ケア その思想と実践 1)』岩波書店 : 51-72.
須藤八千代 , 2002,「ソーシャルワークの経験」尾崎新編『「現場」のちから――社会福祉実践における現場とは何か』誠信書房 : 24-54.
菅原和孝 , 1993,『身体の人類学――カラハリ狩猟採集民グウィの日常行動』河出書房新社 .
菅原和孝・野村雅一編 , 1996,『コミュニケーションとしての身体（叢書・身体と文化 2)』大修館書店 .
菅原和之 , 2005,「ヘルパーの立場から見た障害者介助――介助者は当事者性を持ち得るか」『DPI　われら自身の声』vol.21-3: 23.
杉本章 , 2001,『障害者はどう生きてきたか――戦前戦後障害者運動史』ノーマライゼーションプランニング.
杉野昭博 , 1990,「障害の文化分析――日本文化における『盲目のパラドクス』」『民族学研究』54-5: 439-63.
――――, 1994,「社会福祉と社会統制――アメリカ州立精神病院の『脱施設化』をめぐって」『社会学評論』45-1: 16-29.
――――, 1997,「『障害の文化』と『共生』の課題」青木保編『岩波講座　文化人類学　第 8 巻　異文化の共存』岩波書店 : 247-74.
――――, 2000,「リハビリテーション再考 「障害の社会モデル」とICIDH-2」『社会政策研究』vol.1: 140-161.
――――, 2002,「インペアメントを語る契機――イギリス障害学理論の展開」［石川・倉本編 2002: 251-280］.
――――, 2007,『障害学――理論形成と射程』東京大学出版会 .
杉田俊介 , 2005,『フリーターにとって「自由」とは何か』人文書院 .

――――, 「ALS・自然死・家族介護――いちヘルパーの小規模な日常から」『現代思想』36-3: 224-231.
――――, 2008a, 『無能力批評――労働と生存のエチカ』大月書店.
――――, 2008b, 「ケア労働者にとって自立生活とは何か？――障害者介助の現場から」『季刊福祉労働』119: 70-77.
障害者自立生活セミナー実行委員会編, 1983, 『障害者の自立生活』障害者自立生活セミナー実行委員会.
障害者生活支援システム研究会編, 2006, 『障害者のくらしはまもれるか　検証・障害者自立支援法』かもがわ出版.
[T]
田垣正普編, 2006, 『障害・病いと「ふつう」のはざまで――軽度障害者どっちつかずのジレンマを語る』明石書店.
高木光太郎, 1999, 「正統的周辺参加論におけるアイデンティティ構築概念の拡張――実践共同体間移動を視野に入れた学習論のために」『東京学芸大学海外子女教育センター研究紀要』vol.10: 1-14.
高橋修, 2001, 「引けないな。引いたら、自分は何のために、1981年から」全国自立生活センター協議会編『自立生活運動と障害文化』現代書館: 249-62.
田間泰子, 2006, 『「近代家族」とボディ・ポリティクス』世界思想社.
田辺繁治, 2003, 『生き方の人類学――実践とは何か』講談社現代新書.
――――, 2008, 『ケアのコミュニティ――北タイのエイズ自助グループが切り開くもの』岩波書店.
田辺繁治・松田素二編, 2002, 『日常的実践のエスノグラフィ――語り・コミュニティ・アイデンティティ』世界思想社.
田中耕一郎, 2005, 『障害者運動と価値形成――日英の比較から』現代書館.
田中みわこ, 2005, 「障害と身体の『語り』」『障害学研究』vol. 1: 111-35.
立岩真也, 1988, 「自分が選んだ人をヘルパーにする　知ってることは力になる・2」『こちら"ちくま"』7.
――――, 1995a, 「『出て暮らす』生活」［安積他 1990: 57-74］.
――――, 1995b, 「はやく・ゆっくり――自立生活運動の生成と展開」［安積ほか編 1995: 165-226］.
――――, 1995c, 「私が決め、社会が支える、のを当事者が支える――介助システム論」［安積他 1990: 227-265］
――――, 1995d, 「自立生活センターの挑戦」［安積他編 1995: 267-321］

――――, 1997,『私的所有論』勁草書房.
――――, 1999a,「自己決定する自立――なにより，でないが，とても，大切なもの」石川准・長瀬修編,『障害学への招待――社会, 文化, ディスアビリティ』明石書店 : 79-107.
――――, 1999b,「自立」庄司洋子・木下康仁・武川正吾・藤村正之編『福祉社会事典』弘文堂 : 520-521.
――――, 1999c,「資格職と専門性」進藤雄三・黒田浩一郎編『医療社会学を学ぶ人のために』世界思想社 : 139-56.
――――, 1999d,「子どもと自己決定・自律――パターナリズムも自己決定と同郷でありうる、けれども」[後藤弘子編 1999]
――――, 2000,『弱くある自由へ――自己決定・介護・生死の技術』青土社.
――――, 2001,「できない・と・はたらけない――障害者の労働と雇用の基本問題」『季刊社会保障研究』37-3: 208-217
――――, 2002,「ないにこしたことはない、か　1」[石川・倉本編 2002: 47-87]
――――, 2004,『自由の平等――簡単で別な姿の世界』青土社.
――――, 2006,「撤退そして基本所得という案」『現代思想』vol. 34-9: 8-20.
――――, 2007a,「無償／有償」『現代思想』vol. 35-12: 32-44.
――――, 2007b,「無償／有償　続」『現代思想』vol. 35-14: 8-21.
立岩真也・定藤邦子編, 2005,『闘争と遡行・1　於：関西・+』「分配と支援の未来」刊行委員会.
寺本晃久, 1997,「知的障害をもつ人の自己決定――自立生活を支えるしくみ」『ノーマライゼーション障害者の福祉』1997-5.
――――, 2000,「自己決定と支援の境界」『Sociology Today（お茶の水社会学研究会)』10: 28-41.
トンプソン, リー・オースティン, 1986,「プロレスのフレーム分析」栗原彬・今防人・杉山光信・山本哲士編, 1986,『身体の政治技術（叢書：社会と社会学３)』新評論 : 185-211.
東京ソーシャルワーク編, 2005,『How to 生活保護 [「介護保険」対応版]』現代書館.
豊田正弘, 1999,「支配の空間イデオロギーとしての『市民社会』」『現代思想』vol.27-5: 204-211.
坪井秀人編, 2001,『偏見というまなざし――近代日本の感性』青弓社.

土屋葉, 2002,『障害者家族を生きる』勁草書房.
――――, 2006,『「完全参加と平等」をめぐるストーリ――ある男性の国際障害者年の〈経験〉』, 桜井厚編『戦後世相の経験史』せりか書房 : 181-99.
――――, 2007,「支援／介助はどのように問題化されてきたか――『福島県青い芝の会』の運動を中心として」三井さよ・鈴木智之編『ケアとサポートの社会学』法政大学出版局 : 215-58.
津田英二, 2000,「『障害文化』概念の意義と課題――共生の社会教育のための理論構築に向けて」『神戸大学発達科学部紀要』7-2: 87-100.
筒井淳也, 2006,『制度と再帰性の社会学』ハーベスト社.
堤愛子, 1991,「のびやかな『自立生活』と『労働』をめざして――障害者が働くこと／障害者介助という労働」小倉利丸・大橋由香子編『働く／働かない／フェミニズム――家事労働と賃労働の呪縛?!』青弓社 : 287-97.
――――, 1998,「ピア・カウンセリングって何?」『現代思想』26-2（98.2）: 92-99.
Turner, B. S., 1984, The Body and Society: Explorations in Social Theory, Basil Blackwell., = 1999, 小口信吉・藤田弘人・泉田渡・小口孝司訳『身体と文化――身体社会学試論』文化書房博文社.
[U]
上野千鶴子, 1989,『スカートの下の劇場――ひとはどうしてパンティにこだわるのか』河出書房新社.
――――, 1996,「複合差別論」[井上他編 1996].
上野直樹, 1999,『仕事の中での学習――状況論的アプローチ』東京大学出版会.
植竹日奈・伊藤道哉・北村弥生・田中恵美子・玉井真理子・土屋葉・武藤香織, 2004,『「人工呼吸器をつけますか?」――ＡＬＳ・告知・選択』メディカ出版.
鵜飼正樹, 1994,『大衆演劇への旅――南條まさきの一年二カ月』未来社.
浮ヶ谷幸代, 2007,「病いと〈つながり〉の場――民族誌的研究の方向性」浮ヶ谷幸代・井口高志編『病いと〈つながり〉の場の民族誌』明石書店 : 13-46.
Ungerson, Clare, 1999, Personal Assistants and Disabled People: An examination of a hybrid form of work and care., Work, Employment & Society, Vol. 13, No. 4: 583-600.

薄井明, 1991,「〈市民的自己〉をめぐる攻防――ゴフマンの無礼・不作法論の展開」安川一編『ゴフマン世界の再構成――共在の技法と秩序』世界思想社 : 157-83.
臼井正樹, 2001,「障害者文化論――障害者文化の概念整理とその若干の応用について」『社会福祉学』Vol.42, No.1: 87-100.
[V]
Virno, Paolo, 2001, Grammatica della Moltitudine: Per una analisi delle forme di vista contemporanee, Rubbettino Editore, Catanzaro., = 2004, 廣瀬純訳『マルチチュードの文法――現代的な生活形式を分析するために』月曜社.
[W]
ウォルムスリー, クリストファー, 1992,「こういう仕事をしているあなたは、いったいぜんたいどういう人？」ノーマライゼーションの現在シンポ実行委員会編『ノーマライゼーションの現在――当事者決定の論理』現代書館 : 120-122.
鷲田清一, 1989（1996）,『モードの迷宮』中央公論社（ちくま学芸文庫）.
――――, 2003,『メルロ＝ポンティ――可逆性』講談社.
――――, 2005,「見えない衣――下着という装置、マネキンという形象」鷲田清一・野村雅一編『表象としての身体（叢書・身体と文化 3)』大修館書店 : 352-371.
――――, 2006,『「待つ」ということ』角川書店.
渡辺克典, 2003,「相互行為儀礼と言語障害――〈気詰まり〉を生きる吃音者」『現代社会理論研究（現代社会理論研究会)』13: 177-189.
渡辺一史, 2003,『こんな夜更けにバナナかよ――筋ジス・鹿野靖明とボランティアたち』北海道新聞社.
Wittgenstein, Ludwig, 1953, Philosophische Untersuchungen, Basil Blackwell., = 1976, 藤本隆志訳『哲学探究』大修館書店.
[Y]
山田昌弘, 1997,「感情による社会的コントロール――感情という権力」[岡原他編 1997].
八巻（木村）知香子・山崎喜比古, 2004,「自立生活を志向する障害者――介助者関係構築の方略とスキル」『ソーシャルワーク研究』30-1: 46-51.
山森亮, 2001,「必要と公共圏」『思想』925: 49-63.
――――, 2002,「市場・脱商品化・基本所得」小笠原 浩一・武川 正吾編

『福祉国家の変貌――グローバル化と分権化のなかで（シリーズ社会政策研究 2）』東信堂 : 53-71.
――――, 2003,「基本所得――多なる者たちの第二の要求によせて」『現代思想』vol.31-02:130-147
山森亮, 2009,『ベーシックインカム入門』光文社新書.
山森亮・萱野稔人・酒井隆史・渋谷望・白石嘉治・田崎英明, 2007,「ベーシック・インカムとはなにか」『VOL.』02: 4-19.
山崎晶子, 1997,「車椅子使用者の日常的相互行為場面の分析――階段昇降をめぐって」西阪仰・山崎敬一編『語る身体・見る身体』ハーベスト社 : 81-98.
山崎敬一・佐竹保宏・保坂幸正, 1997,「相互行為場面におけるコミュニケーションと権力――〈車いす使用者〉のエスノメソドロジー的研究」西阪仰・山崎敬一編『語る身体・見る身体』ハーベスト社 : 59-80.
山中浩司, 2005a,「医療における『臨床』と『技術』――臨床文化のゆくえ」山中浩司編『臨床文化の社会学――職業・技術・標準化』昭和堂 : 11-26.
――――, 2005b,「職業と標準化」, 山中浩司編『臨床文化の社会学――職業・技術・標準化』昭和堂 : 79-102.
山根純佳, 2005,「『ケアの倫理』と『ケア労働』――ギリガン『もうひとつの声』が語らなかったこと」『ソシオロゴス』No.29: .
山下幸子, 2000,「障害者と健常者の関係から見えてくるもの――障害者役割についての考察から」『社会問題研究（大阪府立大学社会福祉学部紀要）』50- 1 : 95-115.
――――, 2004,「健常者として障害者介護に関わるということ――1970年代障害者解放運動における健全者運動の思想を中心に」『淑徳大学社会学部研究紀要』38: 52-60.
――――, 2005,「障害者と健常者、その関係性をめぐる模索――1970年代の障害者／健全者運動の軌跡から」『障害学研究』1: 213-38.
――――, 2008,『「健常」であることを見つめる――1970年代障害当事者／健全者運動から』生活書院.
矢野敬一, 2007,「調理の習得とリテラシ――ー『主婦』役割の受容と『家庭』意識」,『「家庭の味」の戦後民俗誌――主婦と団欒の時代』青弓社 : 88-119.
八代英太・冨安芳和編, 1991,『ＡＤＡ（障害をもつアメリカ人法）の衝撃』学宛社.

横須賀俊司, 1993,「障害者の介助制度」定藤丈弘・岡本栄一・北野誠一編『自立生活の思想と展望――福祉のまちづくりと新しい地域福祉の創造を目指して』ミネルヴァ書房: 107-128.
――――, 1999a,「自立生活センターと障害者の『文化』」『鳥取大学教育地域科学部紀要』第1巻 第1号: 21-30
――――, 1999b,「男性障害者のセクシュアリティ」『リハビリテーション』No.410: 32-34.
――――, 1999c,「ピア・カウンセリングについて考える」北野誠一・石田易司・大熊由紀子・里見賢治編『障害者の機会平等と自立生活――定藤丈弘 その福祉の世界』明石書店: 174-89.
――――, 2001,「同性介護を考える」『月刊総合ケア』11-12, 2001-12: 22-25.
――――, 2006,「『セックスボランティア』を読んで安心した人たちへ――障害者に対するセックスケアの困難」三浦耕吉郎編『構造的差別のソシオグラフィ――社会を書く／差別を解く』世界思想社: 40-62.
横田弘, 1975,『ころび草』自立社.
――――, 1979,『障害者殺しの思想』JCA出版.
――――, 2001,「やっぱり障害者が生きていることは当たり前じゃない」全国自立生活センター協議会編『自立生活運動と障害文化』現代書館: 271-279.
横田弘・金満里, 2004,「障害者の自己表現」, 横田弘編『否定されるいのちからの問い――脳性マヒ者として生きて』現代書館: 149-188.
横田弘・立岩真也, 2004,「差別に対する障害者の自己主張をめぐって」横田弘編『否定されるいのちからの問い――脳性マヒ者として生きて』現代書館: 5-33.
横田恵子, 2007,「ソーシャルワーク実践における援助技術教育――普遍的モデルの多元的再検討」横田恵子編『解放のソーシャルワーク』世界思想社: 3-40.
横塚晃一, 2007,『母よ！殺すな』生活書院.
横山晃久・小倉虫太郎・究極Q太郎, 1998,「「介助」をどう位置づけるのか？」『現代思想』Vol. 26-2: 84-90.
横山千晶, 2003,「脚／足の復権」武藤浩史・榑沼範久編『運動＋（反）成長』慶應義塾大学出版会: 242-267.
好井裕明, 1992,「『地域自立の現実』と『福祉』的現実のせめぎあい」『ノーマライゼーション研究』1992年報: 103-113

――――, 1999,『批判的エスノメソドロジーの語り――差別の日常を読み解く』新曜社 .
――――, 2002,「障害者を嫌がり、嫌い、恐れるということ」[石川・倉本編 2002: 89-117] .
好井裕明・山田富秋編 , 2000,『フィールドワークの経験』せりか書房 .
――――, 2002,『実践のフィールドワーク』せりか書房 .
要田洋江 , 1999,『障害者差別の社会学――ジェンダー・家族・国家』岩波書店 .
湯浅誠 , 2005,『あなたにもできる！本当に困った人のための生活保護申請マニュアル』同文館出版 .
――――, 2007,『貧困襲来』山吹書店 .
[Z]
全国自立生活センター協議会編 , 2001,『自立生活運動と障害文化――当事者からの福祉論』現代書館 .
全国自立生活センター協議会・東京都自立生活センター協議会・ピア・カウンセリング委員会編 , 1997,『自立生活プログラムマニュアル入門編／実践編』全国自立生活センター協議会 .
全国自立生活センター協議会・東京都自立生活センター協議会・介助サービス委員会編 , 1997『介助サービスマニュアル Part2』全国自立生活センター協議会 .

[初出一覧]

序　章　書き下ろし
第1章「介助者のリアリティへ——障害者の自己決定／介入する他者」（『社会学評論』57(3), 2006年）
第2章「パンツ一枚の攻防——介助現場における身体距離とセクシュアリティ」倉本智明編『セクシュアリティの障害学』（明石書店, 2005年）所収
第3章　書き下ろし
第4章「アチラとコチラのグラデーション——障害者介助の技術と介助者の日常」三浦耕吉郎編『構造的差別のソシオグラフィ——社会を書く／差別を解く』（世界思想社, 2006年）所収
第5章　書き下ろし
第6章　書き下ろし
おわりに　書き下ろし

＊各章とも初出のものに加筆・修正が施されている。

◉本書のテクストデータを提供いたします

本書をご購入いただいた方のうち、視覚障害、肢体不自由などの理由で書字へのアクセスが困難な方に本書のテクストデータを提供いたします。希望される方は、以下の方法にしたがってお申し込みください。

◎データの提供形式：CD-R、フロッピーディスク、メールによるファイル添付（メールアドレスをお知らせください）
◎データの提供形式・お名前・ご住所を明記した用紙、返信用封筒、下の引換券（コピー不可）および200円切手（メールによるファイル添付をご希望の場合不要）を同封のうえ弊社までお送りください。

◎あて先：
〒160-0008
東京都新宿区四谷三栄町6-5 木原ビル303
生活書院編集部　テクストデータ係

キリトリ線

【引換券】
介助現場の社会学

前田拓也（まえだ・たくや）

1978 年生まれ、社会学。
関西学院大学大学院 社会学研究科 博士課程後期課程 単位取得退学。
現在、神戸学院大学現代社会学部教授。
主要著書・論文に
『最強の社会調査入門――これから質的調査をはじめる人のために』（共編著、ナカニシヤ出版、2016 年）
「他人の暮らしに上がりこむ：身体障害者の自立生活と介助者の経験」（『理論と動態』8、2015 年）
「介助者のリアリティへ――障害者の自己決定／介入する他者」（『社会学評論』57（3）、2006 年）
『構造的差別のソシオグラフィ――社会を書く／差別を解く』（共著、世界思想社、2006 年）
『屠場　みる・きく・たべる・かく――食肉センターで働く人びと』（共著、晃洋書房、2008 年）　他

介助現場の社会学
――身体障害者の自立生活と介助者のリアリティ

発　行――●二〇〇九年九月三〇日　初版第一刷発行
　　　　●二〇二三年四月三〇日　初版第三刷発行
著　者――●前田拓也
発行者――●髙橋　淳
発行所――●株式会社　生活書院
〒一六〇―〇〇〇八
東京都新宿区四谷三栄町六―五　木原ビル三〇三
TEL　〇三―三二二六―一二〇三
FAX　〇三―三二二六―一二〇四
振替　〇〇一七〇―〇―六四九七六六
http://www.seikatsushoin.com

印刷・製本――●株式会社シナノ
装　幀――●糟谷一穂

Printed in Japan
2009 © Maeda, Takuya.　ISBN 978-4-903690-45-2
定価はカバーに表示してあります。
乱丁・落丁本はお取り替えいたします。